西北大学"211 工程"

陕西省普通高校哲学社会科学特色学科建设项目
（基于合作收益的公共管理学科建设）

2013 年度教育部人文社会科学重点研究基地（西北大学中国西部经济发展研究中心）《西部农村社会保障："新农保"制度的可持续性研究》(编号：13JJD630011)

2013 年陕西省烟草公司宝鸡市公司科技项目
《烟草行业应急管理标准体系与推广》

陕西基泰投资集团有限公司科研项目

公共管理学术前沿文库

求解中等收入陷阱的公共管理制度创新

雷晓康 高凌云 • 等著

中国社会科学出版社

图书在版编目(CIP)数据

求解中等收入陷阱的公共管理制度创新/雷晓康，高凌云等著. —北京：中国社会科学出版社，2015.6
ISBN 978-7-5161-4433-6

Ⅰ.①求… Ⅱ.①雷…②高… Ⅲ.①中国经济—国民经济管理—研究 Ⅳ.①F123

中国版本图书馆 CIP 数据核字(2014)第 134228 号

出 版 人	赵剑英
责任编辑	冯 斌
特约编辑	丁玉灵
责任校对	李 超
责任印制	戴 宽

出　　版	中国社会科学出版社
社　　址	北京鼓楼西大街甲 158 号
邮　　编	100720
网　　址	http://www.csspw.cn
发 行 部	010-84083685
门 市 部	010-84029450
经　　销	新华书店及其他书店

印　　刷	北京市大兴区新魏印刷厂
装　　订	廊坊市广阳区广增装订厂
版　　次	2015 年 6 月第 1 版
印　　次	2015 年 6 月第 1 次印刷

开　　本	710×1000　1/16
印　　张	18.75
插　　页	2
字　　数	318 千字
定　　价	58.00 元

凡购买中国社会科学出版社图书，如有质量问题请与本社联系调换
电话：010-84083683
版权所有　侵权必究

公共问题研究文库
编 委 会

主 任 曹 蓉 雷晓康
委 员（按姓氏拼音字母排序）
何君安 黄新荣 梁忠民 刘文瑞
席 恒 许 琳 杨九龙 杨选良
杨玉麟 张正军 郑子健 周 明

总　　序

"全面改革"、"深化改革"是我们党和政府面临的一项长期而艰巨的任务，在改革的过程中，很多公众所关注的公共管理问题都会被提上议事日程并进入决策者深化改革的序列。这些问题涉及政府、市场和社会等各个领域，比如：与社会公众生命和财产密切相关的应急管理问题、与国家战略相匹配的可持续发展问题、造成消费者剩余损失的垄断问题、关乎社会公平的公共服务供给均等化问题、保证政府公信力的执政能力提升问题、影响人民群众生活水平的收入分配制度改革问题、关乎民生的养老和医疗卫生体制改革问题，等等。这些问题的顺利解决不仅能够增加人民群众的福利或福祉，更有利于经济的持续发展和社会的长期稳定。

关注理论前沿和研究社会热点问题是学者们义不容辞的责任，对以上诸多公共管理问题的深入研究不仅能够促进学科的理论创新，而且也能够为改革的决策部门提供智力支持。

西北大学公共管理学院在公共管理领域的教学与研究起步于20世纪80年代，是全国最早涉及此领域的院校之一。三十多年来，学院紧跟公共管理的理论前沿，围绕中国公共管理特别是西部地区公共管理理论与实践的热点和难点问题，进行了多学科、多角度、多层次的探索，形成了公共行政学、社会保障学、公共政策与管理、人力资源管理以及公共信息资源管理为核心的五个学科方向，并在上述领域取得了一系列的研究进展。为了与大家分享已有的研究成果，我们以"公共问题研究文库"的形式将其结集出版。希望能够以该文库为载体，有效传播西北大学在公共管理领域研究的新观点和新思想，并为公共管理学科学术资源的积累、学术梯队的培养贡献自己应有的力量。

公共问题研究文库 编委会

2013 年 12 月

目 录

前言 …………………………………………………………… （1）

第一章 从民主乱象看我国的公共管理制度创新 …………… （1）
  一 民主与民主的乱象 …………………………………… （1）
  二 中国的民主表现与民主观 …………………………… （4）
  三 民主乱象产生的原因分析 …………………………… （10）
  四 我国应对民主乱象的公共管理制度创新 …………… （15）
  五 应对民主乱象对我国公共管理制度创新的启示 …… （29）

第二章 破解社会公共服务短缺的公共政策创新 …………… （31）
  一 我国当前社会公共服务短缺现状 …………………… （31）
  二 我国公共服务短缺的原因分析 ……………………… （39）
  三 解决社会公共服务短缺的公共政策选择 …………… （49）
  四 普及公共服务的未来展望及启示 …………………… （59）

第三章 推动金融发展的公共管理制度创新 ………………… （61）
  一 中国当前金融体系存在的问题及原因分析 ………… （63）
  二 国外应对金融体系脆弱性的国际借鉴 ……………… （70）
  三 中国应对金融体系脆弱性的公共政策选择 ………… （72）
  四 中国金融体系的未来发展趋势 ……………………… （73）
  五 推动金融发展的公共管理启示 ……………………… （81）

第四章 求解就业困难的公共政策创新 ……………………… （84）
  一 我国就业现状及呈现特点 …………………………… （84）

二　我国目前就业困难的具体表现及原因分析 …………………（89）
　　三　解决就业困难的公共政策选择的突破口 …………………（99）
　　四　解决就业困难对当前政府公共管理的启示 ………………（105）
　　五　未来就业问题的发展态势 …………………………………（109）
　　结论 …………………………………………………………………（114）

第五章　促进经济持续发展的公共政策选择 ………………………（115）
　　一　当前我国的经济发展现状及问题 …………………………（116）
　　二　如何应对经济回落——典型经济体的应对之策给
　　　　我国的启示 …………………………………………………（126）
　　三　促进经济持续增长的公共政策选择 ………………………（130）
　　四　对我国未来经济发展启示及展望 …………………………（146）

第六章　我国社会贫富差距的发展规律及求解之道 ………………（151）
　　一　我国贫富分化的现状 ………………………………………（151）
　　二　贫富分化的原因 ……………………………………………（162）
　　三　求解"社会贫富分化"的公共政策选择 ……………………（167）
　　四　从贫富分化的规律看我国未来公共政策的取向 …………（176）

第七章　应对"城市化陷阱"的公共管理创新 ………………………（178）
　　一　城市化内涵的概述 …………………………………………（179）
　　二　中国"过度城市化"的概况 …………………………………（181）
　　三　新时期中国城市化凸显的问题 ……………………………（184）
　　四　中国"城市病"出现的原因分析 ……………………………（188）
　　五　破解"过度城市化"的公共管理创新研究 …………………（195）
　　结论 …………………………………………………………………（198）

第八章　用公共管理制度创新抚平社会动荡 ………………………（200）
　　一　国内外社会动荡的发展规模和表现形式 …………………（200）
　　二　社会动荡产生的原因 ………………………………………（211）
　　三　求解社会动荡的公共管理制度创新 ………………………（222）
　　四　社会动荡未来发展态势和对公共管理的启示 ……………（231）

第九章 我国腐败现象的发展及其治理之道 …………………… (239)
 一 腐败的内涵及其发展规律 ………………………………… (240)
 二 腐败多发的产生原因 ……………………………………… (248)
 三 我国腐败治理对策的理念与实践 ………………………… (257)
 四 "中等收入陷阱"背景下解决腐败问题的途径 …………… (263)
 五 展望:未来腐败治理的发展态势及对公共管理的启示 …… (268)

学术索引 …………………………………………………………… (280)

后记 ………………………………………………………………… (282)

前　言

"中等收入陷阱"（Middle Income Trap）这一概念最早由世界银行在《东亚经济发展报告》（2006）提出。这一概念认为："许多经济体都能以较快的速度达到中等收入水平，但很少有经济体能超越中等收入而较快成为高等收入国家。"这是因为，当一个经济体从低等收入状态进入中等收入状态，经济快速发展积累的矛盾会集中爆发，形成一系列错综复杂的政治、经济、社会问题，原有的增长机制和发展模式无法有效应对由此形成的系统性风险，经济增长陷入停滞，出现增长机制锁定。因此，很容易进入经济增长阶段的停滞徘徊期，也就是很容易掉入"中等收入陷阱"。

一国陷入"中等收入陷阱"的特征一般包括：经济增长回落或停滞、民主乱象、贫富分化、腐败多发、过度城市化、社会公共服务短缺、就业困难、社会动荡、信仰缺失、金融体系脆弱十个方面。[1]

中国正处在从中低收入国家向中高收入国家迈进的关键期，面临"中等收入陷阱"的严峻挑战。自西方发生金融危机及欧债危机以来，中国建立在劳动力、土地等要素禀赋基础上的比较优势加速衰减态势凸显，比较优势理论也日益显露出对发展中国家指导作用上的阶段性和局限性。所以，要通过前瞻性的、主动性的战略调整与战略转型，降低各类矛盾的峰值水平，并促使各类矛盾的水平提前下降，提前缓和，从而成功地、顺利地跨越中等收入阶段。2012年12月12日，中国社会科学院发布的《产业竞争力蓝皮书》中指出，按照2011年世界银行的标准，中国已经成为中上等收入国家，正面临着经济增长放缓、人均收入难以提高的"中等收入陷阱"考验。国际经验表明，人均GDP在3000美元至10000美元的阶段，既是中等收入国家向中等发达国家迈进的机遇期，又是矛盾

---

[1] 胡鞍钢：《中国如何跨越"中等收入陷阱"》，载《当代经济》2010年第8期。

增多、爬坡过坎的敏感期。这一阶段，经济容易失调，社会容易失序，心理容易失衡，发展容易掉进"中等收入陷阱"。

30多年的改革开放使中国经济保持了持续高速增长，居民收入也不断提高。在取得如此成就的同时，中国也面临着陷入"中等收入陷阱"的风险。其一般表现如下：

第一，优势不再存在。我们站上中等收入国家的台阶后，经济发展过程中土地、资源、能源、劳动力等要素成本迅速上升，投入边际效益不断递减，发展的比较优势正在弱化，劳动密集型产业不断向成本更低的国家流动。经济转型没有完成，企业的国际竞争力不强，企业大而不强，创新能力不足，无法适应市场环境，长期的出口导向型经济使我们在抵御国际经济风险时，代价巨大，甚至无法完成。

第二，收入差距加大，分配不合理。据联合国数据估测，2011年中国基尼系数将突破0.55。不同人群间收入差距的鸿沟加大，"马太效应"愈加明显。财富向资本集中，收入分配向高收入者倾斜，普通居民特别是中低收入群体"钱包"鼓得很慢，这种差距在通货膨胀下更加明显。

第三，城市发展贵族化，形成城乡"新二元结构"。房价高，就业难，看病贵以及教育、养老、生活环境、食品安全等问题突出，严重制约了农村人口向城市转移的步伐，抑制了潜在的消费要求。

第四，各种社会矛盾凸显，表现为社会上的仇官仇富仇视社会现象，群体事件显著增多。

第五，我国的相较优势产业主要是劳动和资源密集型产业。但进入中等收入水平后，由于劳动力成本提高和资源价格上涨，经济增长进一步要求产业结构必须升级，这是我国发展到这个阶段面临的最大风险。

第六，对外经济关系的不断扩展和加深使我国频繁受到国际经济波动的冲击。改革开放后，中国经济与世界经济的联系越来越频繁且密切。随着对外经济关系的扩展和加深，中国经济与世界经济的关系也变得越来越复杂。目前，我国已成为世界第二贸易大国和第一出口大国，这种对外经济关系地位的转变，既加大了对外部经济的依赖，又孕育着不断增加的贸易摩擦。[①]

---

① 中共重庆市委研究室专题处：《"中等收入陷阱"的特点及产生原因》，载《新重庆》2011年第32期。

在这个大背景下，本书集中讨论了可能引致中国落入"中等收入陷阱"的几大问题。如下所述：

第一，民主乱象问题。

世界银行东亚与太平洋地区高级经济学家 Milan. Brahmbhatt 说："中等收入陷阱是指各国赖以从低收入国家成长为中等收入国家的经济发展战略。对于它们向高收入国家攀升是不能重复使用的。"[①] 社会的现代化必须在长期稳定的环境中进行。保持政治稳定和社会安定既是中国经济社会持续发展的前提条件，也是整个中华民族的最高利益。在避免掉入"中等收入陷阱"的过程中，我们必须谨慎地选择社会变革方式，要既能促进现代因素发展，又能避免剧烈的社会冲突，减少高昂的社会动荡成本。[②]

第二，社会公共服务短缺问题。

社会公共服务缺失也是陷入"中等收入陷阱"的主要表现之一。社会公共服务包括农村社会保障制度及公共服务供给、基础设施建设、保障性住房、环境保护、社会基本医疗服务、公共就业服务、基本义务教育资源供给等方面。本部分探讨在避免"中等收入陷阱"的背景下，通过分析一些国家的经验与教训及探讨公共管理制度的创新与完善，以求使各类矛盾的水平提前下降，使中国能够提前缓和地、成功地跨越中等收入阶段。

第三，金融体系脆弱性问题。

处于转型发展期的中国，经济发展中各种矛盾日益突出。其中金融体系脆弱是目前深陷"中等收入陷阱"国家的特征之一。在各国经济建设中，金融体系的建设和发展直接影响着一个国家的经济发展，对整个国民经济正常运行起着举足轻重的作用。我国改革开放 30 多年来，特别是过去 10 年来，金融在宏观调控中发挥重大作用，在调节经济运行、服务经济社会方面的功能不断增强。但是，我们也不得不承认，目前我国的金融体制还不完善，改革需要继续深化和稳步推进。因此，只有通过公共管理制度的创新，弱化金融体系脆弱性，营造稳定的金融环境，才有助于避免"中等收入陷阱"。

---

① 仝冰、廖宗魁：《直面中等收入陷阱》，载《证券市场周刊》2011 年第 6 期。
② 王小广：《改变发展模式避免中等国家陷阱》，载《中国市场》2010 年第 18 期。

第四，就业困难问题。

就业困难作为落入"中等收入陷阱"的特征之一，关乎我国能否跨越"中等收入陷阱"，顺利进入高收入国家。本部分首先阐述了当前我国面临严峻的就业形势，在此特殊时期就业困难的特点及原因，然后对此特殊时期就业困难的特点及原因进行分析。最后是从如何跨越"中等收入陷阱"视角提出了改善就业困难的公共政策并对我国未来就业发展态势提出展望。一般认为，就业作为目前备受关注的三大民生问题之一，是人民群众保障和改善生活的基本前提和基本途径。我国一直高度重视就业工作，坚持把扩大就业放在经济社会发展的突出位置，积极采取多项措施促进就业。过去几十年中，我国经济的快速增长得益于人口红利、产业结构调整以及城镇化过程等。总的来说，在这样的背景下，我国的就业呈现出不同于以往时期的一些特征。如不能正确对待这一特殊时期的就业问题，我国很有可能因就业困难、过度城市化或是经济增长回落等一系列连锁反应的原因陷入"中等收入陷阱"。

第五，经济难以持续增长问题。

改革开放后，中国实现和保持了30多年的高速经济增长，由一个低收入国家发展成为一个中等收入国家。从我国经济发展的总体趋势来看，我国经济发展始终保持着良好的势头，经济总量不断增大，但是经济结构不合理的矛盾长期积累，发展不平衡、不协调、不可持续的问题日益显现，突出表现在需求结构失衡、产业结构不协调、城乡区域结构不合理、要素利用效率低下、环境损害大等多个方面。所以从中国经济发展的现状出发，转变经济发展方式，调整经济结构是促进经济持续增长的迫切要求。同时加快调整收入分配格局，政府职能的转型，加大科技创新力度，适当放缓经济增长速度等公共政策选择以促进经济增长，避免陷入"中等收入陷阱"。

第六，贫富分化问题。

改革开放促进了我国经济的快速发展，但是收入分配制度不够健全，社会财富分配不合理，基层弱势群体收入占GDP比重下降，造成了社会各阶层贫富逐步分化，城乡差距日益加大，城乡发展严重失衡。自2000年起，我国基尼系数越过0.4的警戒线，目前已接近0.5。不同人群间收入差距的鸿沟加宽，"马太效应"愈加明显，贫富分化已成为中国经济发展和社会改革面临的主要问题之一，威胁到和谐社会的构建和经济的持续健康发展，也是我们能否跨越"中等收入陷阱"的一个重大挑战。本部分就是要得到贫富分化的公共管理的解决之道。

第七，过度城市化问题。

改革开放30年的发展，使中国迈进了中等收入国家之列，随之也面临着解决发展中各种矛盾，以及应对矛盾交织、积聚爆发所带来的挑战。其中城市的健康发展是未来国民经济又好又快发展的重要因素，城市化是今后中国经济发展的重要推动力。工业进程与城市化过程相互影响、相互制约。"过度城市化"、"城市浅表化"都非一种良性发展的状态。城市的人是城市的灵魂，如何解决迁入人口和流动人口的就业和社会保障问题，如何应对城市中的失地人口，都是破解城市化所带来的负效应的关键，"做实"城市化是健康城市的题中之意。本部分首先在"中等收入陷阱"背景下，对中国城市化的特殊性和表现进行概述，分析产生这些特点的原因，寻找破解这一难题的公共政策，并对未来美好城市发展提出了合理展望。

第八，社会动荡问题。

我国已经进入中等收入国家行列，相对于经济的高速发展，体制建设滞后，社会发展中重视效率，而重视公平性不足，利益的冲突带来社会动荡不安，收入分配不公扩大，社会阶层固化和利益者主体日趋多元化。社会动荡表现为群体性事件频发、社会治安问题严重、弱势群体矛盾冲突加剧、社会危机无法得到有效治理。我们认为，应通过建立多元化的管理主体、建立利益诉求机制和完善社会保障制度，用公共管理制度创新来抚平社会动荡。

第九，官员腐败问题。

30多年来的改革开放使中国经济保持了持续高速增长。在取得如此成就的同时，中国也面临着陷入"中等收入陷阱"的风险，由此引发"腐败滋生"问题。本部分是对腐败问题进行探讨，列举其在我国的表现形式，分析其产生原因，并提出相关建议，以求解决我国当下愈发严重的官员腐败问题。

第一章　从民主乱象看我国的
　　　　公共管理制度创新

　　30多年的改革开放使中国经济保持了持续高速增长，居民收入也不断提高，中国从一个人均不足300美元的低收入国家发展到中等收入水平国家，已经进入中等收入的转型时期。避免中等收入陷阱的重要步骤是加快转变经济发展方式，从低水平的经济发展转向高水平的经济发展，从低质量经济发展转向高质量的经济发展，从不公平转向公平、从不可持续变为可持续的经济发展。[①]此时，有人认为要加快进行政治体制改革，把西方的民主引进来。这似乎是进入"中等收入阶段"的一个自然结果。这一时期老百姓的基本生存问题都得到解决，文化程度有了进一步提高，并已经出现民主诉求。政府要回应老百姓的诉求，主动或被动地开放民主。因此容易形成所谓的民主高潮。但是，一旦任由街头民主的无序膨胀，就极可能出现民主乱象的局面，掉入"民主陷阱"。例如泰国的民主运动演化为民主乱象，这意味着一旦凡事以民主为中心，其后果可能落入"中等收入陷阱"。设想一个社会仅仅剩下民主，那么百姓将何去何从？

一　民主与民主的乱象

　　从民主的产生和在世界范围内的传播来说，大致分为内生型民主和外生型民主。

　　内生型民主稳定，且发展得好。内生型民主是一个国家自身社会经济发展成熟的产物，国家制度建设比较完善，能够适应复杂多变的国内外政治环境。

　　外生型民主的产生受外来因素的影响很大，且很不稳定，例如韩国。

---

　　① 胡鞍钢：《"中等收入陷阱"逼近中国？》，载《发展》2011年第6期。

一些发展中国家的民主甚至完全是西方输出的产物，缺乏基本的国家制度，社会经济和文化层面也不能对民主提供有效的支持。[①]

民主具有不可逆性的特征。在发达国家，民主体现出整合的力量；而在发展中国家，民主却经常变成巨大的分化力量，尤其是在多民族的发展中国家。民主一旦形成后就会体现出不可逆性，时常导致一种恶性循环：民主带来分化，分化的结果只能靠动用强力，如军事力量或者强权主义来整合。因为各种政治力量之间没有妥协的机制，因此最终出现的结果不是民族主义，就是民粹主义。冷战后，由于美国全球民主战略的推进，导致亚洲多个国家或地区陷入政局不稳、社会混乱的困境，所谓民主化进程带来的却是族群对立、民族分裂、社会动荡、贪腐未绝、政局不稳的"民主乱象"。

越南由于推行自由经济主义，外部购买力的大量流入以及系统性转型与全球经济一体化的影响，以年平均增长率7.5%的速度保持着经济增长。但这只是外国资本注入与投资驱动的短期增长模式，其特点可以归结为开放和区域一体化、深化区域贸易和外国直接投资、高储蓄与产业结构的动态改造、城市化和农村人口向城市迁移等。同时，越南模式也带来了诸如收入与贫富差距、拥堵、环境污染以及金融泡沫等负面问题。[②] 根据亚洲开发银行（ADB）在其题为"亚洲2050：实现亚洲的世纪"的研究报告中提到，由于经济增长放缓和收入增速停滞，直至2050年，菲律宾、斯里兰卡等东南亚国家将持续受困于"中等收入陷阱"。亚行预计，到21世纪中叶，菲律宾的人均国内生产总值（GDP）将达到22900美元，远低于印尼的37400美元、越南的33800美元以及印度的41700美元。[③] 这就是不顾自身的社会文化条件，盲目套用西方民主制度的结果。民主是社会发展到一定程度的产物，各个国家必须完善符合自身社会经济文化发展的民主形式。

2009年伊朗人民聚集在首都德黑兰参加反对派的一次大游行，抗议内贾德在有争议的总统选举中胜出。有人在抗议者举行大规模集会支持穆萨维时开枪，德黑兰百万大示威最后演变成流血事件。伊朗因其对反对派

---

① 郑永年：《亚洲民主乱象让中国引以为鉴》，载《环球视野》2008年第5期。
② Kenichi Ohno. Avoiding the Middle - Income Trap - Renovating Industrial Policy Formulation in Vietnam. ASEAN Economic Bulletin Vol. 26. 2009（1）：25 - 43.
③ Darwin G. Amojelar, Manila Times. The Philippines [N]. [20110505]. [20111202].

实行镇压而面临外交谴责，同时西方舆论趁机起哄，质疑总统选举的有效性。内贾德总统连任的有效性亦受此质疑。所以，民主作为一种制度，必须与一国或地区的经济社会发展水平相适应，要与其历史传统、国民性密切相关。法国在大革命后总结出一条沉痛的教训：自由交给一个没有准备好的民族，带来的只能是灾难。发展中国家因为财富分配不均、社会高度分化，民主往往成为社会暴力和政治恶斗的根源。在极端情况下甚至导致政府瘫痪，最终只能依靠军人政治来维持社会稳定。[1]

由于泰国反独裁民主联盟的支援者示威阻挠，原定于在帕塔亚举行的东盟系列峰会被迫取消。泰国资深媒体评论员吞萨提在泰国《民族报》网站上发表了题为《人人都是输家》的文章。他写道：就算有人"欢庆"，但东盟系列峰会被迫取消，国家形象受损，泰国经济蒙受损失，无论如何不应该是令人开心的事情。过去黄衫军封锁机场，如今红衫军破坏东盟系列峰会，虽然各有道理，但后果却都是人们生活受到严重影响，国家利益成为牺牲品。[2] 自他信政权被推翻以来，泰国政局动荡已持续近三年，不同政治势力围绕泰国政权是否应坚持他信路线产生了尖锐分歧。泰国经济，特别是作为国民经济支柱产业的旅游业遭受重创。黄衫军与红衫军的抗议示威破坏活动，已经给泰国造成至少2000亿泰铢的损失，而旅游业更是首当其冲。在这场政治角逐中，没有胜利者。虽然泰国已经确立了议会制，但泰国民主的主导法则仍是金钱政治，金钱在选举中起着决定性的作用，选举过程中排斥了很多有潜力成为优秀政治家但缺乏财力支撑选举的人。金钱政治同时扩大和加深了政治保护关系，进一步助长了腐败和滥用权力的现象，这反过来又破坏了通过选举上台的政府的合法性。通过选举获得内阁席位意味着享有国家资金，执政党通过争夺国家资金补偿他们在大选中的投资。另一方面，曼谷具有积极推进政治运动的传统。中产阶级的支持促进了政治激进主义在曼谷的蓄积。1992年5月反对军人统治的抗议活动首先在曼谷爆发，数十万曼谷人在中产阶级的号召下走上街头示威抗议。从此军人政权逐渐退出了政治舞台，泰国进入文人执政的时代。现在看来，民主政治在泰国还未完全建立。在大选中赢得超过半数议席的多数党领袖，因为反对党意见而不能顺利出任总理和组建政府，同

---

[1] 沈惠平：《亚洲一些地区"民主乱象"分析》，载《红旗文稿》2011年第5期。
[2] 孙浩：《泰国局势分析》，《燕赵都市报》2012年第0615、0714期。

时这也开了恶例，即街头示威随时可推翻选举产生的政府，这对泰国民主政治是一个莫大的讽刺。①

菲律宾的政治体系和制度基本照搬了美国模式，比如选举制度，每6年进行一次大选，3年进行一次中期选举。由于自身经济基础、教育水平以及历史、社会文化等原因，菲律宾的民主选举形成了独具特色的家族政治王朝、金钱、暴力和明星等交织于一体的选举。菲律宾竞选和投票过程中暴力事件和袭击威胁不断，2007年1月的竞选活动开始至今已有116人在暴力事件中丧生，选举前数小时菲北部阿布拉省发生暴力事件，一名村长和一名当地官员被杀。选举当天，各投票站点警备森严。武装警察和军人被派往全国各地，防止爆发冲突。虽然菲律宾警方严防戒备，14日当天还是未能避免暴力事件发生。②

事实证明，模仿西方政治模式，实行西方式的民主政治，并非是社会稳定和经济发展的保证。可以说，西方民主制度在社会经济以及政治制度都不完善的国家中并未产生持久的积极作用。这就给中国提供了反思的机会。一方面，民主建设不能因噎废食，不能因为其他国家民主的失败而否定民主，尤其是把民主一味看成西方颠覆中国的阴谋，这是片面的。另一方面，中国需要思考自己需要一种什么样的民主，在民主化到来之前，中国需要做出哪些准备。民主是社会发展到一定程度的产物，而政治体制必须符合自身社会经济文化发展的变迁。最重要的是，要理解民主的本质，找到符合自身社会经济文化发展的民主形式。

二 中国的民主表现与民主观

（一）政府行政执行力弱化

政府执行力在推进公共管理的创新和建设中尤为重要，而当前一些地方政府的行政执行力存在弱化现象，这种弱化不但降低了政府的行政效能和公信力，损害了政府形象，而且直接影响到社会经济的发展。我国现行的自上而下的金字塔式的干部考评制度和官员升迁制度是阻碍地方政府发挥行政执行力的重要因素。以 GDP 为主要权重的指标考核体系是上级评

---

① 王翔：《泰国乱象与民主真意》，载《商业价值》2012年第0610、0802期。
② 陈湘林：《菲律宾民主真意》，载《商业价值》2012年第0610、0802期。陈湘林：《菲律宾民主转型的原因探析》，载《学理论》2011年第10期。

价下级的主要工具,由此滋生了政府单纯追求 GDP 的从政短期行为,这是导致环境破坏等经济民主乱象的主要根源之一。我国在政府执行力方面存在以下四个方面的问题:①

1. 政策执行缺乏连续性和长期性

政策执行是一个长期的、分阶段完成的连续性政府管理过程。政策的执行必须在一个完整、不间断的过程中完成,并时刻根据实施政策环境的变化不断调整执行策略和手段。一些地方政府部门在政策执行时,往往只重视短期效应,忽视长期效应。例如在政策宣传上,一味宣传政策的有利性,甚至夸大政策的有利性而博取民众对政策的理解和支持,对政策可能产生的不良影响避而不谈,影响政策的可持续发展,阻碍政策的有效开展和目标实现;在政策实施上,缺乏对政策实施的长远考虑,并且由于短视而阻碍经济和社会效益的长远发展;在政策调节上,也只是针对政策短期内出现的不良影响进行调节,未考虑政策的长远影响。因此,政策执行不能连续有效地施行,严重阻碍了政策功能的发挥,难以保证执行力的稳定有效,是政府行政执行力弱化的首要根源。

2. 政策执行方式简单机械,缺乏灵活创造

政府执行力与执行时的策略、方式、手段有关。如果政府执行的策略得当,考虑长远则其执行力度就比较大,推动政府政策或工作目标的落实就比较有力,表现为高效的政府执行力;而当政府执行的策略不当,目光短浅而无法推动政策的落实,则表现为低效的政府执行力。有些地方政府或部门,习惯于计划经济时代的老办法,把政策执行理解为照搬、照抄、照转,这是典型的应付型政策执行。这不仅使政策无法得到有效落实,还浪费了大量行政资源,影响政策执行效率的发挥。还有些地方政府或部门则是凭借国家权力,用行政命令的手段强制地、机械地执行政策,脱离具体实际,只讲原则,只是为了政策的执行而执行政策。

3. 执行高度不明显,扭曲执行或选择性执行

任何政府在政策执行时都会事先有一个正式或非正式的执行标准。政府组织在执行政策时按照高标准要求执行,还是按照低标准要求执行,其执行的实际效果是否达到了执行的标准要求,都是衡量政府执行力的重要

---

① 莫勇波:《政府执行力:当前公共行政研究的新课题》,载《中山大学学报》2005 年第 1 期。

依据。某些基层政府组织在执行决策时"趋利避害",根据自己的利益需要对决策内容进行取舍,只执行对自己有利的政策部分,使原决策目标难以有效实现,从而使公共政策成了某些地方政府满足自身利益的资源。这种"地方保护主义"的政策执行方式频繁出现。一些地方基层政府常常在"用活、用足上级政策"的名义下,根据本地区、本部门的利益来理解上级政策,并利用上级的授权来追求与权力中心不一致的目标,从而使政策偏离最初的选择,打一些既不与中央政策明显冲突、又有利于地方利益的"擦边球"[①]。

4. 政策执行缺乏测评反馈机制

政府执行力是政府绩效管理宏观系统中的一个核心环节,是政府绩效管理取得成功的关键。然而由于政府执行力定量测评指标很难选取,执行流程跟踪困难,执行反馈机制不健全,切实可行的执行绩效评估目前还未形成,也就无法在实际工作中很好地运用。监督、反馈、修正机制的缺失,是我国政策执行过程中存在的突出问题。[②] 此外,由于政府工作透明度不够,政府执行监督主体中公众参与不足,社会监督主体缺乏政策执行监督的能力而无法真正发挥社会监督功能。国家权力机关、政府职能部门的监督也多是事后的惩罚性监督,监督未能与执行过程同步进行,无法及时修正执行中的失误。

(二) 政治制度设计不足

当前中国的政治体制改革明显落后于经济发展的需要,出现了行政管理混乱、腐败滋生以及行业行政垄断等诸多问题。如果不能有效制约权力,则很可能形成金钱与权力互相勾结,共同瓜分社会的剩余价值,最终导致社会混乱、阶级分化以及维持社会稳定的巨额投资,从而制约经济发展水平的有效提高。

在我国政治体制改革过程中,新制度的制定者缺乏经验,存在认知上的局限与盲区或残留的传统思维定势,要么在环境和时机不成熟之际推出新政策,要么在发现问题需要追加配套政策时反应滞后,导致新出台的制度或者在设计上存在漏洞,或者在实施中难以得到落实。而这些漏洞被一

---

① 刘智勇、黄鹏:《我国地方政府部门执行力提升研究》,载《中国行政管理》2007年第12期。

② 张登国:《提升政府行政执行力的对策研究》,载《理论导刊》2011年第4期。

些人所利用，导致背离改革初衷的未预料的负面后果。例如，房改、医改、教改等改革中出现的问题，都或多或少与制度制定的不合理性有关。制度的不合理性还会导致负面的政治后果。例如，制度漏洞给一些官员形成设租和寻租的空间，从而导致官员的腐败。而官员的腐败必然导致政府合法性资源的逐步流失。制度漏洞也导致公共财政的暗箱化，导致"三公"消费居高不下，民众对此颇有怨言，政府的声望因此受到严重损害。

不能保持持续的制度创新，经济和社会发展就缺乏持久的动力。政治稳定和社会和谐，是一个国家经济发展的基本保证，这需要有一个有群众基础的具有较高行政效率的政府，在现代社会中，这种政府效率需要通过不断的政治体制改革和政治制度建设来改进。

（三）经济发展方式转型面临着"改革悖论"

我国现阶段的经济发展方式转型面临着"改革悖论"。改革是一个调整既得利益的过程，是在财富的存量部分做文章。在改革过程中，最初的推动者由于从一种模式中直接获益，成为既得利益群体，因而有可能蜕化为下一步改革的阻碍者，因此改革可能越改越难，甚至停滞不前。根据发展经济学的理论，在经济从低收入阶段向中等收入阶段过渡中，经济增长主要依靠生产要素的投入拉动，表现为要素高投入、空间低集聚、贸易低附加值、自然资源高消耗与环境高污染。这一时期由于人口红利和后发优势因素导致经济一段时间的高速增长，这种增长被称为"库兹尼茨增长"模式。而如何从中等收入阶段向高收入阶段过渡，是所有发展中国家和欠发达经济体如何增强经济发展的共同问题。[①] 这一时期有三种可能性：如果转型成功则经济保持持续增长或经济起飞，顺利进入上中等收入；如果转型不成功，则停滞在原有的水平上；如果转型失败则可能中断经济发展，落入"中等收入陷阱"。

中国的改革进程是分阶段的。首先推进的是经济改革，政治改革（如对权力的监督与制约）则滞后于经济改革。分阶段的改革必然造成制度漏洞，因为制度无法配套。于是，客观上就存在这些漏洞被人利用的可能性（钻制度的空子）。随着既得利益集团从制度漏洞所获得的利益"理所当然化"，要革除这些制度漏洞就变得困难重重。于是，许多应该及时跟进的配套改革政策迟迟不能出台，导致制度漏洞不但不能被堵上，反而

---

① 刘丽娟：《穿越中等收入陷阱》，载《中国经济信息》2011年第9期。

被既得利益集团所强化。这种情形，导致了奥尔森所说的"制度硬化症"。由于从制度漏洞中获得既得利益集团的捍卫、强化、甚至利用了制度漏洞，使得社会的整个制度系统应变能力丧失，制度变得僵化。中国经济在自主品牌创新和产业升级上的迟缓，正是"制度硬化症"的一个具体体现。①

制度漏洞必然导致一系列负面后果。由于制度漏洞的存在，生产要素未能充分市场化，权力对稀缺资源的垄断导致寻租空间的大量存在。为了应对竞争劣势，一些民营企业不是想方设法去"修炼内功"，而是处心积虑地建立和经营与官员的关系网，甚至不惜为此行贿。官商勾结的结果是制度漏洞被强化，而不是被修补。于是，糟糕的结局出现了：人们常常不是按照正式规则来进行充分的市场竞争，而是按照潜规则来进行不正当竞争。这就导致"劣币驱逐良币"的后果。不难理解，一些原本在本国循规蹈矩的洋企业，到中国以后也很快学会了行贿，因为不遵守潜规则很难行事。而潜规则恰恰是制度漏洞的体现。潜规则盛行的经济体是很难有发展后劲的，因为潜规则会从根基上瓦解一个经济体的制度竞争优势。中国现在所面临的产业升级的困难，恰恰是制度缺乏竞争优势的体现，而制度竞争劣势则同制度漏洞有密切的联系。②

（四）网络社会管理薄弱

网络虚拟社会管理的主体与现实社会管理的主体一样，具有多样性。我国的相关法律法规不健全也是网络社会管理薄弱的重要原因。目前设计网络管理的只有《刑法》、《治安管理处罚法》、《关于维护互联网安全的决定》、《互联网信息服务管理办法》等几种法律法规，而且关于网络犯罪、网络违法的认定非常笼统，缺乏较强的可操作性。如何将网络民意纳入决策渠道也需要法律的规范，否则就会根据该案件受到网民关注的程度大小而启动不同的审判程序，甚至会因为网络众意的干扰而随意违反法律程序和规定。以"药家鑫案"为例，为了广泛听取民意，法院在庭审过程中广泛开展民意调查，征集民众意见。事实上，该案件在审理之前就已经征求了民意，对于违法犯罪的事实，适用罪行法定原则等，是按照法定程序和事实依据而定的。在庭审过程中再次征求民意没有坚持法律面前人

---

① 孙亚菲：《制度漏洞，亟待修补》，载《新闻周刊》2002年第14期。
② 魏文彪：《"现场办公"背后的制度漏洞》，载《廉政了望》2006年第3期。

人平等原则，是对法律的不尊重。

（五）中国的民主观和民主制度创新的重要性

渐进式的改革开放30多年，结果是缺乏制约的权力仍在四处泛滥，以特权为核心的各种利益集团在吞噬改革开放的硕果。所以从实践的角度讲，世界史缺少渐进式改革的成功先例。[①]

多党制并不是解决腐败问题的绝佳途径，我们应当执行的是一党执政、多党配合、民主协商、利益共享的执政原则。这是适宜的、渐进的推动民主的方式，是能减轻民主转型的巨额成本的社会政改模式。所以，一要坚持共产党领导、多党派合作，共产党执政、多党派参政，把民主分权、权力制衡等现代政府的要素引入中国的政治制度。[②] 二要完善代议制。即各级人大启动民主进程，但仅部分席位进行自由选举。并每五年增大自由选举席位的比重。这样既可保持中共的执政党地位，发挥一个成熟政党的执政经验，保持转型过程中的稳定，又可让全社会对民主有一个实践和学习的过渡期。

纵观历史，1688年英国光荣革命以后的政治制度改革是渐进的，连续而又创新，到现在已过去300多年；美国1776年成立州际联盟，1784年制宪，确立分权与制衡的资产阶级体制到现在完善起来也有200多年。中国辛亥革命到现在还不足百年，更何况中国人口庞大、幅员广袤、文化落后、众多的少数民族分布在边远地区。因此，民主是一个必须而又漫长的过程。[③] 新加坡制定多种条款限制小党发展，既实行了国际上通行的多元民主，又保持执政党的长期执政，保持着持续政治稳定与经济繁荣的历史纪录，可以说是一举两得。一党执政多党参政，人类历史上没有先例，中国就要真正把民主分享、权力制衡等现代政府的要素引入政治制度，这也是执政党面临的挑战之一。政治稳定和社会和谐，需要一个制度创新、高效廉洁的政府。提升政府的行政效率需要通过不断的制度创新改进。当效率原则无法起到资源优化配置的作用时，必然导致国家陷入"中等收入陷阱"。相反，拥有注重制度建设，关心群体利益，廉洁高效的政府，国家的经济发展就有了基本的保证，如新加坡，中国香港和韩国都很注重

---

① 伏枥：《不要理会西方》，载《新浪博客》2012年第0620、0728期。
② 马卿：《民主制度如何在中国实现》，载《商品与质量》2012年第1期。
③ 高明辉、蒋建军：《中国特色社会主义民主价值观探析》，载《浙江学刊》2012年第1期。

惩治腐败并形成了一系列制度，这对它们的经济发展有积极的推动作用。①

在全球化背景下，未来中等收入国家之间竞争的重点在于制度的较量，制度对经济增长的重要性日渐可观。经济增长机制的改变来自于对新制度的依靠和管理，一定意义上制度便可视作非物质生产要素的生产力，制度的创新和质量就是生产力水平。近年来，以法制建设为主要标志的制度建设在中国取得了长足发展，服务型政府的建设与转型也取得了较大成就，为可持续增长创造了有利环境。总之，体制的活力与制度的优势是决定增长可持续性与国际竞争力及顺利跨越"中等收入陷阱"的关键。② 民主确实很重要，但是中国这么多人，如何实行民主这一点有很大的难度，民主就是要让大家都来表决，大家都来参与，中国领土广袤、人口众多，要实行真正的民主需要经济上的支持，经济上去了，人民的素质上去了，民主才能跟上来。

三 民主乱象产生的原因分析

（一）民主制度与社会条件相脱节

在不具备条件的情况下实行高度的西方式的民主，就会出现乱象。即当一个国家实行的制度和国家的社会条件相脱离，超出了国家所处的社会环境和社会条件，就会出现乱象。

根据民主化的理论，民主是有层次的，是一个由低级到中级再到高级的渐进发展过程，这个过程需要相当长的时间，几十年，上百年，甚至数百年。比如美国经历了200多年才完成了民主过程，这样经过长时间渐进发展所形成的民主属于内生型民主，是一个国家自身社会经济发展到了一定程度之后的产物，各方面的国家制度建设比较完善，有能力适应日益变迁的政治环境。③ 而对于发展中国家，比如泰国，该国的民主是在国家内部很多因素还不具备或不成熟的情况下，在外部压力下催生出来的民主。

---

① 刘伟：《突破"中等收入陷阱"的关键在于转变发展方式》，载《上海行政学院学报》2011年第1期。

② 郑秉文：《"中等收入陷阱"与中国发展道路——基于国际经验教训的视角》，载《中国人口科学》2011年第1期。

③ 郑永年：《亚洲民主乱象让中国引以为鉴》，载《新华网——国际先驱导报》2010年第0608、0629期。

这种类型的民主属于外生型民主，外生型民主不稳定，它缺乏基本的国家制度和社会经济、文化层面提供有效的支持，民主制度与社会条件相脱节。同时，在国家转型期间，人们受示范作用而激发的主观期望值剧增，而经济物质条件以及它们所能为社会成员提供的机会增长缓慢，从而形成了矛盾。这种情况下，国家尽管建立了民主的构架，但在这个制度表象下，并不存在健全有效的权力运作机制。这些国家学到的只是形式上的民主，而缺少民主的价值内核。民主的本质是竞争，并且是遵循各方认同的规则下的良性竞争，要形成良性竞争需要许多细小的制度来支撑。在基本国家制度不健全，社会经济发展还没有达到一定水平的情况下，受外力催生而产生的民主就会出现民主乱象。

（二）贫富悬殊、阶层对立；政府职能缺位，公共服务缺失

市场经济发展将导致收入差距过大，财富向资本集中，收入分配向高收入者倾斜，普通居民特别是中低收入群体收入增长速度缓慢，"马太效应"明显，这种差距在通胀状况下更加明显。在社会心理层面，贫富差距过大引发了人民的负面心理因素，生活处于社会中下水平的"相对贫困"群体由于群体意识强，容易产生群体性的非理性行为，总体的贫富差距在个体生活感受中所产生的"放大效应"降低了社会中下层群体对生活的满意度。[①] 人民出现仇官、仇富、仇不公等情绪，社会矛盾触点密、燃点低，群体性事件增多，社会分化与社会动员的速度高于社会整合能力的发展速度，这些都是国家转型时期社会出现不稳定现象的重要原因。

政府职能包括政治职能，经济职能，文化职能和社会公共服务职能。发展中国家由于在一个相当长的时期内，对市场和GDP增长过于沉迷，认为经济增长会自动提供社会公共服务，于是过于注重经济职能的履行，而对其他职能尤其是社会公共服务职能重视不够。而且国家在转型初期都会大力发展经济，为求经济增速度一高再高，各项投入倾向于"物"而不是"人"。这种社会管理理念使得公共服务职能缺失，影响了社会公共服务供给。公共服务供给不足表现为公共卫生体系不完善，突发公共事件应急机制缺乏；社会保障体系不完善，养老和医疗的社会保障缺口较大，弱势群体得不到有效救助；公共教育资源匮乏及就业、失业问题；公共设

---

① 王正向：《对解决贫富差距问题的理性思考》，载《华章》2010年第24期。

施、教育文化卫生娱乐服务设施、养老护幼与残疾人服务设施短缺以及片面追求经济增长造成的环境破坏、资源浪费等问题。此外，由于社会经济与行政的腐败现象不断增多，也间接导致了日益扩大的社会差距和日益严重的社会问题。

（三）民主建设发展滞后

经过几十年的社会主义建设，人民代表大会制度，多党合作和政治协商制度以及民主选举、民主管理、民主监督制度，基层群众自治制度等为公民政治参与提供了广泛途径。但是，我国的民主建设还存在一些问题，主要表现在以下方面：

（1）民主发展地域、形式不平衡。主要表现在地区发展不平衡，例如偏远地区民主发展缓慢，大型国有企业的职工代表大会制度无法正常发挥作用。

（2）政府投入不足。政府投入不足最明显的表现在于推进民主建设的人力和经费的支持不足。由于缺乏专项财政经费和人力投入，影响了政府指导基层民主建设工作的正常进行。

（3）缺乏系统性。民主制度缺乏系统性使得各种民主形式之间的法律联系薄弱，影响了民主的权威性。而缺乏对民主内容的详细阐述导致了民主执行困难以及操作不完善，影响了民主效力。

（4）权力配置不合理，监督制约机制薄弱。民主实现程度取决于国家权力所有权与行使权的运作及相互关系。为确保民主的实现，首先要限制国家权力的强度，同时还应当让国家权力的不同构成部分形成相互制约的平衡关系。①

虽然我们的基层民主建设取得了一定的成绩，但是，我们也要清醒地看到，基层组织的应有作用尚未充分发挥出来，而且发展很不平衡。由于基层组织涣散软弱，许多工作难以落实，影响了党的路线、方针、政策的贯彻，从而影响了当地的经济发展和社会稳定。

（四）人民没有真正的民主意识和政治文化

民主意识包含三个内容：一是每个人都是平等的，人与人享有平等的社会地位；二是每个人有独立的人格，而不依附任何人，也不受任何人的影响；三是能够独立地表达自己的意志，而不是通过金钱诱惑，或者是通

---

① 沙桂英：《试论我国民主建设存在的问题及实现途径》，载《工会论坛》2008年第3期。

过强制力。①

在亚洲国家，由于历史原因，人们往往倾向于权力集中在少数人手里，这种情况下，同一血缘家族内部的首领便往往演化为专制的统治者，在这一基础上，以血缘友谊为纽带的宗法关系逐渐形成。近代以后，西方民主传入，期间，亚洲国家传统的宗法关系也随之渗透进来，各国的政党往往以家族血缘和地域乡谊为纽带，形成少数人掌握权力的封闭体系，虽然议会制、多党制、三权分立等制度进入了这些国家，但是在宗法关系的作用下，往往沦为不同帮派集团争斗的工具，与西方建立在不同社会阶层和思想理念上的政党不同，亚洲的帮派政党很大程度上以小集团的利益为最高目的，为了达到利益的最大化往往不择手段，破坏社会秩序和公识，最后导致以非和平的暴力的方式解决问题，除非有强大的外部力量影响和控制，否则很难维持正常的秩序。

西方式民主要具备的三个条件，一是要有一个成熟强大的中产阶级；二是要形成一个成熟的公民社会，形成不同的利益集团和不同的利益诉求组织；三是要有理性的公民政治文化，公民要有独立人格，要有平等的思想，要有不受金钱诱惑影响和避免受"羊群效应"影响以及抵制外部强制力影响的独立表达自己意志的能力，同时还要有强烈的遵法守法的法律意识，而这第三条尤其显得重要。②公民政治文化不是在短时期内能够实现的，它是通过漫长的教育，逐步地提高人们的民主意识，转变人们的观念，才能形成。所以这也是民主的一个条件。要具备民主的意识，这些都是条件。发展中国家的人们缺乏民主意识和政治文化，这样就实现不了真正的民主，在民主化的过程中会受到金钱等利益的诱惑，滋性腐败等现象，从而出现民主乱象。

（五）选举与腐败

从许多国家的民主乱象看，选票是可以被操控的。特别是从亚洲不发达国家的实践看，西方民主制度并不适用于东方。选票也并不代表民意，选举是少数人玩弄多数人的游戏。普选权只是人民觉悟的一个标尺，人民从普选中永远不会得到更多利益。自由选举并不一定带来民主，更不见得带来经济繁荣。

---

① 尚海燕：《试论我国的民主意识沿革》，载《太原城市职业技术学院学报》2008年第9期。
② 张锡镇：《泰国的社会机构和文化》，载《凤凰网》2010年第0608、0629期。

当然，没有选举的民主是难以想象的。不过政治选举本身并不能必然带来民主治理。换言之，一个民主人士不可能不支持选举，但独裁者也可以很好地操纵选举。在世界许多国家，民选的政府全然不顾宪法的限制，剥夺了人民的基本人权和自由。

在政治体制尚不成熟的社会，公民对社会的关切程度不高，选举极容易被操纵。强权国家声称，影响他国选民没有什么不正当，因为选民毕竟有投票自主权。即便操纵普选是国际政治手段，也是比较"良性"的手段，是民主程序框架之内的事，是法治范围之内的事。

选举博弈包含一个"铁三角"关系，即候选人、选民、财团构成的三角关系。[①]

（1）为了赢得尽可能多的选票，候选人必须通过包括大众媒体在内的各种手段接触尽可能多的选民；

（2）由此政客需要尽可能多的钱；

（3）总有金主有钱缺权，提供候选人金钱，希望以权谋取更多的钱；

（4）当选之后，政客一方面要回报投自己票的那些"相对多数"，另一方面必须公权回报出钱的金主，而金主与选民的利益未必是一致的。

所以，多党制的选举必定产生以权谋私。这些国家尽管建立了民主的构架，但在这个制度表象下，并不存在健全有效的权力运作机制，尤其是缺乏妥协、和解的机制，政党关系因此表现出公开的对立。这是需要反思的：在这些国家只是形式上的民主，而缺少民主的价值内核。民主的本质是竞争，并且是遵循各方认同的规则下的良性竞争，要形成良性竞争需要许多细小的制度来支撑。

建立选举制度容易，但是建立科学、真实、可靠的选举制度很难。选举制度的真实可靠性是建立选举制度的关键所在，选举制度若漏洞百出、名不副实，就毫无民主可言。无论建立何种模式的民主制度，都必须建立科学可靠的选举制度。反过来说，只要具有科学可靠的选举制度，并以此为基础建立的任何模式的政治制度，无论是两党制的还是多党制的，也不管是总统制还是议会制，都有利于民主政治发展。这从另一方面证明了，一党制条件下，以科学可靠的选举制度为基础可以建立民主政治制度。民

[①] 孙宇、高庆昆：《我国选举制度改革与完善视角下之博弈论分析》，载《南方论刊》2012年第3期。

主政治制度既可以是多党模式也可以是一党模式，问题的关键在于是否建立有真实可靠的选举制度。

总的来说，在政治体制尚不成熟的社会，公民对社会的关切程度不高，选举极容易被外国敌对势力操纵。如果操纵选举导致国家分裂、社会分裂、生产停滞、人民生活困苦甚至民族流血冲突，那被操纵的选举就是恶性的。

四 我国应对民主乱象的公共管理制度创新

目前，我国在现代化建设的过程中正处于平稳阶段，保持着经济发展、政治稳定、社会进步的良好局面，未出现民主乱象。但周边国家出现的一些民主乱象需要我国引以为鉴。而且我国深化体制改革、调整经济结构等任务依然十分艰巨，消极腐败现象在一些地区和部门仍在滋生蔓延，各种导致社会不稳定的群体性事件时有发生。同时，为了避免陷入"中等收入陷阱"，我国需要未雨绸缪，预防民主乱象，为此，我国应该借鉴其他国家的成功经验，吸取失败教训，从实际国情出发，制定适合我国经济社会发展的公共管理制度。

（一）提升政府行政执行力

在十七届五中全会上颁布的《中共中央关于"十二五"规划的建议》中提出以科学发展观、经济发展方式转型为基本思路；以拉动国内消费需求、提高全要素生产率以及大力发展服务业为政策着眼点的五年规划来规避"中等收入陷阱"。然而，我国现行的自上而下的金字塔式的干部考评制度和官员升迁制度是阻碍地方政府发挥行政执行力的重要因素。以 GDP 为主要权重的指标考核体系是上级评价下级的主要工具，并由此滋生了政府单纯追求 GDP 的短期从政行为。[①] 此外，经济发展方式转型也面临着"改革悖论"，改革是一个调整既得利益的过程，是在财富的存量部分做文章。在改革过程中，最初的推动者由于从一种模式中直接获益，成为既得利益群体，因而有可能蜕化为下一步改革的阻碍者，因此改革可能越改越难，甚至停滞不前。

当前中国的政治体制改革明显落后于经济发展的需要，并出现了行政管理混乱、腐败滋生以及行业行政垄断等诸多问题。如果不能有效地制约

---

① 王松奇：《中国如何规避"中等收入陷阱"》，载《银行家》2011 年第 2 期。

权力，最终会导致社会混乱、两极分化严重以及在维持稳定方面的巨额投入，从而制约经济发展水平的有效提高。①

1. 创设适宜的法制环境和文化环境

建立一个适宜的政府政策执行环境，是一个需要全社会人民长期奋斗、坚持不懈、共同努力的社会工程，其中包括了在政治、经济、社会、法制、自然、环境、文化等方面的努力。改革开放以来，国家赖以生存的内生环境日益好转，这为政府提高行政执行力提供了优良的客观条件，是我们加强适宜的法制环境和文化环境的基石。良好的文化环境对于促进政府执行力提高的作用显而易见，一个讲究工作效率和强调一丝不苟的执行精神的社会更有利于提升政府的执行力。

当前，我国政府行政部门普遍缺乏行政执行力文化，究其原因在于行政工作人员对于行政执行力的认识不高，行政执行力文化培育不足。因此，我们要着眼于地方政府政策执行的实际情况，在行政人员执行力培训、行政执行力文化建设以及重塑政府的整合机制等方面进行工作改进，以达到建立组织执行力文化的目的。具体措施则包括在政府部门倡导行政执行力文化建设，普及行政执行力的理论知识，培养公务员精神，注重执行力评判标准在公务员聘任、考核、晋升、选拔、奖惩中的运用，将行政执行力考核与政府绩效考核评估相结合，通过实际行动使得整个行政部门了解行政执行力的深刻含义，提升本部门的执行能力。②

2. 塑造组织架构

通过改革重建合理的政府组织架构，能够有效的配置行政资源，形成高效的行政执行力。十六大报告中明确指出，要"深化行政管理体制改革，进一步转变政府职能，改进管理方式，形成行为规范、运转协调、公正透明、廉洁高效的行政管理体制。按照精简、统一、效能的原则和决策、执行、监督相协调的要求，继续推进政府机构改革"。这为我们重建政府组织结构，推进政府制度创新指明了道路。③ 首先，应当减少纵向政府层级，实现政府组织扁平化。扁平化组织有利于加快信息传递的速度，

---

① 宋圭武：《谨防"中等收入陷阱"》，载《中国发展观察》2010年第9期。
② 莫勇波：《政府执行力：当前公共行政研究的新课题》，载《中山大学学报》2005年第1期。
③ 刘智勇、黄鹏：《我国地方政府部门执行力提升研究》，载《中国行政管理》2007年第12期。

减少政府执行成本，也有利于政府部门的垂直监督。当前学者提出的"省管县"策略就是政府扁平化的很好建议，当然推进政府层级改革，需要建立在政治稳定和地方利益均衡的基础之上。其次，简化政府办事程序，下放权力，合理调整横向同级党政机构也很重要。在当前的政策决策执行中，如何克服"多龙治水，政出多门"是一个重要问题，要进一步优化行政资源配置，按照综合职能设置政府机构，减少重叠部门，提高政府效率。可以从以下四个方面分析研制中国政治体制改革与发展的基本路径：

第一，以执政能力建设为重点，全面推进党的各方面建设。

中国的政治体制改革，最大的政治方向就是必须毫不动摇地坚持党的领导，而绝不能削弱甚至放弃党的领导。中国共产党是整个国家和社会的领导力量，是中国社会主义事业的领导核心，是中国的唯一执政党，这是历史的选择，也是社会现实的必然要求。政治体制改革是一项复杂的系统工程，要靠党的强有力领导来推动，要消除政治体制改革过程中可能出现的政治不稳定倾向，必须使政治体制改革在党的领导下有步骤、有秩序地进行。在坚持党的领导的同时，不断改善党的领导。首先，要加强执政能力建设，改革和完善党的执政体制和执政方式，巩固党的执政地位。要积极探索和不断深化对共产党执政规律的认识。其次，提高民主执政水平。必须坚持以人为本、执政为民，通过扩大人民民主来发展基层民主。再次，提高依法执政水平。要提高党的领导能力和领导水平，关键一点就是要处理好党与法的关系，做到依法执政。[①]

第二，以发展人民民主为目标，形成对权力的监督和制约机制。

以保障公民个体的自由和权利为重点推进法治化进程。这是实现人民民主的基础。我国宪法规定了公民依法享有的丰富权利，为保护公民的基本权利不受公权的肆意侵犯提供了可靠保障。但在现实社会生活中，由于种种原因，违背宪法的规定和精神、侵犯公民合法权益的事件时有发生，某些政府部门、单位甚至公然打着"公共利益"的旗号频繁越界，粗暴地侵犯公民权利。针对这种现象，必须做到真正维护宪法权威，积极推进法治化进程，明确国家公权与公民私权的界限，保障公民的"消极自

---

① 刘素英：《关于中国政治体制改革的理论思考》，载《北京青年政治学院学报》2003年第3期。

由"。作为一种政治体制，民主的秘密就在于在法治原则下对权力的有效监督和制约，没有监督和制约的权力是非常危险的。要在坚持党的领导地位不动摇的前提下，对执政党的领导权和政府的行政权加以科学的定位和合理的制约。具体来说，就是要提升立法权、监督权、司法权在现实政治生活中的地位，使宪法和法律对这些权力的相关规定落到实处，减少党权、行政权的不适当干预。①

第三，以"政府职能转变"为核心，协调中央和地方的政府关系。

深化行政管理体制改革的核心在于转变政府职能，这就为政府权力限定了界限，凸显出未来政府的形象和定位应该是公共服务型的有限政府。政府要从大量不该管的事务中解放出来，集中精力做好它该做的事情。明确界定中央和地方的责、权、利。处理好中央和地方关系的关键是如何在保持中央政府的权威与激发地方政府积极性之间获得有效平衡。相对而言，中央政府更容易从站位更高的全局出发，统筹兼顾各方面、各地区的利益。而地方政府在涉及地方利益时，有时会出现为了局部利益而不顾全局利益的情况。这种站位和视角的冲突在现实生活中往往表现为中央政府的宏观政策、措施在贯彻实施过程中被地方保护所屏障，难以收到实效，甚至被扭曲、变形。因此，在全球化现象广泛渗透，国内、国外局势复杂多变，经济、政治、社会诸领域情况更加复杂的情形下，保证中央政府权威，保持政令畅通，强化其应对全局性问题和突发事件的统控能力是至关重要的。当然，在这同时也要注意保证地方政府在处理地区性事务中的相关权力，激发地方政府的工作积极性。②

第四，以公民社会建设为契机，逐步建立群体间良性博弈机制。

基层群众自治制度的逐步建设和日趋完善，不仅有利于人民民主的发展，而且有利于公民社会的逐渐成型。基层民主自治制度给予人民更多自我管理的民主权利，这意味着党和政府的权力会慢慢从民间公共领域中退出。随着经济社会的发展，我国已经初步具备了形成公民社会的条件。根据民政部发布的《2007年民政事业发展统计公报》显示，截至2007年年底，全国各类民间组织就发展到38.1万个，其中社团20.7万个。针对这

---

① 张纪:《论全面建设小康社会的政治体制改革》，载《长白学刊》2003年第1期。
② 秦宣:《正确认识和评价改革开放30年中国的政治体制改革》，载《党政干部文摘》2009年第1期。

些民间组织，国家制定了《社会团体登记管理条例》、《民办非企业单位登记管理暂行条例》和《基金会管理条例》，依法保障公民结社自由并加以适当的管理。党的十七大提出要建设基层群众自治制度，为公民社会的兴起提供了制度保障。随着公民社会的发展，更多独立的个人被整合到组织之中，提高了表达自身利益诉求的能力和影响力。以此为基础，我们相信，未来中国社会群体间的良性博弈机制将逐渐形成。不管是由党的性质、宗旨决定，还是出于维护政局稳定的需要，统筹不同社会阶层的利益、实现博弈下的利益相对平衡都是执政党的重要任务之一。可以肯定，在未来的政治格局中，将会出现不同利益群体的不同诉求在民主框架下的良性博弈并达至妥协的局面。这样不仅能够扩大党执政的社会基础，更能够实现利益的平衡，将社会矛盾有效规制在一定范围之内，实现社会的和谐稳定。

（二）基层民主制度的完善和创新

基层民主是指存在于基层政权与基层社会的民主制度和民主生活，主要包括基层政权的民主选举与民主管理、城市的居民自治、农村的村民自治和企事业单位的民主管理制度。[①] 基层民主建设是中国民主政治发展的基础。基层是社会的细胞，社会的各种现象、问题往往通过基层最先反映出来，各种冲突、事件也会在这里最先酝酿、爆发。构建社会主义和谐社会，重在基层，重在基础。和谐社会是民主法治的社会。民主精神的培育、民主素质的锤炼、民主实践的操作，都是在基层产生、发展、完善和得到检验的。换言之，基层民主建设是落实人民当家作主权利的基础工程，也是化解人民内部矛盾、维护社会稳定、构建和谐社会的基本途径。[②] 我国人民民主权利的基本内容，可以概括为民主选举、民主决策、民主管理、民主监督。通过切实履行人民民主权力化解人民内部矛盾，维护社会稳定，构建和谐社会，关键是推进制度创新。

基层民主建设作为中国特色社会主义民主最广泛的实践活动，是我国政治建设和政治体制改革的重要组成部分。[③] 当前，以农村村民自治、城

[①] 林尚立：《公民协商与中国基层民主发展》，载《学术月刊》2007年第9期。

[②] 夏周青：《基层民主建设与人民内部矛盾的化解》，载《中共中央党校学报》2012年第1期。

[③] 王伟苗：《试析中国基层民主建设过程中的民主创新》，载《中共太原市委党校学报》2011年第3期。

市社区自治、企事业单位民主管理、基层公共管理中的民众参与以及基层县乡人大代表选举制度等为主要形式的基层民主建设不断在实践创新中推进，并产生了重大的影响。在建设社会主义民主政治的蓝图中，基层民主建设必然面临着如何在样式上创新和如何实现民主内容的创新的问题，为社会主义和谐社会的全面可持续发展提供政治保障和制度支撑。

1. 建设公民协商体系与机制

基层民主运行的主体是公民，以公民为主体而展开的公民协商是基层民主的重要形态，发展公民协商是基层民主建设的重要途径。公民协商是扩大基层民主的有效途径，因为公民协商充分体现了民主的群众性、有序性、自治性和参与性。公民协商在中国已呈现出四种形态：决策性公民协商；听证性公民协商；咨询性公民协商；协调性公民协商[1]。但从整体上讲，中国的公民协商还不成熟，还需要更大的发展。发展公民协商，关键在于公民协商与基层民主建设的有机统一，为此应当努力协调党社关系，深化基层自治；整合基层民主、规范民主运行；建设公议体系，培育公民协商。

2. 完善民主选举制度

民主选举，是指人民群众根据自己的意愿，按照法定形式挑选和确定国家各级代议机构的代表和国家各类行政机关的某些公职人员的行为。西方学者认为，民主选举可以为权力的和平转移提供制度保障，并使民主制度相对稳定；可以及时更换领导人以保持政治活力，防止腐败；可以为公民表达意见、参与提供政治渠道；可以调节社会多元利益冲突，不会导致社会矛盾激化。[2] 民主选举是政治合法性与正当性的基础，是民主政治的纽带。民主选举能够消除非正义和歧视，使社会成员获得平等的政治权利和机会。基层的真正的民主选举能让人们懂得什么是民主、怎样争取民主、怎样行使民主权利以及体现个人的价值和作用。

完善民主选举制度，首先要建立基层选举的法律法规保障，选举法律法规是规范指导选举的法律依据，实行民主选举的可靠保证；其次，严格把关选举程序，精密细致的选举程序是确保基层民主选举公开、公平和公正，遏制和杜绝贿选行为的前提和基础；再次，要建立有效的监

---

[1] 林尚立：《公民协商与中国基层民主发展》，载《学术月刊》2007年第9期。
[2] 唐晋主编：《大国策——民主演进》，人民日报出版社2009年版，第17—25页。

督机制,加强对基层选举工作的过程监督,一方面对威胁、贿赂、干扰、阻挠、破坏选举等行为进行监督,另一方面建立选举观察制度,以各级人大代表为主体建立基层选举的外部监督机制;最后,加强基层党组织建设,加强党的领导,为基层民主选举的完善提供组织保证。

3. 发挥舆论监督作用,发展网络民主

所谓舆论监督,是指社会公众通过新闻媒介对公共权力的行使及各种权力关系的存在发表意见和看法,从而对其进行民主监督的一种方式,实质上就是人民群众通过媒体对党和国家机关及其工作人员进行的监督。[①]舆论监督是人民当家作主的具体体现,是广大群众行使监督权利的重要形式,是党和人民赋予新闻媒介的一项重要功能,是反腐败的有力武器,也是端正社会风气,构建社会主义和谐社会的重要保证。因此,在完善民主制度的过程中,要大力发挥舆论监督的作用。

舆论监督的载体有很多,其形式也多种多样,比如广播、电视、网络等。传统媒体在发布新闻、引导舆论、监督社会时,话语权主要由媒体方控制,公众难以享有充分的话语权。而网络的交互性特征为网络传播新闻、进行舆论监督提供了极大的便利,使得普通受众拥有了话语权,可以通过网络发表关于社会事务,甚至对政府、政府官员的意见与建议。[②] 这样的以网络为媒介的民主被称为网络民主。网络民主可以在很大程度上刺激公民的民主意识,极大地消除现代化过程中的不稳定因素,为中国民主政治建设和法则提供体制外的动力,网络民主成为越来越多的人参与政治的选择。但是由于信息传播的自由性,现有的管理体制无法对信息网络的社会行为进行有效调整,针对"网络民主"的发展存在的一些问题,需要加强政府治理,促进中国"网络民主"秩序化;加强道德治理,促进中国"网络民主"规范化;加强法制治理,促进中国"网络民主"法制化。[③]

4. 培养公民的民主意识

民主意识包括主体意识、权利意识、参与意识、平等意识。一个国家的民主制度与公民的民主意识同等重要。民主制度是法律保证,民主意识

---

① 王润秋:《舆论监督就是一种民主监督》,载《攀登》2008年第6期。
② 闵大洪:《网络舆论,民意表达的平台》,载《青年记者》2004年第10期。
③ 唐晋主编:《大国策——通向大国之路的中国民主:增量式民主》,人民日报出版社2009年版,第119—125页。

是思想基础和精神动力。无论是民主制度的建立、健全还是维护、实施都要靠人去做，缺乏民主意识，制度就难以立足。要发展社会主义的民主，首要的任务是培养公民的民主意识，使民主制度的内容和要求转化为广大公民的意识和行为。具体途径有：坚持党在公民社会主义民主意识建设中的教育和引导作用，通过理论宣传和各级党组织的思想政治工作，用说服、教育等办法，提高公民的民主意识；开辟和创造多种公民民主参与方式，如选举、竞争、共同参与决策、管理、监督等民主活动；寓民主意识教育于传统教育系统中，教育从本身来说也是对政治民主化的一种参与；发挥新闻传媒对民主意识的传播作用，使之成为进行民主教育，推进政治民主化的重要途径；多渠道培育和鼓励建立社会团体，对团体成员进行民主教育，公民通过各自所在社团影响政府的决策，维护自己的利益，实现自己的存在价值；以法制的形式巩固民主成果。

（三）加快转变经济发展方式

从逻辑关系上看，经济发展是民主的充分条件，经济发展会推动民主。民主却不是经济发展的充分条件，但民主一定会推动经济发展。民主是经济发展的结果而不是原因。经济发展会推动民主这个问题，而台湾和韩国的民主化堪称"经典范例"，有力地证明了现代化（经济发展等）对民主化的影响是"内生"的。劫贫济富、国富民穷是中国30余年来经济发展的最大尴尬。排斥性增长模式导致改革的"帕累托效应"不复存在，财富分配的"马太效应"使得改革背离了原定的共同富裕目标。而且，排斥性增长模式在导致社会断裂和失衡的同时，自身也面临着"发展天花板"和"中等收入陷阱"，难以持续。因此，必须摒弃GDP增长主义，建立合理的收入分配机制，兼顾公平，促进基本公共服务均等化，重建政府政策的公共性，完善社会安全网络，建立财富共享型社会，实现经济增长方式从排斥性增长模式到包容性增长模式的合理转变。①

1. 中国经济持续发展面临的最主要挑战

当前中国经济发展面临如何改变发展模式、如何跨越"中等收入陷阱"的重大挑战。这是对中国经济能否顺利进行发展模式转型的担心。

---

① 梅伟霞：《从"排斥"到"包容"——中国经济增长方式转变之路探析》，载《宏观经济研究》2011年第3期。"包容性增长"的英文表述是"Inclusive Growth"，核心是指在机会平等基础上的增长。

中国必须在未来五年内启动经济增长模式从高投入、高消耗、高增长的"库兹尼茨增长"模式，逐步转向以经济结构转型、技术创新和微观企业管理制度创新等为特征的"熊彼特增长"模式。这需要构造新的增长动力，新的经济增长的动力来源于技术进步或创新、知识和人力资本积累等方面，而最现实直接的增长动力就是经济结构的调整，特别是产业结构升级。我国大力发展劳动密集型产业所积累的生产能力已受到越来越强的约束，现已到了必须调整经济结构的时候。未来几年我国都处在经济结构的调整阶段，也是传统发展到科学发展的转轨时期。资本密集型产业自主创新能力严重不足是影响未来经济增长的稳定性和质量的关键因素。如果今后能够比较顺利地实现产业结构升级，那么就有了跨越"中等收入陷阱"的动力。①

2. 转变经济发展方式追求技术创新

技术、集成创新和再创新是实现经济增长方式转变的重点。技术是构成生产力的直接组成部分，是基础性的、原动力的，技术变革是内在驱动力的创新。宏观来讲，技术创新的重要性远高于制度创新，技术创新是生产力发展的根本，但是好的制度可以积极推动生产力技术发展的需要。从目前来看，技术创新是我国面临的主要问题，转变经济增长方式首先需要明确追求技术创新。②

3. 建立适宜质量型经济发展方式的干部考核指标体系

转变经济发展方式是经济的数量型扩张向质量型发展的理念升华。实现这一理念，需要进一步在完善市场经济体制基础上转变政府职能和各级干部的工作作风，尽快建立起与这种新的经济发展理念相匹配的干部考核指标体系，要处理好干部定量考核与发展导向之间的关系。所以，我们应该把经济发展放在首位，创造良好的经济发展环境，吸引外资，不断创新本国的科学技术水平。只有这样，人民才能享受发展带来的果实，生活水平才能稳步提高，同时，相关部门要制定政策措施，在改革发展的过程中缩小贫富差距，实现共同发展、共同繁荣。在这种情况下，广大人民才会以安定的心态和理智的行为来对待政府的民主改革之路。

---

① 张茉楠：《增长结构转换助中国跨越"中等收入陷阱"》，载《发展研究》2011年第10期。

② 钱凯：《规避"中等收入陷阱"观点综述》，载《经济研究参考》2011年第48期。

（四）缩小贫富差距的对策与创新

收入分配的过度不均衡及严重的贫富分化极大地约束了消费需求增长，并最终限制经济总量继续快速扩张。收入分配形势的长期恶化是许多国家在达到中等收入国家后落入发展陷阱的主要原因之一。2007年我国劳动者报酬占收入结构总比重下滑至40%左右，而资本所占比重、企业赢利偏高，由此引发了社会不稳定、抑制消费、城市化长期滞后、地区差距过大等不利因素。[1] 1978年中国收入分配的基尼系数只有0.3，属于较低水平，而到了2008年达到0.46，远远超过了国际公认的0.4警戒线水平。改善收入分配是跨越"中等收入陷阱"的当务之急。[2]

当前是我国现代化发展的重要战略机遇期，而目前我国发展的主要矛盾之一就是威胁社会和谐与长远发展的贫富差距问题。贫富差距问题是一个十分复杂的社会问题，需要考虑到全社会各方面的作用，因此政府在制定政策时必须考虑到宏观经济政策对收入差距的影响。作为政策法规的制定者和影响者，应充分考虑政策的公正性，对于贫富差距扩大现象必须加以限制和引导。

1. 建立完善的收入分配制度

首先，政府可以通过完善税制，建立一套与市场经济相适应的个人税收系统，增加直接税税种，有效调节个人收入分配。[3] 通过完善税制，加大收入调节力度，在坚持效率优先、兼顾公平的同时，提高高收入者个人所得税税率，完善个人所得税法并加强征缴；同时取缔非法收入，整顿不合理收入，防止贫富极端分化；开通捐赠渠道，鼓励高收入者兴办慈善事业。其次，整顿不合理收入，规范价格行为和收费行为。通过改革全面清理和调整不合理的收入政策，特别要打破城乡和地区壁垒，加快城镇化进程，促进劳动力的合理流动；对通过乱收费、乱摊派、乱集资等获取额外收入的行为，必须严肃整顿、加强监督。政府再分配作用的发挥，有助于扩大中等收入者的比重，提高低收入者的收入水平，形成比较稳定的收入

---

[1] 王小广：《改变发展模式避免中等国家陷阱——"十二五"时期经济发展的战略思路研究》，载《中国市场》2010年第16期。

[2] 蔡昉：《中国经济如何跨越"低中等收入陷阱"》，载《中国社会科学院·研究生院学报》2008年第1期。

[3] 何雯、杨彦权：《对缩小我国贫富差距问题的探讨》，载《陕西职业技术学院学报》2007年第1期。

分配结构，是缩小贫富差距，维持社会稳定的有力保障。

2. 规范和完善转移支付制度

首先，简化转移支付形式，增加一般性转移支付的比例，减少和取消税收返还性质的转移支付支出，清理和压缩专项补助，尽量减少地方配套资金数额。其次，减少生产性投资，把财政支出的重点放在公共产品和公共服务方面，提高资金使用率，使得社会总资金更大程度地被收入较少的人群所使用，从而提高收入较少人群的生活保障水平。[1] 同时，防止贫困地区因无力配套而无法获得拨款，导致穷者更穷、富者越富的不公平现象发生。

3. 维护好市场的经济秩序

良好的市场经济秩序，是保障社会经济又稳又快发展的必要条件，同时也是更好的维护政府行政体制下执行并落实相关职能的一个要素。首先，完善好各类法律法规和管理制度，以确保市场运行的有序、健康。明确职能，划清产权，特别是规范好市场机制，以确保市场在交易和竞争中的公平性、效率性。[2] 其次，政府应该对在市场中出现的如垄断、地方保护等现象，制定出相应的反垄断法和反不正当竞争法，并设立相关执法机构，完善、维护好市场的结构环境，同时，要放宽市场准入，让民间资本进入传统的垄断性行业。最后，在原有的机制下，我们要更进一步的去完善和巩固适合现代经济体制的市场体系，以保证市场机制稳定、健康、快速运行。

4. 提高农民的收入水平，减少城乡收入差距

城乡收入差距是贫富差距产生的主要原因。我国农民总人数较多，因此，增加农民收入有利于减少收入差距。[3] 政府应该不断增加农业的投入，特别是要加强农村基础设施建设、农村的科技投入、农产品的结构调整、农民技能培训等方面的投入；采取综合措施，深入开发农民增收渠道；努力开拓农产品市场；继续完善现有农业补贴政策，保持农产品价格

---

[1] 朱芳菲：《我国贫富差距产生的原因探析》，载《专题研究》2012 年第 4 期。
[2] 何江涌、黄晨华：《市场经济条件下我国政府经济职能探析》，载《中国外资》2012 年第 2 期。
[3] 于淑文、姜宏洁、周燕迎：《发挥政府的转移支付职能缩小贫富差距》，载《政府与经济》2006 年第 11 期。

的合理水平，逐步建立中国特色的农民可持续收入增长机制。帮助农民解困是一个复杂而又艰巨的社会重任，它不仅是一个经济问题，更是一个涉及社会安定和国富民强的政策问题。

（五）发展网络民主、加强网络道德建设

1. 采用实名制和匿名制相结合的网络管理方式

网络的匿名性是把双刃剑：一方面正是由于网络具有匿名性，使人与人的交往获得前所未有的平等与自由，使得具有不同素质的公民都能够没有任何约束的参与到公共问题的讨论中来，增加言论的自由度；另一方面网络的匿名性又使得人们的言论变得无理性和无责任，容易让人胡作非为。因此，公共部门应该采用实名制和匿名制相结合的网络管理方式。北京市2011年12月就推出《北京市微博发展管理若干规定》，《规定》提出，"后台实名，前台自愿"。微博用户在注册时必须使用真实身份信息，但用户昵称可自愿选择。这样可以起到规范网民行为的作用。网络发布言论的平台不宜都采用实名制，这样会压抑网民发布言论的欲望，有些网民因此可能会对一些事件采取作壁上观的态度，因为匿名制从另一个角度是对网民隐私的保护。但是对一些可纳入公共决策程序的言论，如网络投票、网上听证等就要采用实名制的方式，使得网民的选择更加理性，同时避免有些人士操控大众舆论。

2. 不断加强电子政务建设

中央在"十二五"规划中指出需要全面提高信息化水平，以信息共享、互联互通为重点，大力推进国家电子政务网络建设，整合提升政府公共服务和管理能力。确保基础信息网络和重要信息系统安全。

首先，要注重更新政府网站政务信息。网络民主背景下，对于政府政务信息的及时性和准确性要求更高，而目前我国电子政务的实施一方面要受到技术因素的影响，另一方面，最根本的因素却是各级政府部门对于政府上网的概念及意义还缺乏深入的了解。这就要求各级政府的电子政务建设与发展要实现技术升级，以便更好地适应公众对政务信息的需求和利用。其次，应该重视电子政务系统的整合及人员建设。电子政务应该成为公众参与社会治理的有效保障。从电子政务的发展趋势来看，未来的电子政务是以"一站式"、"一网式"的办公和不受时空限制的"在线服务"为最终目的。最后，要有统一的规划和技术标准。推进电子政务建设的关键是要搞好整体规划，制定统一的技术标准。目前我国各级地方政府和部门在开展电子政务时往往各自为政，采用了不同的标准，业务内容单调重复，造成新的重复问题。应尽早制定统一的规划和技术标准，整合现有资源。

3. 优化网络信息获取途径

为避免"网络民主"产生的大量不可控信息，政府不仅要通过各种方式确保公民所获信息的真实可靠，还要准确筛选"网络民意"，使得真正反映大众心声的言论纳入政府决策机制，这就需要网络技术和"智库"的支持。

另外，要加速信息化进程，消除"数字鸿沟"。"数字鸿沟"将对信息时代的"网络民主"和中国民主发展产生极其有害的影响。面对"数字鸿沟"造成的政治参与能力的巨大反差，政府必须加速国家信息化的发展。近年来，我国农村网民比例在低位徘徊，农村居民自身缺乏电脑和网络使用技能是制约我国农村地区互联网发展的重要障碍。政府一方面要加快信息基础设施的建设，对信息弱势群体要采取倾斜和扶助政策，对不发达地区加大投入、普及电脑和网络知识。另一方面要鼓励高学历和40岁以上的公民参与到网络民主建设中，让更多的人接触和了解网络技术，提高其吸收和利用信息资源的能力，消除"数字鸿沟"，促进合理有序的政治参与。

4. 官员问责与信息公开制度建设

政府现在公信力的缺失，根源在于在各种社会事件中政府隐瞒真相，没有将信息及时公布于众。其实对于民众而言，真相倒在其次，关键在于政府的态度。这就要求我们的政府尽快完善官员问责制，依法严肃处理造成恶劣影响的直接责任人。网络舆情形成的网络群体性事件，虽然会在一定程度上干扰司法活动，但却是民意在某一社会问题上的凝聚和爆发，因此，应对舆情及网络群体性事件应持宽容态度。另外，积极完善新闻发言人制度，定期举办新闻发布会，完善信息公开制度，允许社会大众对其进行监督，引导公众进行理性的思考，对舆情进行疏导而不是封锁，一味地回避只会让小道消息、社会谣言占据信息传播的主渠道。信息透明有助于提升政府的公信力，促进社会各阶层意见和利益的均衡表达与顺畅沟通，促进干群之间的对话沟通，随时注意倾听民意、化解矛盾，维护社会稳定和健康发展。

5. 加强网络道德建设

加强网络道德教育，首先要在全社会倡导一种网络参政的社会氛围，这就要求在全体社会成员中普及"参与式政治"的观念,特别是把参政内化为个人生活需要,作为实现自己社会主人翁地位的价值追求。广泛开展宣传教育,提高广大网民特别是青少年的思想道德观念,加强是非标准的确立,培养个人自制力。很多人认为网络就是一个宣泄自我的平台,在网络上的所作所为不需要负任何责任,所以在网上肆无忌惮地发布不实的消息和言论,欲引起他人的关注甚至社会的恐慌。这都是一种不健康的网络价值观。网站可以围绕网络伦理道德为主题,为公民提供咨询和服务,为网民提供系统的关于公民的知识、信息以及态度和价值观,为社会各界关心公民教育的人士提供一个讨论的空间。实现网络信息交流中的道德约束,贯彻公正、诚实、平等、守法的网络理念,引导网民以积极向上的态度参政议政,有序地参与公共生活,才能够促进"网络民主"的规范化,推动中国民主发展。

(六)完善政府公共服务

公共服务是政府的主要职能之一。目前我国应该向公民提供的公共服务包括公共教育、公共卫生、公共安全、社会福利、公共交通、公共事业、文化和体育七大方面。[①] 因为这些方面的公共服务与人民群众切身利益关系最为密切,是百姓最为关注的、需求最为迫切的服务,"教育、医疗、住房"甚至被称为新时期压迫人民的"三座大山"。它们是政府依照法律法规,为保障社会全体成员基本社会权利、基础性的福利水平,必须向全体公民均等地提供的社会服务。

(1)教育关系到国家民族的发展与振兴。近代以来,教育事业与社会、经济发展之间的关系愈发紧密,逐步由个人行为转变成了国家主导的、全社会共同参与的公共事业,具有重大的战略地位,成为政府公共服务的重要组成部分。在我国,由于义务教育的普及还没有完全实现,因此,政府的主要侧重点应该放在基础教育方面。然而,面对知识经济时代的挑战,政府也应从战略的高度对待终身教育,在有条件的地区积极着手发动第三部门,并创立相应的学习制度,以动员全民参与终身学习。

(2)医疗卫生是一项通过对疾病的预防和治疗,以及对公共环境、卫生条件的改善来保障和提高公众基本健康状况的公共服务。对于医疗卫生事业的完善,需要注意:必须保证有基本的低价公立医院,以保障每个

[①] 卢映川、万鹏飞:《创新公共服务的组织与管理》,人民出版社2007年版,第106页。

公民都能得到最基础的医疗服务；同时在较高层次的服务上，可以通过适当放宽价格管制来吸引更多的社会资本，提供更好的服务，给予公众更多的自助选择空间；还要大力发展社区卫生服务。

（3）社会保障的本质是收入分配，它是以政府为主体，按照法律法规的规定，通过对国民收入的再分配，来为社会成员提供基本保障的制度设计。社会保障体系的建立可以缓解疾病、生育、失业等原因造成停薪或大幅度减少工作而引起的经济和社会问题。我国社会保障事业急需体制上的重建，采取一种统一领导、分项管理的集中与分散相结合的管理模式。在政策、立法方面要统一，对具有相同或相似性质的项目要集中管理，而具有特殊性质的项目则应单列出来，由特殊部门管理。同时，还应立足现实，兼顾多方，走社会化管理的道路。此外，还应更好地引导组织公民的自主服务，充分发挥社区在提供集体保障方面的积极作用。

（4）公共安全，即对公民生命权和财产权的保障，它是政府公共服务的重要组成部分，也是政府最基本、最传统的职能所在。公共安全管理可划分为监测预防与危机处理两部分。完善监测预防机制应设立专门的监测机构，根据自然规律进行监测，如果发现异常，应及时通报，保障公民的知情权；设立相关的法律法规，严格执行，并加强监督；加强深化生产企业的安全意识和责任感，为公众普及最基本的危机应对知识。在危机管理方面应该有统一的危机处理机构，要有透明的信息发布平台。

（5）城市公用事业通常包括公共交通、自来水、煤气、天然气等行业，它们直接关系到公众的切身利益和生活质量，因而是公共服务的重要组成部分。在城市公用事业领域的发展过程中要着眼于：政府与市场的结合；建立有效的经营体制；规范政府管制，加强政府监督这几点。

五 应对民主乱象对我国公共管理制度创新的启示

新的公共管理理论强调集合式民主。这种基于个人的民主，与强调公民在社会化的过程中获得一个普遍的社会标准、价值和期望的、基于人民主权的民主观点相反，它假定单个的个体自主地形成关于什么是正确的、好的判断，并在此判断基础上作出自己的决定。通过这种对个人民主的重视，新的公共管理者应当通过在公共服务中引入竞争机制，使公民具有更大的选择权，并且通过强调公民的顾客身份，以促进与公共服务提供者的直接沟通，从而加大政府对公民需求的回应能力。[①]

对民主的解释是影响公共管理创新的前提。我们认为，管理者可以借鉴新公共管理模型，来倡导建立更加完善的民主责任和公众参与社会。新公共管理模型在事实上模糊了现实的责任关系，它期望通过契约对行政机构进行评价和约束，同时倡导远距离的、间接的政治领导模型。从集体民主的角度分析，新公共管理"消费者主权"的机制增强了公民的选择权，作为顾客的公民可以直接影响公共服务的提供者参与到公共服务的设计和提供过程中。这实质上是对个体权利的强调和认同。[②] 在个体民主与集体民主优越性的争论中，新公共管理无论在理论还是实践上都未达到完善，但不能否认新公共管理所提出的顾客导向等概念的确增强了公民的自主意识，这对提高公共行政人员的服务意识，更注重顾客的需求有重大积极的意义。

效率与民主是各国行政改革的要求，也是改革中一个两难的选择。新公共管理理论通过引入市场机制，以顾客身份取代公民身份，同时提高公共部门的运作效率和对公众要求的回应性，其在公民社会与政治民主中发挥的作用值得我们借鉴。

所谓民主权，就是人民群众实现当家作主的一般性权利。人民当家作主在社会主义市场经济条件下，最根本的体现就是切切实实地落实和保障最广大人民的各项民生权和民主权。其中民生权的保障尤为基础，实现和保障群众的民生权是最迫切需要解决的问题。在大力满足民生需要的同时，要逐步满足老百姓对民主权的关切。我国"十二五"规划所倡导的经济社会发展方式转型是一场新的思想解放，是进一步发展中国特色社会主义民主政治社会的新起点，它要求各地方打破"GDP挂帅"的教条主义，摆脱"增长优先"的路径依赖，逐步取消地区生产总值考核，与地方保护主义、既得利益、国外制约进行原则性的斗争，切实把改善民生、公共服务、社会管理、市场监管、节能减排、应对气候变化等科学发展目标落到实处，集合在科学发展的战略部署之下，为实现中华民族的伟大复兴而努力奋斗。

[①] 朱敏青、周超：《新公共管理对民主的挑战》，载《广东行政学院学报》2004年第16期。
[②] 韩东：《效率与民主：公共服务中的价值共容问题初探》，载《湖北第二师范学院学报》2012年第1期。

第二章 破解社会公共服务短缺的公共政策创新

中国正面临社会公共服务短缺的关键期。社会公共服务短缺是以往一些国家落入"中等收入陷阱"的一个重要表现。如何解决社会公共服务短缺是当务之急，思考通过公共政策创新这样一种"软改变"方式达到跨越"中等收入陷阱"是本章所要探讨的。

一 我国当前社会公共服务短缺现状

公共服务供给短缺是落入"中等收入陷阱"的许多问题中的一个。在落入"中等收入陷阱"的背景下，公共服务供给的短缺出现在社会生活的方方面面，从看病贵、高房价、上学难，到环境质量的下降、就业压力的增加，再到社会保障的缺失、基础设施建设的滞后等。社会公共服务体系一般认为包括教育体系、公共卫生体系、公共文化服务体系、社会福利体系等。[①] 社会公共服务短缺既是"中等收入陷阱"的主要特征之一，又是它的重要诱因，由于公共服务短缺引发了一系列的民生问题和社会矛盾，甚至影响到了经济领域、政治领域，使发展陷入了停滞阶段。近年来，"看病难"、"看病贵"、"上学难"、"上学贵"以及收入差距过大、房价猛涨、食品药品不安全、社会保障不足、就业难等，成了中国民众意见较大的一些问题。这些现象都指向同一点——社会公共需求的全面快速增长与公共产品短缺、公共服务的不到位，这已成为中国目前突出的社会矛盾之一。改革开放以来特别是进入新世纪以来，我国政府的基本公共服务意识和能力不断提高，不仅提供的基本公共服务总量不断增加，质量不断上升，而且越来越注重基本公共服务的

[①] 胡鞍钢：《中国如何跨越"中等收入陷阱"》，载《当代经济》2010年第7—8期。

均等化。但是，长期以来，因为受制于经济水平，加上人们的思想认识问题，我国基本公共服务不仅供给总量不足，不能满足人民群众日益增长的需求，而且基本公共服务的供给结构不合理、分配不均等。可以这么说，总量不足、分配不均等，这是我国基本公共服务方面存在的两个最主要的问题。基本公共服务供给与保障不到位已经成为当下许多社会问题出现的重要原因，解决社会问题需要在解决基本公共服务供给上下工夫。

我们认为，改革开放之初的社会公共服务短缺是由于整体社会"造血"能力、社会整体财富不足所导致。而当下越来越严重的社会公共服务短缺，或是由于政府政策（如过分私有化及市场化）、社会分配（如过分向权力及资本集中）、法制制度、道德缺失所造成；或是由于过分依赖外在因素，经济增长内生动力不足，不能顺利实现经济转型升级等所造成。

从1992年到2003年，是中国公共服务体制改革快速发展阶段。此阶段公共服务体制改革的特点有：第一，基本解决了城镇公共服务的短缺问题，但忽视了农村地区的短缺问题；第二，尝试推进了公共服务在供给的市场化和建立政府、NGO、个人等不同利益方的分担机制；第三，尝试进行事业单位及政府部门的改制转型。

根据公共服务对社会的功能性分类，可分为农村社会保障制度及公共服务供给、基础设施建设、保障性住房、环境保护、社会基本医疗服务、基本义务教育资源供给等。本部分主要从农村社会保障及公共服务、基础设施建设、基本公共服务三大类说明当前我国社会公共服务短缺的现状：

（一）农村社会保障制度及农村公共服务

据有关统计数据表明，我国有8亿多人在农村，农村社会保障是我国社会体系几大支柱中重要的组成部分。但受城乡二元结构模式的影响，我国城乡发展极不平衡，目前农村社会保障存在着社会化程度低、政府扶持力度小、覆盖面不足等诸多问题。

农村社会保障相对于城市社会保障，表现为保障水平较低且城乡差距大。一方面是因为，城镇社会保障制度比农村社保制度实行的早，各方面都较为成熟。例如仅从数据来看，到2009年年底，全国城市平均低保标准为每人每月227.8元，低保对象月人均补助为165元；全国农村平均低保标准为每人每月 100.8 元，月人均补助为 64 元，差距也在两倍以上。[①] 有学者[②]认为，新农保的缴费标准过高，部分农民承担困难，参保人往往选择较低的投保标准，未能有效地吸纳所有符合参保资格的对象；还有学者[③]认为，我国新农保制度在个人账户的设置上存在缺陷，不同投保标准和投保年限的投资收益率并不能充分激励农民参保，这使得新农保难扩面。一些学者，例如，吕伟、黄阳涛、石书利等（2011）[④]通过对江苏省部分首批新农保国家试点县实地调查后的调查数据进行分析，并结合对经办机构的访谈，发现青年农民的参保积极性？问题。

由此看出，当下虽然国家一直对农村社会保障建设加以重视，但目前农村社会保障层次低、范围小、覆盖面窄，社会保障功能较为薄弱，政府应提供给农村的社会保障严重不足。这对农民来说是非常不公平的，一些农民对生活失去信心，这样可能会诱发社会局部冲突。因此，政府应该充分发挥在农村社会保障供给中的职责和作用。

（二）基础设施建设

基础设施建设是涉及经济增长、环境保护、生活质量、社会可持续发展的基础性内生产业，它在一个国家或地区提升经济实力和市场竞争中的地位和作用受到各国政府和经济学家的重视。加强基础设施建设有利于一个地区提高资源配置效率，保持经济持续稳定的增长，符合科学发展观的要求。改革开放以来，我国的基础设施建设严重滞后于经济发展。[⑤]亚洲金融危机以后，1997 年，中央政府才加大了对基础设施领域的投资，此后，虽然基础设施总量上有了一定的提升，暂时实现了低水平的供需平衡，但是从总体上来说基础建设还是相当滞后的。

基础设施是城乡赖以生存和发展的重要基础条件，是经济运行不可缺少的重要组成部分，加深对基础设施特点和作用的认识，建设并管理好城乡基础设施，对促进经济稳定健康发展，提高人民生活质量具有重要意

---

① 中国人民大学：《中国社会发展研究报告》，中国人民大学出版社 2011 年版，第 94—95 页。

② 靳红梅：《新型农村社会养老保险试点中产生的问题及对策》，载《经营管理者》2010 年第 33 期。

③ 刘迪平：《中国新型农村社会养老保险长效供给研究》，苏州大学 2010 年博士论文。

④ 吕伟、黄阳涛、石书利，等：《江苏省新农保试点中存在的问题及对策分析——基于武进、海安、射阳的实地调查》，载《西部财会》2011 年第 64—67 期。

⑤ 王一川：《宁波基础设施建设发展模式思考》，载《经济丛刊》2006 年第 10—12 期。

义。但是，我国城乡之间基础设施的建设投资情况差距较大，这对推进新农村建设和发挥基础设施在农村经济发展中的先导性和保障性作用，形成了严重制约。但是，我国的基础设施存在很多问题，不论是城市基础设施还是农村基础设施都存在不完善、不健全的情况。这种社会公共服务的缺失，严重制约着我国经济的发展。我国是一个农业人口占比相当大的国家，但是长期以来城乡不平等的发展格局和城乡二元化的发展模式严重制约了农村的发展，这种区域间的不平等会影响社会的和谐，制约整个中国经济的起飞。因此，农村基础设施的问题不仅事关"三农"问题，更关系到整个社会公共服务的均等化以及整个国家的和谐与发展。

1. 城市基础设施

城市基础设施与城市的发展、人民的生活密切相关。城市基础设施不仅包括能源、交通、邮电、通信、环境等工程性硬件基础设施，还应包括教育文化、医疗、卫生等社会性软件基础设施。一个城市经济越发达，相应的对城市基础设施的要求也会越高，二者是相辅相成的关系。

城市基础设施是城市赖以生存和发展的基础，是产生城市集聚效应的决定性因素。无论从当前国民经济与社会发展的需求看，还是从建立和完善社会主义市场经济体制的改革发展要求看，城市基础设施仍是制约国民经济现代化建设的主要瓶颈之一。[1] 因此，城市基础设施建设的市场化改革研究，无论对于城市管理还是对于城市建设发展，都具有十分重要的意义。

（1）城市基础设施建设存在的问题

城市基础设施建设总体上仍滞后于城市经济社会的发展。改革开放30多年来，全国的大部分城市不同程度地存在交通拥挤、环境污染、供水紧张的状况，这成为城市经济、社会发展面临的三大难题。[2] 资金缺口问题严重，融资渠道单一。由于中国金融业改革迟缓，市场化不够。国有及股份制银行不愿将资金贷给例如基础设施等回收周期长的基础设施项目。城市基础设施规划与布局存在不合理的现象。城市基础设施规划与布局缺少顶层设计：规划水平较低，布局也不完善；城市基础设施子系统、

---

[1] 吴荻：《城市基础设施建设与政府职能改革》，载《兰州学刊》2006年第23—25期。
[2] 曹敏晖：《城市基础设施管理中存在的问题及对策》，载《管理工程师》2010年第14—17期。

各个部门各自为政现象较为明显。①

（2）城市基础设施管理方面的问题

政府垄断及代理带来的问题。政府对城市基础设施垄断是造成基础设施管理低效率的主要原因。当前，中国大多数城市基础设施依然是国有且是行业垄断经营，这是政府角色错位带来的问题。在我国城市基础设施管理中，政府主要扮演三种角色：一是作为一般社会管理者；二是作为市场管制者；三是作为企业所有者或者说是生产者。但是在利益诉求、责任要求等方面，这三种角色存在着内在的冲突。管理体制及机构设置带来的问题。我国城市基础设施大多实行的是政企合一的管理体制，管理机构设置基本上沿袭了改革初期乃至新中国成立初期的格局。在中央一级，主要由国家发改委和建设部负责宏观投资和市场管理，这样的体制带来了很多弊端。监督机制不健全带来的问题。由于监控的法规不够完善、内容不够具体和明确，导致工程质量难以有效地提高。相对于国外比较完备的基础设施社会监督机制，我国在这方面有明显差距。②

2. 农村基础设施

中国是个农村人口占绝大多数的国家，农业是农民的支柱产业，也是我国经济发展的强大内力和支撑点，农业的发展决定着农村能否完成全面建设小康社会的各项目标，对我国来说举足轻重。要使我国早日实现全面建设小康社会目标，必须促进和加强农业现代化建设，重点是加强农业基础设施建设，使农业发展进入现代化的快车道。一般来说，农村基础设施可分为：一是水利设施及路桥设施等；二是农民生活设施，如农村安全饮水、电力、交通、垃圾处理设施等，三是社会事业设施，如文化站、教育部门、卫生所等。③

（1）政策重点不在农村

一是国家经济发展战略的工业化倾向性。新中国成立以后，为了集中人力，物力和财力加快工业建设，政府不得不用行政手段控制严重偏低的农产品价格，长期坚持固定不变的低价，用牺牲农业来换取工业的发展，忽视了农业基础设施建设。二是国家财政支持农业发展的有限性。

---

① 刘宝学：《关于城市基础设施建设与管理的几点思考》，载《民营科技》2012 年第 64—164 期。
② 雷冰：《我国城市基础设施建设存在的问题及对策分析》，载《山西建筑》2011 年第 3 期。
③ 娄炳南：《关于加强农村基础设施建设的调研报告》，载《江海纵横》2007 年第 3 期。

（2）各方的投入不在农村

从财政投入来看，20世纪90年代以来，财政支农资金在财政支出中所占比重逐年下降；从固定资产投资看，农业基础设施的投入只占总投资额的一小部分；从贷款来看，银行对农村的信贷规模和资金投入也在逐年减少。

（3）管理制度不健全

从两方面说明：一是历次乡镇机构改革有很多收农民税费的部门在加强，而农民需要的技术部门如水利、农机部门却统统转制，推向市场自谋生路，这对农业基础设施的管理和技术运用带来很大的缺陷。二是管理不够，各类设备机站都是在较为僻远的地方，交通不便待遇难以落实，责任性加强的力度不够，责任心不强，负责管理的人员有逃避责任性问题，经常出现人为的破坏。[1]

3. 保障房（以经济适用房为例）

保障性住房是与商品性住房相对应的一个概念，保障性住房是指政府为中低收入住房困难家庭所提供的限定标准、限定价格或租金的住房，一般由廉租住房、经济适用住房和政策性租赁住房构成。本部分以经济适用房为例。目前，国家越来越重视住房保障体系的建设。温家宝总理在2007年3月5日的政府工作报告中首次提出"具有中国特点的住房建设和消费模式"。仅2011年，中央财政安排资金1713亿元，是2010年的2.2倍，全年城镇保障性住房基本建成432万套，新开工建设1043万套。[2] 抓紧完善保障性住房建设、分配、管理、退出等制度。专家指出，保障房建设最大的困难，不是资金和土地，而是公平分配。

经济适用住房中的"经济性"，是指住房的价格适合中等及低收入家庭的负担能力。"适用性"，是指在房屋的建筑标准上不能削减和降低，要达到一定的使用效果。经济适用房是国家为低收入人群解决住房问题所做出的政策性安排。然而我国的经济适用房制度存在的一些问题，例如：各种媒体不断爆出某地的经适房住户开豪车的新闻，这不仅是对公共资源的一种极大浪费，更会给民众造成政府不公正分配资源社会公平的缺失的

---

[1] 王川、朱润喜：《内蒙古农村基础设施建设的现状、问题与对策》，载《经济论坛》2012年第1期。

[2] 数据来源：2012年国务院政府工作报告（http://www.gov.cn/test/2012-02/15/content_2067314.htm）。

印象，进而会引起社会的动荡。

（三）基本公共服务

基本公共服务就包含了医疗卫生、就业岗位和义务教育资源的提供等。以下分类进行说明现状。

1. 卫生医疗公共服务

自1978年以来，中国的卫生医疗基本公共服务取得了卓越的发展。若以1978年党的十一届三中全会的召开为起点，以1989年卫生部《关于扩大医疗卫生服务有关问题的意见》为终点，可以认为这是我国基本医疗公共服务体系建设的积极尝试阶段。从20世纪90年代初直至2003年"非典"发生之前，这一阶段是我国卫生医疗公共服务体系建设的探索期。近年来，我国医疗卫生体制改革话题再次成为社会关注的热点，医疗卫生服务体系改革发展方案在观点激烈的碰撞中逐步清晰，新医改目标明确提出到"2020年建立覆盖城乡居民的基本医疗卫生制度"。明确了改革的三个关键：政府主导、公益性、基本全覆盖。

2. 我国公共就业服务的现状分析

我国政府一直将就业视为民生之本，高度重视就业及再就业工作，而政府承担促进就业职能的主要载体和方式就是公共就业服务。

对我国公共就业服务多元供给机制的现状做全面考察是困难的，虽然很多城市都结合本地劳动力市场的特征，对公共就业服务提供方式进行或多或少的改革，但我们不得不承认我国各地劳动力市场和公共就业服务发展水平很不均衡，还有很多地区公共就业服务机构体系建设相当滞后，覆盖面很窄。客观来说，我国在建设公共就业服务多元提供机制方面已经取得了一些关键性的进展，然而，在政策实践中我们也可以清晰地看到，我国的公共就业服务体系在扩大提供主体范围、提高服务效果上仍旧存在很多不足，离标准意义上的公共就业服务多元供给机制还存在很大的差距，最核心的表现就在于多元化供给实践中还带有非常浓厚的传统公共垄断提供模式的痕迹。

3. 我国义务教育资源供给短缺的现状

随着经济的快速发展，我国也同其他迈入中等收入水平的国家一样，出现了政治、经济、社会、文化等各方面的问题。近些年来，我国的教育问题日益凸显，出现上学贵、上学难的问题，这是教育资源供给不足的表征，具体表现在以下几方面。

(1) 教育政策资源短缺与矛盾共存

教育政策是国家或政党在一定时期内，为解决一定的教育问题，实现教育目标和教育资源的最优化分配而制定的行为规范。[①] 教育政策资源的短缺主要表现为对教育问题不能采取相应的政策措施，或者虽有政策但实施滞后，不能起到及时的调节作用。

一是政策资源在受教育权利、机会保障方面的短缺与矛盾。

相关政策法律对受教育者权利、机会保障方面存在资源性短缺。这种资源性短缺体现在社会中的一部分人享受不到政策法律所赋予的同等待遇，即被政策"边缘化"的弱势群体。另一方面，受政策资源和教育机会存在矛盾的困境影响，进而造成由于政策缺损、被替换而带来的政策失真问题，损害了义务教育的公平性。

二是政策资源在保障教育投入方面存在的短缺与矛盾。

长期以来，我国教育投入存在严重不足的状况，透析背后的原因，其中政策资源的投入不足值得关注。此外，在教育投资政策方面，我国早在20世纪90年代初就确立了预算内财政性教育经费占GDP 4%的指标及实现的目标，然而至今目标仍未实现。虽然将其写入法律，但缺乏进一步具体的保障性政策措施及强有力的法律保障，因而这也是这一政策存在资源的不完整性的表现方面。

三是政策资源在教育资源配置方面存在的短缺与矛盾。

我国教育领域存在的主要矛盾是，人民群众对优质教育资源的强烈需求与优质教育资源供给不足的矛盾。造成这一矛盾的原因，既有我国教育资源配置上的不均衡不合理，也有我国在有关政策资源投入上的短缺和矛盾造成的政策调节乏力。

(2) 政府责任的缺位

一是政府供给责任划分错位。

我国义务教育实行国务院领导，省、自治区、直辖市人民政府统筹规划实施，县级人民政府为主的管理体制。义务教育供给主体划分与我国政府财政体制密切相关，从理论上说，相对于中央集权的财政体制而言，分权体制和地方间的竞争能够提高公共产品提供的效率。但我国地区经济发展极不平衡，简单地将义务教育供给下放到地方政府也有一定弊端。在简

---

① 王智超：《教育政策执行的滞后问题研究》，东北师范大学2009年版，第13页。

单的教育财政分权体制下，地方政府是教育的供给者，在缺乏适当的机制设计和中央政府的适度干预的情况下，产生了基础教育投入的地区间不平衡，于是优质教育资源也在收入的吸引下向经济发达地区聚集，同时，教育机会的不平等也将进一步加剧社会的阶层分化，并有可能使某些特殊的人群始终处于社会边缘，地区经济落后与教育的落后成为一种恶性循环。

二是地方政府缺乏有效激励。

现行的财政体制是通过财政转移支付的方式来为义务教育提供必需的资金。但是，在信息不对称的情况下，地方政府与中央政府之间有可能会出现工作目标的背离。中央政府与地方政府在一定程度上是一种"代理—委托关系"，中央政府类以于委托人，而地方政府像是代理人。根据相关经济学原理，代理人也是理性人，有时会忽视委托人的利益。此外，从成本—收益角度来看，义务教育的受益并不完全由地方政府享有。地区间的人口流动造成了义务教育投资在地区间的外部性，这将降低人口流出地投资教育的积极性。[①]

二　我国公共服务短缺的原因分析

一般认为，社会公共服务缺失和掉入"中等收入陷阱"的其他方面（例如，民主乱象、就业不公等）互为诱因。而一般来说，"中等收入陷阱"的诱因有以下几点。

（1）经济原因。经济增长中的各类要素（例如：土地、人力资源）成本迅速上升，而投入边际报酬不断下降，所以，在发展中的比较优势也在不断减少。例如，东南沿海地区劳动力成本的快速上升，导致了劳动密集型产业利润的缩减。另外，中国正处在城镇化加速时期，城市化原本是指三农三化，即农村城市化、农业工业化、农民市民化，而不是指城市钢筋混凝土化。我们是在筑城，而远非城市化。在轰轰烈烈的十年城市建设高潮中，数以百万亿计的农民财产（土地出让金）被转移了，这虽然是具有现代性的土地兼并，但其本质并未改并。

（2）社会原因。主要是收入分配的原因，其核心问题是分配结构扭曲。中国分配结构扭曲包含了两个部分：首先，是国际分配结构扭曲，中国国民福利被大规模地向外进行了横向转移；其次，是国内分配结构扭

[①] 吴宏：《我国义务教育有效供给研究》，华中师范大学2007年版，第146—148页。

曲，权力和资本强行将国民福利在内部进行了纵向转移。分配结构的极度扭曲，使得脆弱的社会再生产无法持续下去，导致资本不断从生产领域溢出，正常的生产流通濒于瘫痪。

（3）政治原因。中国面临着一个"改革悖论"。例如，90年代朱镕基新政确实解决了一些棘手的问题，但同时带来了另外一些更严重的问题。一方面，中国在获得国际金融资本的同时，大规模让渡了国家经济管理主权、国有资产和国民福利；另一方面，买办资本和官僚资本迅速膨胀，制造了社会财富分配极度不公平的结果，普通国民权益遭到了国内外利益集团残酷地剥夺。

（4）国际原因。例如，国际金融海啸及西方帝国主义、金融资本国家对中国的经济、文化渗透不可控等。

社会公共服务缺失是陷入"中等收入陷阱"的主要表现之一。社会基本公共服务短缺包括基本医疗服务短缺、农村公共服务供给及社会保障短缺、公共就业服务短缺、基础设施不完善以及环境保护的缺失。以下分类论述各个公共服务类型短缺的成因。

（一）农村公共服务供给短缺的成因分析

当下城乡二元分割的经济和社会体制仍较为严重。一般认为，这是由于政府责任的缺失，农村公共服务问题没有得到重视，没有建立健全、有效的农村公共服务供给体系与机制。

1. 政治与社会角度

从这个角度看，主要是由于农村公共服务的二元供给体制和政府供给责任缺失。新中国成立以来，我国逐步确立了城乡二元分割的经济社会体制。与这一体制相适应，我国形成了"城乡分治，一国两策"的政策体系。[①] 公共卫生、义务教育、基本医疗、最低生活保障制度等公共服务方面的城乡差异，是导致城乡居民实际收入差距偏大的主要原因。

公共服务具有经济学上公共物品的特点，即：公益性、非竞争与排他性。政府对公共服务的供给具有重要的责任，所以中央及地方政府应作为农村公共服务的主要提供者。但政府在对农村公共服务的供给方面，存在职能"缺位"、责任不到位问题。这一方面是由于我国在1994年实行分税制改革后，财权划分模式和事权划分模式出现背离。中央政府对地方政

---

① 陆学艺：《农村发展新阶段的新形势和新任务》，载《中国农村经济》2000年第6期。

府的考核仅限于GDP，中央及地方政府对公共服务这种不带来GDP收入的项目不重视。另一方面是由于缺乏有效的组织管理和可靠的资金支撑，农村公共服务供给匮乏，并且结构明显失衡。[1]

2. 经济和管理学角度

从这个角度看，主要是由于农村公共服务供给主体单一和农村公共服务供给决策机制不合理。按照传统经济学理论，农村公共服务属于公共产品的范畴，在消费上具有非排他性和非竞争性的特点，农村公共服务必须由政府来生产和提供。受传统经济理论的影响，我国农村公共服务供给主体明显单一化。就现阶段农村公共服务的供给主体而言，政府一方面推卸公共财政责任，将公共服务的经济负担转嫁给农民，另一方面政府又垄断农村公共服务供给，阻止企业、社会团体等力量进入该领域。在不合理的制度安排和政策下，民间投资受到政府排斥性政策的限制，难以大量进入农村公共服务的供给领域。在绝大多数农村地区，政府仍然是农村公共服务的单一供给主体。

从管理学中的决策理论角度，与政府垄断农村公共服务供给相联系，农村公共服务供给实行"自上而下"的决策机制。"自上而下"的决策机制还容易引发以上级考核和安排为导向、片面追求短期效益的弊端，这会造成农村公共服务供给与农民实际需要脱节。一方面农村公共服务无法满足农民的各种紧迫需要；另一方面又会提供现实生产生活中不需要的公共服务，这严重浪费了稀缺的公共资源。[2]

（二）社会基本公共医疗服务短缺的成因分析

1. 经济角度

从这个角度看，主要是由于卫生医疗公共服务的供给总量不足及医疗公共服务供给的结构失衡。近些年来中国经济持续高速增长，政府对卫生公共服务领域的财政投入持续加码。整体上看，卫生医疗公共服务的供给能力有了飞速提高，但仍不能满足人口快速增长和老百姓对卫生医疗公共服务愈来愈大的需求。可以看出，如表2-1所示，我国由于种种原因（如新自由思想的冲击等），自90年代以来，个人在卫生支出中还属于高

---

[1] 谢冬水：《构建我国农村公共产品供给多中心体制探析》，载《湖南行政学院学报》2007年第1期。

[2] 马晓河、方松海：《我国农村公共品的供给现状、问题与对策》，载《农业经济问题》2005年第4期。

水平，而政府在卫生支出的比重属于中低水平。且有统计资料显示，2002年我国人均政府卫生医疗支出水平在当时世界卫生组织191个成员国中位列第131位，而我国个人卫生医疗支出所占比重却位列第15位。

表2-1　　　　　　各国卫生支出结构的比较（2000年）　　　　　单位：%

国家	卫生总费用占GDP比重	个人负担比重	政府负担比重
中国	5.3	60.9	39.4
发达国家	8.5	27	73
转型国家	5.3	30	70
最不发达国家	4.4	40.7	59.3
其他发展中国家	5.6	42.8	57.2
世界平均	5.7	38.2	61.8

资料来源：王绍光：《美国进步时代的启示》，中国财政经济出版社2003年版。

从各级政府财政投入的纵向上看，我国中央政府和地方政府在公共卫生医疗方面投入的非均衡性异常突出。另外，省际间的预算内人均卫生医疗投入也呈一种不断扩大的趋势。我国的卫生公共服务也存在着明显的区域差异，加之区域间经济发展的不平衡，卫生医疗公共服务供给的过度悬殊已经成为影响区域协调和社会和谐的重要因素。基于我国东部和中西部地区之间地方政府的财力差距，随着各级政府对公共卫生医疗投入重视程度的增加，东部地区和中西部地区间的差距将进一步扩大。我国在卫生医疗公共服务的供给上，采取的是一种"城乡分治"管理方式。由于农村地区经济基础相对薄弱，缺少长期积累和投入，与城市的卫生医疗公共服务相比，农村地区不仅硬件服务设施薄弱，而且医疗卫生人员的素质、服务水准等方面也比较落后。我国财政经费投向的不公平性，使得卫生医疗资源分配"重医疗、轻公共卫生；重大医院治疗、轻社区卫生"现象十分严重。重点三甲医院一方面享受着各种优惠政策，又凭借其自身优势，其规模不断扩大，设备条件越来越好，医务人员的技术水平越来越高，形成所谓的医疗卫生领域的"马太效应"；而提供基本卫生医疗公共服务的其他初级机构（如农村乡镇医院、卫生院、城市社区医院等）则不断缩减。

2. 社会和政策角度

从这个角度看，这方面主要是由于卫生医疗公共服务供给体系不健全。目前，我国已初步建立了城镇职工的卫生医疗保障体系，但覆盖面太窄太小。农村地区的新型合作医疗制度还未覆盖全体农村人口。另外，城镇居民医疗保障也存在一些问题。例如，政府宣传不够并且一些已经参保的群众对城镇居民医疗保障不太了解，一些群众对报销数额期望过高，尤其是对报销程序不太清楚，这些都影响了居民参保的积极性。另外，城镇居民医疗保险制度的统筹层次有些偏低，同时受制于我国的生产力整体上不发达，经济发展的不平衡，所以很多地区还是以保障住院和门诊大病医疗支出为主。一些乡村由于农民收入低，筹资额度低和覆盖率低，因而保障水平也低。另外由于农村地区医疗人员队伍的素质偏低，漏诊、误诊以及医疗纠纷等现象时有发生，对患者的健康造成了不同程度的损害。至于新型农村合作医疗制度，目前一个相当严重的问题是农民对其信任程度下降，农民参加合作医疗的积极性弱化。

（三）保障房短缺的成因分析（以经济适用房为例）

1. 政策和社会角度

从政策角度上看，主要是由于政策设计存在偏差和对象界定不明确。我们所倡导的"居者有其屋"实际上是指让需要住房的人有房子住，而不是拥有完全属于自己的房产。"有房子住"和"拥有房产"是两个不同的社会发展与政策、制度目标。[①] 老百姓的问题实际上是指前一个目标，也就是"人人有房子住"，而我们现行政策过多地承担了构建新的商品化城市住房多重供给体系、抑制房价过快上涨和"拉动经济增长"的使命。1998年国发23号文件规定，"经济适用房"是具有保障性质的政策性商品住房，拥有购买资格的是中低收入家庭。而这个中低收入家庭并没有明确的家庭收入标准，而是各地按照实际情况自行确定。2011年有网站对个别城市经济适用房购买对象的调查，约有16%的经济适用房卖给了中高收入者，同时还出现了一人拥有多房的现象，这显然违背了这项政策的初衷。[②] 造成这种现象的主要原因是政策规定不严谨，只要能提供当地工资收入证明即可申请经适房的购买权，而这种证明是可以通过不合理渠道获得的；并且在经适房购买的审查中无法确定购买者除去工资收入的其他

[①] 陈淮：《发展住房保障制度是缓解住房矛盾的关键》，载《经济与管理研究》2006年第2期。

[②] 尹珂：《城镇住房保障制度问题及对策研究》，2007年西南大学硕士论文。

收入，这就造成了许多人开着豪车入住经济适用房。

2. 经济角度

从这个角度看，主要是由于价格偏高，偏离"经济适用"的本意。目前经济适用房的运作模式虽是政府主导，但房地产企业仍是建造主体。既然是企业行为，根据经济学相关理论，企业也属于"理性人"，那么其追求利润最大化的目标将始终不会改变，这样势必会与经济适用房"居者有其屋"的社会保障功能发生冲突。虽然政策规定经济适用房的面积和单价必须控制在一定范围内，但作为企业的房地产商，为追求利润的最大化，往往在政策范围内取高不取低。另外，开发商的寻租行为也在无形中增加了成本，提高了经济适用房的房价。最终导致"经济适用房不经济"现象的出现，中低收入人群无法购买经济适用房，无法享受到政府的低价补贴。

3. 社会角度

从这个角度看，主要是由于区域规划有限制，设计不到位。一般来说，中低收入的工薪阶层更愿意选择居住在条件虽然较差，但距离工作单位较近的市中心的区域，而不愿意在郊区县等远郊区购买价位较低的经济适用房。但是，现实是经济适用房一般提供在离市区较远的郊区。这也导致了需要经济适用房的中低收入者住不到房，却为一些经济条件好的人提供了购房机会。

4. 管理学角度

从这个角度看，主要是由于产权不明晰。目前我国的住房产权主要有两类：一类是纯商品房产权，即完整的产权；另一类则是准商品房产权，即不完整的产权。因此，经济适用房在上市交易时须缴纳有关的费税，补交土地出让金等一系列的限制规定，这样就使一些购房者增添了顾虑。随着住房市场的完善及进一步发展，有些地方规定经适房住满一定期限后可以进入交易市场出售、租赁。所以说经济适用房出租、出售、抵押、转让时产权关系应如何确定，是许多购房者所关心的首要问题。

（四）基础设施不健全的原因（以农村基础设施为例）

1. 政策角度

从这个角度看，主要是由于政策重点和各方的投入均不在农村。可以从两方面讨论：一是国家经济发展战略的工业化倾向。新中国建立后为了在很短时间内把中国发展成为社会主义强国，国家不得不在经济发展战略中以城镇工业化为重点。为了集中人力物力和财力加快工业建设,用行政手段控制住严重偏低的农产品价格,长期坚持固定不变的低价,用牺牲农业来换取工业的发展,这样就忽视了农业基础设施建设。二是国家财政支持农业发展的有限性。国家一些农业税收政策对发展带来不利因素,一个薄弱的行业,加以较重的税赋对基础设施的投入就变得微乎其微。[①]

2. 管理学角度

从这个角度看,主要是由于管理制度不健全。可以从两方面说明。一是历次乡镇机构改革有很多收农民税费的部门在加强,而农民需要的技术部门如水利、农机部门却统统转制,推向市场自谋生路,这对农业基础设施的管理和技术运用带来很大的缺陷。二是管理不够。各类设备机站都是在较为僻远的地方,交通不便,待遇难以落实,责任性加强的力度不够,责任心也不强,负责管理的人员由于逃避责任性问题,经常出现人为的破坏。[②]

(五) 义务教育资源供给短缺的成因分析

由于政治、经济、文化等其他原因,我国义务教育失衡问题由来已久,从20世纪80年代后体现尤为明显。目前,我国现已进入中等收入国家的行列,而我国的义务教育资源有些仍供给不足,这对正在高速发展的中国来说是一个危险的信号,若不及时地解决这一问题,很有可能因此导致中国陷入"中等收入陷阱"。

1. 社会角度

从这个角度看,主要是由于城乡差异、区域差异与阶层差异。我国义务教育非均衡发展在城乡差异这个方面体现得尤为突出,由于我国长期以来的城乡二元结构形成一种城市中心价值取向,使得农村和城市整个义务教育水平呈现出较大的差异,主要表现在教育经费投入、师资水平以及办学条件城乡差距大等方面。我国义务教育的区域差异主要体现在我国各行政区域特别是东中西部地区的教育在经费投入、师资水平、硬件设施和教育质量等方面存在着不均衡状态。

2. 政策角度

从这个角度看,主要体现在校际差异。这也是义务教育非均衡发展一

[①] 黄予慧:《广西推进农业现代化的形势分析与对策建议》,载《农村经济与科技》2001年第8期。

[②] 王川、朱润喜:《内蒙古农村基础设施建设的现状、问题与对策》,载《经济论坛》2012年第5期。

方面。由于政策及历史原因，义务教育资源也有优劣之分。好的学校，学生门庭若市，差的学校，却无人问津。对于好的学校，教育经费、师资力量等都很雄厚，这就形成了"马太效应"。而一些地方政府并未对这一现象从政策的途径加以逆转，甚至某些政策助长了这种差异。

（六）公共就业服务市场供给不足成因分析

从劳动力无限供给向劳动力短缺和结构性失业增加的转变过程，对公共就业服务功能提出了新的要求，首先是服务对象范围的扩大，从下岗失业群体扩大到包括农村转移劳动力和新成长劳动力（如大学毕业生）在内的求职者；其次是服务方式的变化，随着就业服务群体逐渐年轻化，针对体制性失业的低层次就业安置服务方式已经不再适用，需发展更具有长效意义的提升就业能力的服务手段，如职业技术培训和创业培训等。劳动力市场发展过程中呈现出来的这些新的服务需求，显然仅凭政府一家之力是无法满足的，需要探讨如何发挥各种营利性和非营利性就业服务机构的力量，还要规划和监督共同生产公益性就业服务。但是，从目前来看，我国私营人才服务机构仍然存在发展尚不成熟，主要服务产品也相对集中等问题。公共就业服务市场供给不足成因，可以主要从以下几个角度说明：

1. 政治角度

从这个角度看，主要体现在公共就业市场供给中的行政色彩浓重。自1992年市场经济改革以来，伴随着新公共管理运动在中国的传播与实践，一些政府人员下海创办私人就业服务机构，但是较长的时期中也没有脱离与原政府部门的关系。部分私营就业服务机构依靠政府"权威"，也实行行业业务垄断。这样，就导致了公共就业服务市场的行政色彩浓重。

2. 经济角度

从经济的角度看，主要体现在无序竞争比较严重和行业规范程度不强。部分私营就业服务机构由于发展程度较低，机构规模小，业务水平不高等原因导致竞争力不强，往往采取低费拉客、回扣揽生意等不正当手段来追求经济效益。这些行为都会严重扰乱市场正常的竞争秩序。我国私营就业服务机构起步较晚，法制规范程度差，经营管理欠规范，还不能完全承接政府转移的部分职能。同时，行业间自律性较差，行业协会职能作用发挥不足，其内部管理机制还不完善，业务指导和权威影响等都有待进一步提高。

（七）农村社会保障缺失成因分析（以新农保为例）

1. 政策角度

从这个角度看，主要是由于新农保财政政策问题和新农保制度衔接性问题、政策宣传不到位等。一方面，由于分税制残酷的利益分割，中央财政和地方财政的利益分割造成新农保财政政策问题。一些学者，例如，陶纪坤[1]指出，我国财政在农村社会养老保障领域存在缺位现象，财政投入总量不足，地区分布不均。吕伟、黄阳涛、石书利等[2]通过对江苏省部分首批新农保国家试点县实地调查后的调查数据进行分析，并结合对经办机构的访谈，认为地方政府存在财政压力偏大的问题。苏宝芳[3]认为新农保在解决农村养老方面也面临着许多挑战，存在着一些亟待解决的问题。例如：地方财政筹资难等。吴振[4]认为，由于基础养老金由中央财政、省财政和地方财政共同承担，而中西部地区财政能力有限，是新农保制度在全国全面建立的难点；由于东西部地方财政的巨大差异，新农保的保障水平也会因为地方差异而有较大差距。

另一方面，新农保与"老农保"[5]及其他制度还存在着一些衔接性的问题。另外，许多学者通过对宁夏、广东、山东试点的新农保推行状况进行调查分析发现，农民"养儿防老"的观念依然占主导，这主要是由于有关部门对政策宣传的力度不够造成的。例如：张朝华、丁士军[6]通过实地调查与访谈，发现"新农保"在推行过程中宣传力度不够。王静[7]在对陕西省咸阳市秦都区125个农户的调查后，发现由于新农保宣传不够，部分农户对新农保政策理解不透，直接导致农户参保积极性不高；新农保代办员代办水平参差不齐；出现了越富裕的人得到越多的养老金的逆向选择问题。

---

[1] 陶纪坤：《"旧农保"与"新农保"方案对比研究》，载《兰州学刊》2010年第6期。

[2] 吕伟、黄阳涛等：《江苏省新农保试点中存在的问题及对策分析地调查》，载《西部财会》2011年第11期。

[3] 苏宝芳：《"新农保"试点中亟待解决的问题与对策》，载《前沿》2011年第3期。

[4] 吴振：《新农保的问题与出路探析》，载《现代商业》2010年第17期。

[5] 老农保指以前针对低保户、五保户等所提出的一种保障制度，主要解决他们的基本生活等。

[6] 张朝华、丁士军：《"新农保"推广中存在的主要问题——基于广东粤西农户的调查》，载《经济纵横》2010年第5期。

[7] 王静：《新农保试行中的问题及改进的对策建议——基于陕西省咸阳市秦都区125个农户的调查》，载《海南金融》2010年第11期。

2. 经济角度

从经济角度看，主要体现在新农保基金运营与管理问题与地方财政负担重且集体补助的随意性上。一些学者，例如，战梦霞、杨洁[1]指出，新农保基金统筹层次过低，投资渠道过窄，基金保值增值困难。此外，基金运营缺乏法律规范，存在各地制度多样化、碎片化的现象。张思锋、张文学[2]和苏宝芳[3]等也认为农保基金无法投资运营，难以实现保值增值。祖晓青[4]通过调研，认为作为河南省首批新农保试点县，内黄县新农保基金筹集过程中存在诸如财政筹资比例相对较低，集体补助形同虚设，个人缴费档次低等问题。

另外，一些学者通过调研还发现，存在挪用农民个人账户中的钱用于当期的财政补助资金发放的现象，形成事实上的代际供养的现收现付制。[5]

3. 管理角度

从这个角度看，主要体现在个人账户的激励机制未能充分发挥作用，导致新农保难扩面。一些学者研究发现，个人账户的激励机制未能充分发挥作用，导致新农保难扩面。例如，吕伟、黄阳涛、石书利等[6]通过对江苏省部分首批新农保国家试点县实地调查后的调查数据进行分析，发现农民积极性不高等问题。张朝华和丁士军通过实地调查与访谈，探讨"新农保"在推行过程中存在的主要问题。例如，"新农保"的宣传力度不够；农户个人缴费困难；基础养老金具体发放时存在制度性缺陷，主要表现为不遵循参保自愿的原则，而实施捆绑方式发放基础养老金；集体补助缺口较大；强制农户参保的现象仍然突出；原有制度对农

---

[1] 战梦霞、杨洁：《新型农村养老保险制度亟待解决的问题》，载《特区经济》2010 年第 2 期。

[2] 张思锋、张文学：《我国新农保试点的经验与问题——基于三省六县的调查》，载《西安交通大学学报》2012 年。

[3] 苏宝芳：《"新农保"试点中亟待解决的问题与对策》，载《前沿》2011 年第 3 期。

[4] 祖晓青：《新农保基金筹集问题及对策分析——以安阳市内黄县为例》，载《现代商贸工业》2011 年第 2 期。

[5] 邓大松、薛惠元：《新型农村社会养老保险制度推行中的难点分析——兼析个人、集体和政府的筹资能力》，载《经济体制改革》2010 年第 1 期。

[6] 吕伟、黄阳涛、石书利等：《江苏省新农保试点中存在的问题及对策分析——基于武进、海安、射阳的实地调查》，载《西部财会》2011 年第 11 期。

户的心理影响较大。①

三 解决社会公共服务短缺的公共政策选择

上一部分主要叙述了造成社会公共服务短缺的主要原因。以下从医疗卫生体系、就业服务、基础设施、保障性住房、环境保护等五大方面论述，从解决社会公共服务短缺的公共政策选择的视角，以求使中国提前做好准备，使各方面的成本降到最小，使中国平稳地跨越"中等收入陷阱"。

（一）关于医疗——通过公共管理制度创新完善我国政府卫生医疗公共服务供给

完善卫生医疗公共服务的供给是政府更好履行职责的需要。具体来讲，我们认为可以从以下几方面完善我国政府对卫生医疗公共服务的供给，以规避"中等收入陷阱"。

1. 逐步提升财政保障并建立健全转移支付制度

政府相关部门应按照科学发展观、五个统筹的要求和适应和谐社会建设的需要，调整财政收入支出结构，加大在卫生医疗公共服务领域的支出，削减财政用于其他方面的不必要支出。在卫生医疗公共服务资源的配置上，需要政策发挥有效的激励引导作用，避免大量的优质卫生医疗服务资源过度集中在局部区域。

2. 加强农村地区社会医疗公共服务的财政保障

农村地区的社会医疗公共服务，也是我国基本公共服务的重要组成部分，在整个医疗公共服务体系中处重要地位。首先，进一步强化政府责任，将初级卫生保健逐步纳入法制化管理轨道，逐步建立稳定增长的政府投入机制，保证农村初级卫生保健的可持续发展。其次，因地制宜地制定农村地区的卫生医疗公共服务项目。最后，考虑到中西部地区县乡财政困难，中央政府及地方政府对该地区应做出适当的政策倾斜考虑，例如对这些贫困地区提供更多的补贴等。

3. 建立健全现行的财政转移支付安排

城乡发展水平及财政收入在目前具有非均衡性。因此，要实现基本卫生医疗公共服务均等化目标，不仅要加大对农村及困难地区基本卫生

---

① 张朝华、丁士军：《"新农保"推广中存在的主要问题——基于广东粤西农户的调查》，载《经济纵横》2010 年第 5 期。

医疗公共服务的财政投入力度，更需要努力完善现行的财政转移支付安排。

首先，科学界定省与市县政府间的事权和财权，规范政府间转移支付分配关系。科学合理的政府间事权与财权划分，是转移支付机制发挥作用的前提。目前中央与省、省与市县政府的事权和财权划分不够明确，交叉过多。其次，要完善均衡性转移支付体系。现行的均衡性转移支付虽然在均衡市县间财力，促进县乡政府公共服务能力均等化方面发挥了极其积极的作用，但与实际需要相比仍然存在较大的缺口。要建立以市县增加税收收入为基础的激励性转移支付，按照各市县当年税收收入增长情况，按分类分档确定奖励系数，给予返还奖励。最后，建立健全促进市县提高财政管理水平的激励性转移支付。一是对县乡政府精简机构和人员给予奖励。二是对市县按时归还政府债务给予奖励。三是对市县深化财政改革、规范财政管理给予奖励。

4. 合理划分不同层级政府间的权利与职责

合理划分政府间的权利职责，例如，凡是卫生医疗公共服务需要具体操作的，可以由地方政府负责等。另外，如果提供产生跨地区跨空间的负外部效应，低一级政府应尽可能负责将负外部效应内部化。又由于从1994年实施残酷分割利益的分税制，大量的支出责任下移到了地方政府，而财权财力却在逐渐逐步上移。一些经济欠发达地区的县乡财政就无奈地低度或高度依赖来自中央的转移支付。另外，在目前政府投入无力覆盖全部卫生医疗公共服务项目的情况下，政府的投入应强调确保最基本的卫生医疗公共服务项目的提供。所以，合理划分不同层级政府间的权利与职责存在合理性及必要性。

（二）关于就业——我国公共就业服务多元供给体系的构建

进入21世纪后，互联网的发展和加入WTO等为就业服务的发展提供了新的契机，各种类型的就业服务组织正在新的高度上整合与发展。公共就业服务体系的发展一方面需要加强公共就业服务机构自身的建设，另一方面也需要努力探讨如何通过制度安排和激励手段，借助多元就业服务主体的力量，共同达到促进就业和改善就业的效果，并且能够很好地规避"中等收入陷阱"。

1. 构建我国公共就业服务法律制度

在我国2008年出台的《就业促进法》中，多次出现了国家、政策等政策性的语言，许多条文都没有明确规定法律主体的权利义务，部分法律条文的操作性不强。要使我国就业服务体系有法可依，就要在法律框架下明确各级政府在促进就业中的责任和义务，确立各级劳动保障行政部门及私营就业部门的法律主体地位，并规定其应担负的责任。

2. 明晰各级公共就业服务机构的职能定位

根据相关法律政策规定，我国公共就业服务机构大多是属于劳动保障行政部门的事业单位，基本按照行政序列形成省、市、区（县）、街道（乡镇）、社区（村）等五级服务机构体系。然而在实际工作过程中，各级公共就业服务机构的职能并没有完全厘清，市、区（县）、街道的职能交叉、工作内容重复、工作对象重叠、工作方法趋同，公共就业服务的层次感、针对性、有效性不强。

完善公共就业服务提供机制必须首先从公共就业服务机构的职能定位开始。将县级以上公共就业服务机构一致定位为行政管理类的事业单位，纳入财政全额拨款，其职能在于就业失业管理、促进就业政策执行、公共就业服务监督管理等，建立的一站式服务中心是公共就业服务的行政管理平台和服务信息管理平台，主要提供自助服务和满足一般就业服务需求的就业服务，如政策咨询、就业失业登记管理、劳动力市场信息服务、劳动保障事务代理等。还要明确公共就业服务的职能定位，一方面有利于规范化管理，明确公共就业服务机构内部的功能层次，避免机构在履行职能方面处于模糊不清状态，另一方面有利于结合地方劳动力市场特征，整合各类就业服务资源，探索公共机构与民间机构的有效合作模式。

3. 调整公共就业服务的财政支出模式

目前我国公共就业服务的资金主要来源于公共财政，由县级财政将包括促进就业和公共就业服务经费在内的就业专项资金纳入同级财政预算，采取按服务成果付费的方式拨付就业服务经费。由于编制状况不同，公共就业服务机构获取财政资金的途径有所差异，相当一部分公共就业服务机构的日常人员经费和工作经费缺乏明确、持续的资金来源。为了提高公共就业服务财政资金的使用效率，需要对公共就业服务经费的支付方式进行调整。

（1）加大中央财政对公共就业服务的支出力度。我国公共就业服务主要由地方财政出资，中央政府则通过专项转移支付对地方给予适当补助，尤其是对中西部地区和老工业基地给予重点支持。我国中央与地方政府间的责权配置呈现出两个三角形结构：即在事权和支出责任的划分上是"正三角"，大量的支出责任下移到了地方；而在财权财力的配置上是一个"倒三角"格局，财政财力逐级上移，地方政府特别是欠发达地区的县乡财政非常薄弱，高度依赖中央财政的转移支付。这种事权与财权财力的不对称，正是一些地方财政困难的主要原因，地方很难有足够的资金提供充分的公共服务。[①]

公共就业服务具有外在性和公益性，相对贫穷地区尤其如此，因为劳动力一般总是从贫困地区流向发达地区，贫困地区为劳动者提供公共就业服务具有显著的外部性，为了补偿这种外部性，就需要提高公共就业服务的均等化水平，可以借鉴美国联邦政府承担大部分公共就业服务经费支出的经验，增加中央财政对地方性公共就业服务的支持力度。

(2) 改变传统按编定支、财政补贴模式为以事定支的公共财政模式。公共就业服务经费与其他公共服务支出一样，也分成服务机构和人员本身的开支，即行政开支和直接用于服务对象的开支即业务开支。对纳入财政补助的公共就业服务机构，地方财政部门按编制内实有人数，并结合行政开支考虑其承担的免费公共就业服务工作量，安排人员经费、工作经费和项目经费，在部门预算中统筹安排；而未纳入财政补助的公共就业服务机构则缺乏可靠、持续的资金来源，只能暂按职业中介机构申领职业介绍补贴的规定申请职业介绍补贴。这种财政投入模式很容易造成一方面预算资金用不完，另一方面公共就业服务供给不足的矛盾。

为了提高公共就业服务经费的使用效率，需要对传统的财政投入模式进行改革。可以通过对公共就业服务需求进行预测，并预估就业服务量和总经费需求，上报就业行政管理部门编制经费预算即以事定支，这一模式具有更强的灵活性，能够有效保障公共就业服务资金落到实处。

4. 为营利性和非营利性就业服务机构营造发展空间

完善我国公共就业服务提供机制，还需要在营造市场环境方面做出一些努力，培育非公共就业服务的独立性和自立性，为其发展创造充分的空间。目前我国民间就业服务机构的现状不容乐观。截至 2009 年年末，全国职业介绍机构中劳动保障部门开办的占比 67.1%，其他组织和公民个

---

① 李燕：《政府公共服务提供机制构建：基于公共财政的研究视角》，北京财政经济出版社 2009 年版，第 118—119 页。

人办的相对很少，在机构人数、职业指导人数、介绍成功人数等方面都是公共机构绝对占优。民办职业培训机构的生存状况也很糟糕。我国各类非公共就业服务机构发展不够充分，其阻碍因素是多方面的，机构自身定位偏差、社会声誉不高都是很重要的原因，但从政府角度而言，可以从下述方面支持社会各类就业服务机构的发展：

（1）加强市场监管，取缔违法设立的职业介绍机构和严重违规的职业培训机构，改变就业服务市场鱼龙混杂的状况，为就业服务机构的发展创造健康环境。

（2）转变观念，从传统的公共垄断就业服务的思维模式中走出来，充分认识就业服务机构的优势和特点，逐步破除对各类就业服务机构的偏见，树立公益性服务领域公私合作的现代管理理念。

（3）选择一些基础较好的就业服务机构展开实质性的合作，通过政府购买服务引导其参与公益性就业服务的生产和供给，起到良好的社会示范效果，从而带动整个就业服务机构体系的良性发展。

5. 进一步完善政府购买公共就业服务制度

鉴于我国政府购买公共就业服务方面存在的程序不规范、缺乏独立性、监督不力等问题，建议从以下几个方面完善政府购买就业服务制度：

（1）尽快建立政府购买公共服务的相关法律法规。2003年制定的《政府采购法》中规定的政府购买服务范围仅限于政府自身运作的后勤服务，而包括公共就业服务在内的范围更广泛的公共服务没有被列入，公共服务购买的制度化有待政府采购法律法规及相关财政制度体系的建立和完善。

（2）增加竞争性购买，减少非独立性购买和非竞争性购买。依据政府购买公共服务的一般原则，购买应有明确的公共服务标的、契约双方主体独立、公开公平竞标，实践经验显示目前我国政府购买公共就业服务还是以形式性购买和非竞争性购买居多，购买中也是公办机构占绝大多数，需要增强政府购买公共就业服务的透明度，吸引更多就业服务主体参与。

（3）规范政府购买程序。向社会公开购买公共就业服务的政府预算和使用情况，采用公平公开的招标形式选择合适的服务生产者，改变政府内部监督机制、建立独立的第三方监督管理机制，确保对就业服务评估的客观公正，防止缺乏监督情况下滋生腐败。

（4）增强服务主体的独立性。政府购买公共服务的核心是，要建立健全契约式服务提供模式，而不是建立雇佣关系。政府机构要平等对待社会就业服务机构，建立公平契约关系，不能靠行政强制定立明显不平等的契约条款。

（5）建立适应政府购买公共服务的财政制度。财政依据"以事定支"原则建立政府购买公共就业服务基金，专门用于基层公共就业服务机构向社会主体购买服务，确保该项业务支出的相对稳定性，同时要保证财政支出公开原则，接受社会大众的广泛监督。

（三）关于基础设施——完善并增加公共产品和服务的供给

基础设施与经济的发展有着直接的联系。同时，完善基础设施，增加公共产品和服务的供给，不断地满足公众的公共需求，对于促进社会的和谐发展至关重要。农村的基础设施关系到区域均等化、城乡一体化等问题，应该给予高度的重视。可以通过以下几种措施来完善基础设施建设（以农村基础设施为例），弥补社会公共服务的短缺，促进经济的和谐发展，避免落入"中等收入陷阱"。

1. 增强政府对农村基础设施建设的投资力度

为解决农民增收问题，制定一套有的放矢而又切实可行的政策，在更加平衡的宏观经济增长的范围内对农业和农村经济给予更大的支持。现在，最为重要和急需的就是要调整宏观政策趋向，应当及时地把积极的财政政策的重点调整到农业和农村经济上，加大政府对农民增收的支持。

2. 利用多元化的投融资体系

从总体上来看，在农村基础设施建设中，政府投资应发挥主导性作用，但在地方政府财力有限的情况下，逐步形成政府投资引导的多渠道多元化投资体系则是必然要求。首先，应该充分发挥农业银行对农村基础设施的支持作用；其次，应该开办以农村基础设施项目收益权或收费权为质押获取贷款的金融工具；最后，如很多学者提出的那样，施行PPP融资方式。

3. 改变经营管理体制，提高农村基础性投资的使用效率

在有些情况下，国家增加了某些地方农村基础设施的资金和技术的支持，但由于管理不善而导致政策的失效，所以必须完善经营管理体制，应将政企分开，尽量让政府起到监督的作用，按照现代企业模式进行改制。

4. 以人为本，增强农村基础设施的实用性

农村基础设施的建设，关系到中国9亿农民的切身利益，更关系国家

的经济命脉与安全稳定,在农村基础设施的投资建设中,必须以人为本,一切以人民利益为重,不搞形象工程,尽量不强拆强建,多听取农民的意见,在和谐状态中搞建设,在安全稳定中谋发展。①

(四)关于保障性住房——完善我国保障性住房的建议

目前我国的保障性住房体系虽较为完善,但是从制度层面、住房建设层面以及居民的购买层面依旧存在一些问题。以西安经济适用房为例,存在"滞销"的难题,原因有很多:门槛高、户型差、位置偏、审批难等。提出以下几点建议以缓解我国保障性住房短缺的局面并规避"中等收入陷阱"。

1. 改变传统住房观念,引入共有产权住房模式

拥有自己的房子才能带来安全感和幸福感,这已经是我国根深蒂固的住房观念。但是想要打破现在保障性住房短缺和房价持高不下的僵局,必须从打破这种传统价值观入手。住房和其他商品一样都是消费品,加之我国的房屋产权也只有70年,就算是真的拥有一所房屋的产权,拥有者去世一段时间后这个产权可能就会归国家所有,因此个人拥有住房的产权并无多大意义。大部分人在急需房屋的阶段,收入并不是一生中最高的时候,因此多数人不经过其他途径基本无法自购房屋。我国依旧是发展基础薄弱、资源有限的发展中国家,发展很不平衡,即使实现全面小康,也仍会有一些人买不起房子。因此,我们应该以更加动态的角度来看待对房屋的所有权,将保障性住房提供给真正需要的人,并且改变自身的观念去适应我国的居住环境。所以,我们认为引入共有产权的住房模式,既可以在高房价的情况下,让更多的人买得起房,缩小贫富差距和社会的不公平感;又可以提供可循环利用的资金,缓解政府财政的压力。

2. 建立多层次,广覆盖的住房保障体系

目前我国的保障性住房体系主要包括经济适用房、廉租房、住房公积金和对特殊群体的住房补贴等四方面。但是随着城市化的进程,越来越多的农民进城务工、刚毕业走出校门的年轻大学生以及南下打工或"北漂"一族,则成为了游离于这个体系之外的"夹心阶层"。他们没有能力和资格购买经济适用房,也不能申请廉租房,甚至在刚工作的时候单位还可能不为其交纳住房公积金,这样他们的住房就得不到保证,而这些人恰恰是

---

① 金德水:《加大基础设施投入加快开发建设步伐》,载《宁波经济丛刊》2003年第4期。

城市化进程的主力军。因此,政府应该提供类似于廉租房的"经济公租房",房屋的建筑面积不宜过大,但应配备齐全的生活设施,出租价格应高于廉租房低于商业性租房价格,专门出租给特定的人群,比如刚毕业的年轻大学生等。可以对申请人的年龄、学历、工作状况、收入情况等问题进行严格的登记审查,突破户籍限制,禁止住户出租转让,为这些新生代的起步者提供助力。对于这类公租房的管理,政府可以参照大学生公寓等的管理办法。

3. 发挥金融政策对保障性住房建设的支持

住房保障也需要金融业的支持,比如建立专门的政策性住房金融机构为住房保障提供融资渠道,制定公共性住房贷款政策,向中低收入家庭提供无息或低息贷款,也可以学习发达国家建立住房贷款的二级市场。但是这些一定都要建立在完善的风险评估基础上,并且根据我国金融市场的实际情况来制定这些政策。

4. 完善保障型住房的退出机制

住房保障制度应与经济社会发展阶段和人民生活水平相适应,其保障内容也应随着经济环境的变化做出相应的调整。住房保障退出制度是保证住房保障资源良性循环的前提。[①] 退出的住房保障资源再分配给需要住房保障救济的低收入居民,始终在住房保障体系内循环。在严格按程序提供保障性住房后,对于当时符合条件但事后由于经济状况好转不再符合条件的人员,住房要及时回收。这样既可以确保住房保障资源的可持续利用,避免重复建设;又可以使有限的资源最大限度的发挥其效能,体现社会资源的分配公平。

5. 尽快完善住房保障法律体系的建设

人人享有基本居住权利,这是现代文明社会的共识。《联合国人权宣言》第二十五条写道:"人人有权享受为维持他本人和家属的健康和福利所需的生活水准,包括食物、衣着、住房、医疗和必要的社会服务。"然而,要使共识转化为推动社会进步的行动,还需要以法律的形式给予承认和保护。所以,发达国家在建立住房保障体系之时,纷纷通过立法承认和保障人的基本居住权利。例如:美国在1937年通过了《美国住房法案》。

[①] 戴炜、包振宇:《包容性发展视角下我国住房保障法律制度的建构》,载《理论导刊》2012年第1期。

该法案在开篇就明确提出:"联邦政府为各州、地方政府提供资金和信誉保证,以为低收入国民提供安全、体面、整洁的住房,从而提高国民的基本福利。"我国自 1998 年实行住房市场化改革以来,一直忽视了住房保障体系的建设,这与法律没有明确承认和保护"人人享受基本居住权利"不无关系。没有相关的立法,建立住房保障体系缺少法律依据,它只能依靠行政命令推进。但是行政命令可持续性低,又有随意性大的风险,不是长久之策。所以我国应尽快为住房保障立法,这样我们才有建立住房保障体系的内在行动力。

(五)关于环境保护——规避"中等收入陷阱"的制度创新

环境保护是指人类为解决现实的或潜在的环境问题,协调人类与环境的关系,保障经济社会的持续发展而采取的各种行动的总称。因为环境保护是一种具有外部性效益的活动,因此在很大程度上,很少有私人会去提供这一项服务。而纵观全世界各个国家和地区,基本都是由国家承担这项职能,通过各种政策法令和手段来进行环境保护。作为社会公共服务的一种,政府应该好好地利用手中的资源履行职能,为人们构建一个适宜生存的家园。

在破解"中等收入陷阱"时,走可持续发展的模式是核心。而可持续发展中环保又是其重要方面。在未来的发展中,政府怎样着眼环境保护的政策制定,以及管理制度的创新,这对经济发展有着至关重要的影响。

1. 管理层工作方法的改进

(1)增强跨部门协调能力。环境管理暂时还没有明文规定,各个管理部门之间也没有良好的协调,这是不利于环境保护发展的,所以,建立一个合理的创新管理体制是很必要的。对于环境保护的长期目标或者短期目标都要有部门进行协调解决。如果遇到重大的国家环境安全问题,甚至是国际上的环境问题,那么环境保护的问题就显得比较严重了。建议政府设立一个环境保护协调机构,发挥协调能力,解决环境问题。

(2)增强综合决策能力。曾经的一切环境问题的发生和治理,给我们提供了足够的经验和教训。如今,我们必须明确的认识到环境是和发展紧密相连的。所以,具有综合决策的能力是环境发展的必然要求。而落实综合决策首先需要有明确的法律授权;其次是建立综合决策机制。

2. 重视科学技术的力量,把科学技术运用到环境保护的管理之中

科学技术是第一生产力,在 21 世纪,这句话显得尤为重要。在推行

可持续发展和走新型工业化道路时科学技术的力量是毋庸置疑的。在环境保护过程中，也要加强科学技术的运用，科学地进行环境保护。

（1）首先要提到的就是信息化网络化。充分利用现代信息技术带来的便利，进一步使环境保护信息化网络化。通过建立各种数字化评估系统和检测系统及数据库，对所得数据进行专业的分析。这样一方面可以实施全方位、无差别、无间断的监管，同时还可以对所得数据进行对比分析，从而找出共性或者个性问题，进行针对性的改革，从而提高环境保护的监管效率和质量。

（2）有关部门要大力支持环境保护新技术的研发和新产品的开发，鼓励企业使用环保设备。在一些环保设备的更新换代方面要进行强制性的执行。积极推广生产中的新技术，引导企业积极正确运用新型的生产技术，给予企业一些技术支持，使得企业在降低污染的同时可以很好的提高产值，调动企业参与环境保护的积极性。

3. 合理借鉴别国成功的管理经验和管理办法

一是，美国的几个典型案例。

美国的环境污染是随工业生产发展而严重起来的，特别是城市人口增加、小汽车大量普及使用使环境的负担日益加重。20世纪70年代以来，美国的经济结构出现了重要变化，城市人口实现了向农村迁移，大大减轻了环境污染负担，同时，美国政府为适应经济转型，制定实施了一系列改善环境质量的环保政策，其中几个最为典型：芝加哥自愿减排交易体系；总量控制下的排污权交易制度；雨水污染的治理策略；典型水域环境保护政策。[①] 这些政策都在美国的环境保护治理中发挥了重要作用，我们也可以借鉴其中适合中国的部分，为中国的环境保护增添新鲜血液。

二是，有关日本发展循环经济的经验。

日本本土的资源非常匮乏，其大部分资源都需要进口，而对于资源的有效利用就显得十分重要，并且其对于资源的循环利用在世界上也是领先的。日本政府给予循环经济有利的政策扶持。其中包括政府奖励政策、税收优惠政策、价格优惠政策、大力发展绿色消费市场、强化行政管理机

---

① 刘添瑞：《美国经济转型中典型环境保护政策的实践及其启示》，载《价格管理》2012年第4期。

制,保障政策实施等。①

以上仅仅是两个国家一些经验的简单介绍,我们应放眼全世界,对于适合我国和有利于我国的环境保护技术和政策以及管理经验都应大胆借鉴尝试,从而服务于我国的环境保护和经济发展。

四 普及公共服务的未来展望及启示

2011年,我国已跻身中等收入国家的行列,② 这是我国经济高速发展的结果。然而,现今我国仍处在"国富民不强"的阶段,各种社会问题逐渐地凸显出来,并在很大程度上阻碍着社会的发展,从根本上看来,"中等收入陷阱"影响构建和谐社会的远大目标。我国面临着陷入"中等收入陷阱"的巨大压力,需要通过积极正确的政策措施来有效的规避"中等收入陷阱"。

第一,在此过程中,环境保护是一个关键点。因为环境保护是社会公共服务中重要的一部分,环境保护也是经济发展中的一个关键环节,只有自然环境受到良好保护,经济才能走上可持续的发展道路,从而很好地规避"中等收入陷阱"。因此来说,在规避"中等收入陷阱"的时候,一定要注意环境保护,要不断寻求新的突破,进行管理创新和制度创新,从而有效地支持经济发展。

第二,为了解决当前我国社会公共就业服务的短缺,避免陷入"中等收入陷阱",我们应该在公共就业服务领域引进多元提供体制,充分发挥政府、市场以及第三部门三种供给体制的优势。分层定位公共就业服务机构职能,建立以事定支的就业服务工作经费的支付模式。从法律体系、财政制度、程序设计等方面进一步完善政府公共就业服务制度,通过履行政府监管和保护责任营造社会各类就业服务主体的良性发展,为营利性和非营利性就业服务机构提供发展空间,为有效开展公私合作创造健康的市场环境。

第三,教育资源的供给短缺是影响我国人力资源培养的重大问题,其中义务教育资源供给短缺是政府提供公共服务职责的缺位,同时也在很大

---

① 李少华:《借鉴日本环保政策看环境保护与发展循环经济对我国的启示》,载《松州学刊》2012年第4期。

② 来源:中国社会科学院《2011年产业蓝皮书》,社科文献出版社2011年版。

程度上阻碍着我国建设人才强国的步伐。若不解决义务教育资源供给短缺这一问题，我国将会面临着陷入"中等收入陷阱"的挑战。因此，我国政府应当吸取已经陷入"中等收入陷阱"国家的教训，同时汲取成功规避"中等收入陷阱"国家的经验。根据我国的基本国情，从教育政策、政府责任等方面进行公共管理制度的创新，从而能够使我国尽快跨越陷入"中等收入陷阱"的风险，使我国向着高等收入的国家迈进，实现真正的"国富民强"。

第四，虽然年轻一代大多数能接受租住廉租房，但年长的一代还是无法走出拥有自己房屋的观念，因此应该合理把握经济适用房建设的数量，主体投入廉租房的建设。当然最终想要彻底解决我国保障性住房短缺的根本出路仍在于发展以"廉租房"为主的住房保障制度，并将其纳入政府职能，设置具体可操作的廉租房运行机制。同时，也应该完善"二手房"交易市场，以满足不同层次群体的需求，缓解城市住房保障制度发展的压力，这些将有待于进一步的研究。

第五，对于农村的社会保障制度应当予以更多的关注和重视。政府应当发挥其主要职能和作用。作为公共服务供给的主体，政府应当充分发挥政策主导作用。农业是立国之本，三农问题一直都是我国历届政府关注的重要方面。在一味发展农村经济，增长农业产量质量的同时，对于农民社会保障权益的落实也是不容忽视的。这对于稳定农村环境，改善城乡二元结构，缩小贫富差距都有着重要意义。

第六，在规避"中等收入陷阱"的大背景下，进行基本医疗服务在公共管理制度方面的创新。为破解"看病难、看病贵"提供一个思路。这是一种具有前瞻性和主动性的战略调整与战略转型。

展望未来，我们必须寻求一些政策及制度创新，以降低各类矛盾的峰值水平，并促使各类矛盾的水平提前下降，提前缓和，从而成功地、顺利地跨越"中等收入陷阱"阶段。

第三章 推动金融发展的公共管理制度创新

改革开放 30 多年来，中国的经济发展取得了举世瞩目的成就，实现了由低收入国家向中等收入国家的转变。中国能否跨越"中等收入陷阱"走向高收入国家的行列，是一个现实而紧迫的话题。目前，世界经济全球一体化，经济格局和经济秩序也发生着巨大的变化。中国是一个发展中国家，正处在转型发展期，经济发展的不平衡、不协调和不可持续的矛盾日益严重，面临着"中等收入陷阱"的风险。其中，金融体系脆弱问题在深陷"中等收入陷阱"的国家中普遍存在。

金融体系的脆弱性对世界各国来说都是一个不容忽视的现实问题，各种有关其脆弱性的形成机理也讨论不一。在金融脆弱性理论的早期研究中，费雪最早对金融脆弱性进行了系统的研究分析，提出了金融脆弱性理论。他认为金融体系的脆弱性与宏观经济周期密切相关，很大程度上源于经济基础的恶化，是由过度负债产生债务的过程而引起的。Minsky（1982）和 Kregel（1997）是金融脆弱性理论现代研究的代表，他们主要研究的是信贷市场的脆弱性问题。Minsky 从企业角度系统解释了金融脆弱性，形成了"金融脆弱性假说"。他按照企业的金融状况将其分为三类：抵补性借款企业、投机性借款企业以及"庞兹"借款企业。[1] 随着经

---

[1] 抵补性借款企业（Hedge – Financed Firm）是指预期收入不仅在总量上大于债务额，而且在每一时期内，其预期的收入流也大于到期债务本息。他们在安排借款计划时，使它的现期收入能完全满足现金支付要求，在金融上它们是最安全的；投机性借款企业（Speculative – Financed Firm）是预期收入在总量上小于债务总额，但在借款后的前一段时间内，预期收入小于到期债务本金。因此，投机类企业存在债务敞口，在前一段时间内，他们为偿还债务，要么重组其债务结构，要么变卖其资产。由于这时的市场条件可能与借款时不同，该企业因此而承担不确定风险。因而也可认为投机性的企业就是那些一期又一期地滚转其债务，或用其债务进行资金再融通的公司；"庞兹"借款企业（Ponzi Finance Firms）。这类企业在金融上是最脆弱的，他们将借款用于投资回收期很长的项目，在短期内没有足够的收入来支付应付的利息，而长期收益也是建立在假想的基础上，预期在将来某个较远的日期有个高利润能偿还其累积的债务。为了支付到期的本息，他们必须采用滚动融资的方式，并且不断地增加借款。这种企业的预计收益是基于那些需要很长酝酿形成时期才能成功的投资。在短期内，它的现期收入甚至不能满足利息支付的要求。

济的增长和企业规模的扩大，贷款条件的放松，使得借款企业更倾向于高负债经营。越来越多的企业显现出风险较高的两种金融状况，即投机性和庞兹性，而抵补性企业的数量减少。然而任何引起生产企业信贷中断的事件，如资金链条断裂或经营失败都可能会造成生产企业拖欠债务，甚至破产，反过来又会影响金融系统，使银行面临破产的风险，从而加剧了金融体系脆弱性。[1]

为了更好地解释 Minsky 的金融内在脆弱性理论，Kregel 则引用了"安全边界说"（Margins of Safety）。尽管商业银行的行为大多是理性的，但其对未来市场变化的把握仍然存在很大的不确定性；贷款风险依然不容忽视。商业银行决定是否房贷的依据主要是评判借款人过去的信贷记录，对其未来的还款能力预期不太关注。然而，安全边界（银行收取的风险报酬）可以在借款人未来没有重复过去良好记录时，为银行提供保护。这样的配合，使短期无法暴露的信用风险敞口不断扩大，于是产生了金融脆弱性。[2]

在我国，关于金融体系脆弱性问题的研究较晚。其中最早系统研究的是黄金老，他把金融脆弱性定义为："一切融资领域（包括金融市场融资和信贷融资）中的风险积聚"。金融全球化和金融市场膨胀发展，使得金融体系的脆弱性在深度和广度上呈现加剧的趋势。[3] 张荔认为金融的过度自由化导致了金融体系的脆弱性，破坏了金融市场的正常运营。[4] 刘锡良、曾欣则认为金融体系脆弱性的根源在于道德风险，道德风险的存在加大了金融体系的不稳定性。[5] 孙立坚是从金融市场的微观传导机制的理论角度出发，揭示了中国金融体系脆弱性的表现及其隐患，分析发现房地产价格和流动性是影响我国金融体系健全性的两大基本要素，其直接左右了

---

[1] Minsky, Hyman, "The Financial Fragility Hypothesis: Capitalist Process and the Behavior of the Economy", in Financial Crisis, ed. Charles P. Kindlberger and Jean – Pierre Laffargue. Cambridge: Cambridge University Press, 1982.

[2] Kregel, 1997, Margins of Safety and Weight of the Argument in Generating Financial Fragility, Journal of Economics Issues, June, Vol. (3): 543 – 548.

[3] 黄金老：《论金融脆弱性》，载《金融研究》2001 年第 3 期。

[4] 张荔：《论过度的金融自由化对金融体系脆弱性的助推作用》，载《经济评论》2001 年第 1 期。

[5] 刘锡良、曾欣：《中国金融体系的脆弱性与道德风险》，载《财贸经济》2003 年第 1 期。

银行的信贷行为，使得我国金融体系的基本功能得不到有效的发挥。① 王凤京是从金融自由化的角度出发，认为伴随着金融自由化的深入，对金融体系的安全和稳定带来了巨大冲击，导致了金融体系的脆弱性不断增加。② 黄芝琳是从金融结构失衡方面分析，认为我国金融制度存在着供需不平衡。我国国有银行的垄断地位使得金融机构过于单一，另外，国有企业过度依赖银行贷款，而中小企业融资难、发展缓慢，金融体系缺乏竞争、效率低下，存在脆弱性。③

国内其他一些观点如信息经济学派的信息不对称观点，则重点将原因归结于信息不对称，从而导致贷款前的逆向选择以及信贷后的道德风险，使得金融领域的风险上升，导致金融体系的脆弱。

当前我国金融体系表现出不透明、低效率以及流动性匮乏的特点，存在着不可计量的潜在的金融风险，使得金融体系很不健全，阻碍了经济平稳健康持续的发展。金融体系在一个国家的经济发展中的地位举足轻重，其脆弱性已引起世界各国的广泛关注。因此，完善金融体系，推动经济平稳健康发展，对于我国成功跨越"中等收入陷阱"至关重要。

一　中国当前金融体系存在的问题及原因分析

（一）金融体系存在的问题

经济转型以来，我国金融体系内部积累了大量的系统性金融风险因素，其破坏性极大。在当前不稳定的金融体系下，金融业的脆弱性具有内在性，很容易转化为现实中的危机，因此潜在金融危机爆发的可能性也不断加大，也给我国经济的健康稳定发展带来巨大威胁。改革开放以来，国家采取了一系列的措施旨在完善商业银行的运行机制，提高银行体系的抗风险能力。随着我国经济的不断发展，金融业也在不断地创新改革，以适应全球金融改革的步伐。然而，在此过程中，我国金融体系的脆弱性问题仍然很突出，在一定程度上阻碍了金融改革的进程，威胁着我国金融体系的稳定。当前金融体系的脆弱性主要表现在以下几个方面：

---

① 孙立坚：《再论中国金融体系的脆弱性》，载《财贸经济》2004年第3期。
② 王凤京：《基于金融市场化的中国金融脆弱性研究》，载《求索》2006年第12期。
③ 黄芝琳：《金融脆弱性的成因及政策建议》，载《东方企业文化策略》2010年第12期。

1. 社会平均利润率的扭曲

社会平均利润率是社会生产过程中各部门之间竞争的结果，是社会各部门整体利润相对于整个社会生产的平均化和均衡化。由于社会平均利润率是在竞争中形成的，是资本通过追逐利润达到的某种平衡状态，所以，平均利润率不仅在一定程度上反映了社会生产力的发展水平，也在一定程度上反映了社会的竞争能力和竞争水平。社会平均利润率水平的高低取决于两个因素：一是各部门利润率水平；二是利润率不同的各部门的资本量在社会总资本中所占的比重大小。一般情况下，平均利润率越高，社会生产力水平越高，竞争性也相对较强。

随着我国经济的高速发展、生产力水平的不断提高以及市场经济体制的逐渐完善，我国的社会平均利润率水平始终保持在一个较高的水平上。然而，近几年来，越来越多的企业将资本抽离实体，而投入房地产、股市等虚拟经济领域，根据 2011 年 7 月公布的《温州民间借贷市场报告》统计数字中，约有 65% 的资本进入了非实体经济领域，特别是房地产行业成为人们最热衷的领域。大量资本逃离实业，根源在于实体经济利润率过低，而虚拟经济利润率过高，实体经济与虚拟经济的利润回报的差距快速拉大，社会平均利润率尽管处于较高的水平上，但已经很难客观、科学、准确地反映社会的生产力发展的实际水平和竞争能力，存在大量被扭曲的地方。[1]

一直以来，中国的企业在世界上的高竞争力都是依靠其具有低劳动力成本、低环境成本和低土地成本。然而近年来，由于劳动力、土地、初级产品价格上涨以及人民币升值、通货膨胀、外部环境恶化等种种因素的叠加，实体经济的利润率越来越低。与之相反的是，房地产业、银行业、资本运作行业等，利润水平都在两位数以上。虽然虚拟资本的运作风险很大，但报酬率却远远高于投资实体企业。当大量民间资本纷纷从实体经济抽离，投向利润水平更高的房地产、金融业等虚拟经济领域时，社会平均利润率水平就无法科学地反映社会实际生产力水平和竞争水平，对社会进步和经济发展就会起到阻碍的作用。

实体经济的利润率与虚拟经济的利润率相差如此悬殊的主要原因在于：一是在世界产业链中，中国的实体经济处于最低端，由于近年来产业竞争激烈，而这些低端产业缺乏核心技术，很容易被高附加值的产业代

---

[1] 郭素芳：《矫正扭曲的社会平均利润率》，载《天津师范大学》2012 年第 0427 期。

替，因此获取利润的空间也越来越小。二是实体经济产业过于依赖外向型经济，转型升级缓慢，缺乏创新能力，在原材料、劳动力等传统成本优势丧失的情况下，导致利润不断被挤压。三是与国有或国有控股企业相比，中小企业、民营企业的融资渠道、市场的准入条件和社会资源的分配等方面都受到了很多限制。高利润率的行业大部分都被国有或国有控股企业经营，而中小企业、民营企业只能投资利润偏低的行业，加上其高额融资的成本，致使其更倾向于将资金投资于利润率更高的虚拟经济。

2. 金融市场未能走出计划经济堡垒

金融市场是现代市场经济的重要组成部分，发达的市场经济要求有发达的金融市场。建立一个适应社会主义市场经济需要的金融市场，是我国金融体制改革的基本内容和主要任务。市场经济条件下，金融市场应当是统一开放、有序竞争、严格管理的金融市场。目前，我国的金融市场还是一个不成熟的、主要由政府行政权力主导的市场。国内金融市场，表面上已经走出了计划经济，但实际上其市场化的程度还很低。

主要原因有三个方面：一是缺乏有效的市场价格机制。金融市场的利率不是由市场决定的，而是由政府直接管制，在相当大的程度上金融资产的价格是扭曲的。例如，政府直接管制银行的存贷款利率，并规定其为金融市场的基准利率。二是金融市场的资源配置不是通过价格机制来决定，而是通过政府的行政力量来分配的。政府通过不同的政策手段，倾向性的对一些企业和金融机构注资，导致金融资源通过行政方式分配，造成了金融市场资源的分配不公现象，降低了金融资源运作的效率。三是政府对金融市场的行政主导和干预过多，金融市场权力寻租的现象比较普遍，钱权交易十分盛行，阻碍了金融市场化的进程。

国内金融市场只是对发达国家金融市场化的一种简单移植，存在过度的杠杆化和信用扩张。另外，政府在金融市场中扮演着重要的角色，未来金融改革的难点在于如何去政府化，使金融市场走出计划经济的堡垒，真正实现市场化。

3. 资本市场不完善

与成熟的资本市场相比，我国资本市场还有很大差距，受各方面因素的制约，市场机制发育不充分、市场环境不配套等问题还将在较长时期内不同程度地存在。我国资本市场的建立在很大程度上是从发达国家经济体系中复制而来的，国内很多金融配套措施都不能与之相适应。推进资本市场改革发展，必须着眼于完善市场功能，提高市场效率和竞争力。资本市场能否切实服务于经济发展，关键在与其功能的发挥和竞争能力的提高。近年来，随着一系列改革发展工作的深入开展，市场功能逐步改善，市场效率有所提升。但与境外市场相比，我国资本市场的层次还比较单一，投资渠道仍比较狭窄，证券发行和交易成本偏高，限制了市场功能的全面发挥，影响了市场运行效率和整体竞争力的提高。

2008年金融危机之后，大批中小企业相继破产。其中融资难、资金供应不及时是造成其破产的一个主要原因。近几年，虽然政府加大了对中小企业的扶持力度，但是大部分中小企业融资困难的问题仍然得不到根本上的解决。

中小企业融资难的原因：一是中小企业融资渠道过于单一，受其经营管理水平、内部治理结构等自身因素影响，多数中小企业因其经营管理水平不高、自身治理结构不健全，资金积累薄弱，生产规模较小，在应对金融风险方面能力欠缺，难以获得信贷融资。二是存在市场准入条件严格、金融资源垄断的外部因素的影响，银行在防范信贷风险时，由于信息不对称，更倾向于将大量的信贷资源配置给有能力的大企业或国有企业，因此造成了民间资本闲置、资源配置效率低下的现象。[①]

4. 金融信用缺失

现代经济在很大程度上已发展成为一种信用经济，近年来，随着中国经济的转型，金融环境中信用缺失的现象也越来越严重，加剧了整个金融体系的风险，破坏了一国金融体系的稳定，不利于健全金融体系的建立。对银行而言，一方面会加大银行的交易成本，为了防止放贷风险，其对甄别借款人的还款能力的信息成本加大，造成银行的收益减少。另一方面，银行金融信用的缺失，容易引起市场恐慌，造成挤兑风潮，对整个社会的稳定发展极为不利。另外，金融市场的混乱，不利于中国对外开放和招商引资，从而错失国际投资机会，有损于一国经济的健康发展。[②]

金融信用缺失的根源主要有：一是国家金融信用体系和法律法规不健

---

① 刘坤、郑荷露：《从中小企业融资难题分析金融体制改革必要性》，载《财政金融》2012年第265期。

② 胡蓉：《经济开放与转型环境中中国金融信用的脆弱》，载《金融视线》2012年第23—24期。

全。目前我国金融体制还不够完善,一方面表现为监管部门对失信的惩罚力度不够;另一方面表现为守信主体的收益不明显,守信行为所产生的交易成本过高,而失信的成本又很低,从而导致了守信市场的主体退出市场或者放弃了守信原则,导致信用市场价值观的扭曲,不适应当前市场经济的发展。二是信息不对称所导致的道德风险和逆向选择行为。在金融交易活动中,金融机构获得的信息往往是不充分的,不对称的。信息不对称带来的道德风险和逆向选择行为大量存在,加剧了金融信用的脆弱性,使得信用的性质发生一定程度的扭曲,使金融信用的整体效率受到严重的影响。例如,银行等金融机构在获取客户信息的过程中往往处于被动地位,一方面,贷款人为获得贷款可能隐瞒其真实信息,甚至提供虚假信息;另一方面,获得贷款的企业有可能会规避贷款资金的使用用途相关规定,将贷款投向风险很大的项目,甚至是参与投机,使银行的贷后管理难度加大。三是银行内部缺乏科学的监督管理机制。从银行的角度来看,在整个贷款的审批、发放环节中,由于缺乏完善的责任制,发放的贷款一旦发生违约风险,很难追究责任人。

(二)金融体系脆弱产生的原因

处于在中等收入的国家,之所以长时间无法摆脱"中等收入陷阱",其中一个主要特征就是金融体系不够健全。基于国内外对金融脆弱性的研究分析,发现形成金融脆弱性的原因有很多,经济学家从金融体系的各个方面剖析了形成金融脆弱性的主要原因:

1. 金融制度的缺陷

金融制度自身的缺陷是金融体系脆弱性的最主要原因。杨泽伟、袁海占[①]认为金融制度结构的失衡会导致风险的积累,使金融体系丧失部分或全部功能,从而导致金融体系脆弱。[②] 宋建忠等人认为,一方面金融活动主体的市场行为存在非理性,如金融机构的非法操纵和过度竞争、投资者的盲目恐慌和过度投机、金融监管机构的职责逃避以及政策当局的决策失误等,使得金融体系缺乏有效性,各种金融风险问题不可避免。另一方面,金融制度的客体即金融合约,存在着不完全性缺陷,使得金融市场的

---

① 杨泽伟、袁海占:《国际金融体系脆弱性分析》,载《合作经济与科技》2007年第334期。

② 同上。

交易面临更大的不确定性，金融风险发生的可能性进一步加大，影响着整个金融体系的稳定性。还有，随着金融市场中各种金融工具的不断创新，原有的金融制度已不能适应新的市场变化，金融脆弱性也就显而易见了。[①] 王东风认为新兴市场经济体普遍存在制度缺失的问题，金融自由化带来了更多的冒险机会，制度不完善使得对银行的冒险行为的监督和约束变得很困难，加剧了金融脆弱性。[②]

2. 市场信息的不对称

在市场经济条件下，信息很难自由流通，由此带来了逆向选择和道德风险的问题。银行等金融机构存在内在的脆弱性。徐燕把商业银行的危机同道德风险联系起来，认为商业银行危机严重恶化的主要原因是逆向选择和道德风险的不对称信息问题。[③] 商业银行的信息不对称主要体现为两种关系：一是借款人与金融机构间信息不对称。银行通过与借款人签订一些限制性契约等手段来约束借款者，而借款者又总是试图寻找一些使限制性契约无法生效的漏洞。二是存款人与金融机构间信息不对称。由于存款者缺乏有效的渠道获取银行资产质量信息，因而无法正确评估其存款银行是否存在信用风险。目前，我国金融脆弱性的最大隐患之一就是银行业，其最基本的衡量指标就是清偿能力。一旦发生不可抗拒的意外事件，就极易引发挤兑风潮，使银行面临破产的可能性风险加大。因此，在市场信心崩溃面临风险时，金融机构是极其脆弱甚至是不堪一击的。张二君认为信息不对称削弱了银行的监管效果，增加了银行资产的风险。同时政府的危机救助承诺引发了银行管理者的道德问题，加重了银行的从众现象，增加了银行体系的脆弱性。[④]

3. 资产价格的频繁波动

由于金融资产未来的收益流具有不确定性，使得金融市场存在着很大的不稳定性，从而导致资产价格过度波动。市场行为存在非理性，极易影响资产价格的不合理波动，过度投机使得金融体系效率低下。传统意义上，来自股市的频繁波动导致了金融市场存在严重的脆弱性。股票投资者

[①] 宋建忠、韩英、齐永兴：《中国金融改革中的金融脆弱性问题研究》，载《技术经济》2006 年第 5 期。

[②] 王东风：《国外金融脆弱性理论研究综述》，载《国外社会科学》2007 年第 5 期。

[③] 徐燕：《我国金融体系脆弱性分析研究》，载《生产力研究》2010 年第 4 期。

[④] 张二君：《金融脆弱性的实质与监管对策》，载《湖北社会科学》2009 年第 6 期。

大多数不具有专业的投资技能，容易对股市产生助涨助跌的作用，从而不利于金融市场的稳定。黄芝琳认为预期收益的主观性和不确定性、市场中的过度投机行为以及宏观经济等因素，都可能会引起资产价格的过度波动，而一种资产价格的过度波动又必然促使相关资产价格的过度波动。[①] 张二君认为股票价格和房地产价格的波动性都会增加金融的脆弱性。人们在股市上的过度投机行为会加剧股票价格的波动性，股市大幅下跌会严重影响消费信心，使消费萎缩，加速经济状况恶化，产生大量的金融坏账。另外，房地产价格的下跌也会形成大量的坏账，进而对金融系统造成严重的冲击。

4. 金融市场的过度自由化

20世纪70年代末，世界各国的金融市场开始对外开放，金融自由化成为各国追逐经济自由化的主要手段。在一定程度上，各国通过金融自由化，利用比较优势提高了资源的效率，实现了经济增长的目的。然而，金融市场的过度自由化带来了全球经济的过度扩张，面临的宏观经济环境也更加复杂多变，来自国际市场上不利的外部冲击使得金融体系的不稳定性和脆弱性也开始加剧。

杨泽伟、袁海占认为金融自由化在促进一国经济发展、调整国内经济结构的同时，也发生了各种形式的金融动荡，因而暴露出金融体系内在的不稳定和脆弱性。因此，金融自由化加剧了金融体系的系统性风险。黄芝琳也认为金融自由化具有改善金融资源配置，提高金融机构及金融市场的效率和竞争力的正效力。但另一方面，金融自由化会加剧金融风险，激发金融体系脆弱性，许多国家就是由于金融自由化不当导致了严重的金融危机。张荔（2001）阐述了过度的金融自由化的内涵与衡量标准，认为由于过度的金融自由化破坏了金融体系的正常运行，会使金融体系的脆弱性增大，加大了金融危机发生的可能性。她认为金融自由化是一把双刃剑，它既具有改善金融资源配置、增加金融机构及金融市场的竞争力以及提高资本流动的效率的功能；但同时也削弱了一国货币政策的自主性，将一国的金融机构置于高风险的竞争环境之中，加剧了金融体系的脆弱性。[②]

---

① 黄芝琳：《金融脆弱性的成因及政策建议》，载《东方企业文化策略》2010年第12期。
② 张荔：《论过度的金融自由化对金融体系脆弱性的助推作用》，载《经济评论》2001年第1期。

二 国外应对金融体系脆弱性的国际借鉴

(一) 成功代表——日本、韩国

日本和韩国是国际上公认的成功跨越"中等收入陷阱"的国家。日本和韩国在经济发展过程中,都出现了势力强大的财阀集团。财阀集团的经济垄断,阻碍着金融市场的自由发展。两国之所以能成功的跨越"中等收入陷阱",其在金融体系改革方面所做出的贡献不可忽视。

1997 年,日本政府实施了金融监管制度和立法的改革,建立了金融厅体制,统筹监管保险、银行、证券以及各类金融衍生产品,实行一体监管。2002 年年末,日本政府推出了"金融再造工程"方案,目的是解决七大金融集团[①]的不良债权问题,从而实现日本经济的复苏。

金融再造工程主要是解决日本银行业存在的不良债权问题,对商业银行不良资产的清理情况加强了审查,减少商业银行的不良债权的发生。另外,金融再造工程还强调同步解决金融和产业问题,在解决银行不良债权问题的同时促进经济结构调整,减少社会震荡。具体措施包括:[②]

(1) 拓宽中小企业的融资渠道。增加中小企业的融资贷款机构,加快银行信贷业务许可的审批,改善中小企业债务重组的金融支持系统,完善信托业务以及债转股等金融服务功能。

(2) 严格监管中小企业的贷款情况。对没有完成中小企业贷款计划的金融机构,轻者要求立即向金融厅提交改善报告;重者则通过金融厅发出行政命令,要求对其改善。政府监管部门为了能达到真正的改善,还给企业发放检查手册,让企业对落实情况进行实时跟踪。

韩国政府则是在 20 世纪 90 年代,逐渐意识到其经济模式已经演变为以垄断集团、政府和银行的三角关系为基础的"财阀经济模式"。这种经济模式不利于公平的市场竞争,极易催生腐败现象。因此,韩国政府开始减少对财阀集团的支持。为规范金融秩序和投融资体制,加强金融监管等措施,韩国政府采取了一系列的金融改革措施:[③]

[①] 日本七大金融集团分别为:瑞穗 FG、三井住友 FG、三菱东京 FG、UFJ HJ、理索纳 HD、住友信托银行、三井托拉斯 FG。

[②] 丁亚非:《日本金融改革的目标、措施及成效》,载《国际金融研究》2005 年第 6 期。

[③] 丛安妮、吕旺实、李欣:《韩国金融改革的措施及经验》,载《财政研究》2000 年第 10 期。

（1）重建金融中介体系。政府成立了专门的机构，完善金融体系。例如成立独立的金融监管委员会（FSC），专门负责金融机构的监理工作；设立了韩国存款保险公司，提供资金协助金融机构加速重整，强化金融机构的运营机制；成立了韩国资产管理公司，专门负责金融机构的不良资产处置等。韩国金融机构的重整，改善了金融机构过多的现象，提高了金融体系的运营效率。

（2）强化金融法制。为改善非银行金融机构的监理标准松弛现象、主管机关不统一以及衍生财阀的高风险借贷，韩国政府设立了FSC，旨在监督全体金融机构的运营。另外，为整顿金融秩序，政府强化了金融监理的规范、会计标准，提高对已借款者的授信限制，改善了流动性风险管理制度。

（二）失败代表——拉美国家

按照世界银行的划分标准，在拉美33个经济体中，中等收入者高达28个。拉美国家是较早进入中等收入行列的，然而截至2011年，拉美国家在"中等收入陷阱"已平均滞留37年，成为陷入"中等收入陷阱"的典型地区。金融体系的脆弱性对拉美地区的实体经济造成了巨大破坏。20世纪90年代以来，拉美地区连续发生墨西哥金融危机（1994）、巴西货币危机（1999）和阿根廷债务危机及银行危机（2001）。这一切都表明，奉行新自由主义政策导向，并没有使拉美国家的经济增长和社会发展步入良性循环，反而使两者不同程度受损，加剧了"中等收入陷阱"的程度。[①]

20世纪80年代，为了获得更多的外国投资，拉美的各债务国家采纳了美国提出的新自由主义的"贝克计划"。该计划要求拉美的各债务国家积极推进私有化改革，减少政府的行政干预，实现金融和贸易的自由化，还要求改革国家现有的税收体系以及劳动力市场。新自由主义改变了拉美国家以"进口替代"为主的工业化模式，但对外经济开放导致了国际收支的急剧恶化，造成了外汇储备大量减少，国内通货膨胀严重，经济萎缩，资本外逃等问题。这一系列问题产生的原因主要是：一是金融市场的开放操之过急，过度依赖外资。通过金融开放和鼓励外资流入，而外贸出

---

① 杜传忠、刘英基：《拉美国家"中等收入陷阱"及对我国的警示》，载《理论学习》2011年第6期。

口并没有得到显著增长,外贸进口占 GDP 的比重却在上升,导致国际收支失衡,赤字严重,使得整个经济对外部流动性的依赖程度过高。二是忽视了股票市场与汇率市场的联动性,金融政策顾此失彼。以墨西哥为例,政府宣布货币贬值的本意在于阻止资金外流,鼓励出口,抑制进口,以改善本国的国际收支状况。但在社会经济不稳定的情况下,极易引发通货膨胀,也使得投资于股市的外国资本因比索贬值蒙受损失,从而导致股市下跌。股市下跌反过来又加剧墨西哥货币贬值,致使这场危机愈演愈烈。

三 中国应对金融体系脆弱性的公共政策选择

在中等收入阶段,总结各国金融改革政策的选择可以发现,合理、正确的金融政策选择,对弱化金融体系的脆弱性至关重要,完善金融体系、建立规范的金融市场是一个国家顺利跨越"中等收入陷阱"的关键。因此,中国要避免"中等收入陷阱",就必须主动调整金融战略,实施系统而全面的金融改革方案。

2012 年 3 月 28 日,时任国务院总理温家宝主持召开国务院常务会议,决定设立温州市金融综合改革试验区。通过金融体制机制创新,构建与经济社会发展相适应的多元化金融体系,改进金融服务,增强防范和化解金融风险能力,优化金融环境,为全国金融改革提供经验。金融改革的最终目标是建立与社会主义市场经济相适应的金融体制和运行机制。中国金融体制改革的理想目标应当是建成一个自由、高效、安全的可持续发展的现代金融体系,其核心就是提高金融体系的运作效率,更好地为经济增长服务。

总结各国应对金融体系脆弱性的国际经验与教训,在弱化金融体系脆弱性方面,我国学者提出了许多关于改善我国金融体系脆弱的政策建议。王凤京认为金融体系的脆弱性与金融体系结构不健全密切相关。他认为金融体系单一、金融机构和金融市场的种类和数量有限、金融产品单一等造成了金融体系的脆弱性,防范和化解金融体系脆弱性的关键是从根本上改变旧的金融体制,消除金融脆弱性的体制根源。例如建立多元化的金融制度、优化金融市场环境、丰富金融产品种类,从而达到分散金融风险的目的。[①] 靳生认为稳定的金融制度才能保证金融体系的内部稳定,例如通过

[①] 王凤京:《基于金融市场化的中国金融脆弱性研究》,载《求索》2006 年第 12 期。

建立金融安全网制度、信用制度、产权制度以及人民币管理浮动制度来增强金融体系的内在稳定性。[①] 严太华、李宁认为银行体系脆弱性是阻碍金融体制改革的主要问题。因此，防范金融脆弱性就必须大力推进银行体系的市场化改革，目前防范和化解金融脆弱性的关键应当是银行体系产权制度的改革。[②]

另外，完善的金融监管制度，有助于发挥金融市场的核心作用，从而弱化金融体系的脆弱性。杜朝云、林智乐认为构建与完善金融监管体系，可以防范金融风险，弱化金融体系的脆弱性。他认为应从中国的具体国情出发，针对金融监管中存在的问题，制定完整的金融监管法规体系，建立完善的金融监管组织体系，建立有效的金融技术制度安排体系。[③] 黄芝琳认为在强化法律监管的同时，还要充分重视行业的自律监管、银行的内部控制制度以及社会监管作用，形成多元化、多方位的金融体系，加强金融体系的抗风险能力。[④] 艾旋认为目前我国金融管制制度存在一些问题如监管行为扭曲、监管主体独立性差、监管中的行政干预明显等。因此应积极转变金融活动调控的方式，改变监管的直接干预和人为治理的方式，实现监管的间接调控和法制的形式，加快金融法规的建立，尽快将金融活动纳入法制的轨道；另外，在金融自由化、全球化的趋势下，金融监管还应该顺应世界监管的潮流，改变机构监管和滞后监管的模式，实现功能监管和积极主动的超前监管。[⑤]

四 中国金融体系的未来发展趋势

（一）中国金融改革的目标

中国改革开放 30 年间，不断地优化经济市场环境，促进了经济的快速增长。金融改革是经济改革的一个重要组成部分，在此期间，金融改革也不断地尝试着各种创新，以适应经济改革的步伐。然而，学术界对于金

---

① 靳生：《金融脆弱性与金融稳定制度》，载《黑龙江社会科学》2007 年第 2 期。
② 严太华、李宁：《我国国有银行体系脆弱性影响因素分析》，载《当代经济研究》2009 年第 1 期。
③ 杜朝云、林智乐：《关于我国金融脆弱性的若干分析》，载《上海经济研究》2007 年第 2 期。
④ 黄芝琳：《金融脆弱性的成因及政策建议》，载《东方企业文化策略》2010 年第 12 期。
⑤ 艾旋：《金融体系脆弱性的制度分析：基于复杂系统的视角》，载《商场现代化》2011 年第 7 期。

融改革与经济改革的先后顺序上存在着很大的争议。"滞后"论认为经济改革的思路应该是"价格→财政→税收→金融",中国金融改革是在放权让利、搞活微观经济的基础上进行的,是滞后于经济发展的。而"同步"论提出了金融改革必须与价格、财政、税收等经济改革协调配套进行,也有人主张"超前"论,认为从实践看,金融改革总是经济体制改革的先行者,无论是经济模式、经济结构、企业机制以及经济调节手段的转换,都离不开建立一个有效调控、顺畅融通的货币资金网络和金融市场。

从改革的实践来看,金融改革应与其他经济领域相互配套、协调同步发展。金融改革既不能盲目冒进,也不能畏缩不前,而应该与经济改革的步伐保持一致,服务于经济的增长。

《金融业发展和改革"十二五"规划》提出"十二五"时期我国金融业发展和改革的主要目标是:金融服务业保持平稳较快增长,社会融资规模适度增长。金融结构调整取得明显进展,直接融资占社会融资规模比重显著提高。市场在金融资源配置中的基础性作用进一步增强,利率市场化改革取得明显进展,人民币汇率形成机制进一步完善,人民币资本项目可兑换逐步实现,多层次金融市场体系进一步完善。金融机构改革进一步深化,大型金融机构现代企业制度逐步完善,创新发展能力和风险管理水平明显提升,金融机构国际竞争力进一步增强。金融服务基本实现全覆盖,坚持金融服务实体经济的本质要求,支持科技创新和经济结构调整的力度进一步加大。金融风险总体可控,金融机构风险管理能力持续提升,系统性金融风险防范预警体系、评估体系和处置机制进一步健全,存款保险制度等金融安全网制度基本建立。[1]

随着经济的全球化以及资本流动的国际化,中国金融体制改革的总目标应该是建立一个自由、高效、安全、可持续发展的现代金融体系,改革现有的政府主导的金融资源配置方式,建立以市场为导向的金融资源配置制度,提高金融体系的运作效率,使金融资源更有效地服务于实体经济的增长。[2] 具体表现为:

(1)打破金融行业的市场进入壁垒,建立有效的金融制度及政策,使金融资源实现合理配置。不断开放金融市场,打破特权优势,允许民间

---

[1] 金融业发展和改革"十二五"规划(央行网站)。
[2] 曲岚:《浅析中国金融改革与发展趋势》,载《民营科技》2012年第2期。

资本自由进入金融市场，改善国内金融机构的国家垄断现状，引入竞争机制，完善金融资产的所有制结构，在充分竞争的基础上提高金融效率。

（2）使金融资源能够得到持续地开发和利用，并保证金融发展与经济增长在动态中协调匹配。一方面要防止金融资源的过度需求所带来的金融膨胀，另一方面又要避免金融资源的过度抑制所导致的经济增速放缓。在金融资源合理使用的基础上发展经济，提高金融资源的使用效率。

金融体制是通过金融市场对实体经济部门服务，从而提高实物资源的配置效率，最终推动经济的增长。金融改革目的是为了营造一个稳定而良好的金融市场环境，保证金融和经济两者的协调发展。因此，金融改革的核心应该是提高金融效率，最终实现经济的可持续发展。

（二）中国未来金融体系的发展方向

经过30多年的改革开放，中国已经成功跃升到中等收入国家的行列。30多年的高速发展，人均收入大幅提高，如何持续这种发展并成功跨越"中等收入陷阱"，是中国目前面临的一大难题。因此，在健全金融体系方面，弱化金融体系脆弱性，提高金融体系运行的效率，可以为我国成功跨越"中等收入陷阱"提供可靠的金融基础，从而保障经济的可持续健康的发展。金融改革重点就在于如何提高金融体系运行的效率，未来金融体系的发展可以从以下几个方面入手：

1. 深化金融创新为实体经济发展服务

为了矫正社会的平均利润率，使实体经济回归到正常的发展轨道，我国的金融业不断地进行金融创新，改善目前存在创新不足与创新不当并行的状况。在第四次全国金融工作会议上，温家宝总理在讲话中系统总结了近几年来的金融工作，分析当前金融改革开放发展面临的新形势，对今后一个时期的金融工作作出部署。这次全国金融工作会议最核心的内容就是对实体经济与虚拟经济关系的清晰思路，强调对实体经济发展的服务要从多个方面采取措施，保证资金真正投入到了实体经济当中，从而有效解决实体经济中小企业融资难的问题；提出了要坚决抑制社会资本脱离实体经济流向虚拟经济，防止虚拟经济体过度自我膨胀而出现的产业空心化现象的发生；金融市场要为实体经济提供优质服务；防止以规避监管为目的和脱离经济发展需要的"创新"。应该注意的问题有：

（1）应该把握金融创新服务实体经济的本质要求，即不断深化对实体经济内涵的认识。在金融产品设计上要着眼于深化风险管理和价格发现功能，引导更多资金投向实体经济。

（2）要大力推进金融产品创新，加强对实体经济支持。推动与经济社会发展需要相适应的金融产品创新，拓展多元化融资渠道，满足社会资金合理需求。金融创新不是为创新而创新，而是为实体经济发展服务。例如，针对中小企业融资难问题，可以推动中小企业集合票据、区域集优模式、信用增进等多种创新相互配合，鼓励金融机构发行金融债券筹资专项用于支持中小企业。

2. 提高银行竞争力

商业银行在中国的金融体系中处于主导地位，因此政府要提高金融体系运营效率，就必须将重点放在提高商业银行的运行效率上。当前宏观经济运行的不确定性增加以及利率、汇率市场化改革的推进，商业银行传统的经营模式和业务模式受到严峻的挑战。在银行业全面开放和竞争不断加剧的背景下，商业银行必须积极适应外部形势的变化，提高自身竞争力。具体可以从以下几个方面入手：

（1）建立多元化投资主体与经营团队的新型公司治理机构。目前我国上市的四大国有银行都已经完成了股份制的改造，然而改造后的股份制银行，国有股份所占的比重很大，存在"一股独大"或者银行的参股人大多为国企的现象，所以仍然属于国有控股。这种仍属于国有控股的股份制银行在体制和机制上无法达到统一，会削弱对出资人的行为约束作用，仍然存在内部人控制和治理机制失灵等问题。因此，要提高商业银行的内部运行效率，就必须健全法人治理结构，形成多元化出资人参与投资的新型产权结构。[1]

（2）加快经营模式的转变。目前银行的赢利主要来源于存贷款的利差收入，银行的利润增长主要还是依赖资产规模的扩张和存贷利差的驱动。随着银行业间竞争的加剧、资本约束的日趋严格，对过分依赖规模扩张和存贷利差来保持利润增长的银行业来说，将面临严峻的挑战。加上未来利率的市场化改革推进，都要求银行业尽快改变目前的传统经营模式，增加赢利来源的途径。中国银监会主席刘明康曾表示："现在中国银行业金融机构都处于发展方式与赢利模式转变的重要转折期，仅仅依靠传统公司业务扩张的粗放型发展模式难以为继，必须加快发展零售与理财

---

[1] 曲岚：《浅析中国金融改革与发展趋势》，载《民营科技》2012年第2期。

业务。"

目前中国商业银行的利润来源主要是依靠经营传统的存贷款业务来获得利差，然而受到经济下滑的影响，中国银行业在加速进入低利差的时代。银行业所获得的微薄利差已经无法提供长久持续的发展动力，因此，商业银行应加快经营模式的转变和调整。商业银行可以扩张对资金占用较少的中间业务、增加对资本消耗低且收益率高的业务，例如投资银行类业务（债权承销、财务顾问、存管托管等）、债权投资业务、保险业务等。商业银行也可以通过加快证券市场和保险业的发展，多种金融工具相互配合使用，分散银行风险，达到优化金融资源配置的目的。

3. 推进利率市场化

目前，我国经济发展方式不合理、经济增长质量不高，在很大程度上是因为市场化改革还不够深入。就目前形势看，利率市场化是深化金融体制改革和加快转变经济发展方式的突破口。利率市场化可以逐步弥合民间市场利率与基准利率的差距，增加金融体系透明度，降低金融隐患。同时，利率市场化还可以修正资金价格的扭曲，优化金融体系和资源配置效率，满足不同信用等级客户满意度，也大大有利于倒逼我国银行体系提高竞争力。在推进利率市场化方面需要注意以下几个问题：

（1）利率市场化要在建立存款保险制度和金融机构优胜劣汰机制的同时，逐步取消市场化条件已经成熟的部分管制利率，建立市场化定价协调和自律机制，允许符合财务硬约束条件和宏观审慎性政策框架要求的合格金融机构率先试点发行替代性金融产品，逐步放开利率限制。

（2）从中国经济发展和金融改革的大局出发，中国的监管层推进利率市场化需要坚持渐进式改革模式，在金融制度架构和货币政策框架调整方面做好充分准备，并为商业银行经营转型创造良好的政策环境。

（3）在推进利率市场化改革的进程中，要加强金融改革总体设计，鼓励金融制度创新，重点解决金融发展中的体制性障碍和深层次矛盾，全面推进利率市场化与经济社会的协调发展。

（4）要统筹协调利率市场化与汇率改革的关系。从国际经验看，利率市场化改革在先，汇率市场化改革在后，可以较好地规避国际资本对国内金融市场的冲击。

4. 完善多层次农村金融体系

我国超过10亿人口在农村，没有农村金融的发展就没有中国金融的发展。解决"三农"问题，提高农民收入，促进农民就业都需要一个健全的金融体系来支持。当前农村金融体系存在着一系列的问题，例如金融服务无法深入农村、扶农力度小、非正规金融机构没有地位等。中国对农村金融的相关政策不健全，体系不完整，直接导致了本来缺乏的资金使用效率更加低下，资金的涵盖面狭小。

对于农村金融体系的完善，具体可以从以下几个方面入手：

(1) 完善我国农村金融体制。我国农村金融服务水平较低的主要原因是农村金融体系不健全。我国目前的农村金融组织体系已经初步形成了以合作金融为基础，商业性金融机构、政策性金融机构分工协作的格局。针对农村金融存在贷款困难的情况，未来应该建立全方位、多元化的农村信贷市场，推进农村信用社的改革，发挥其主力军的作用；同时，各大商业银行也需要增加其在农村的经营网点建设，扩大银行的服务范围，支持农业建设；作为专门服务于农业、支持农村重点建设的农业发展银行，也需要不断完善其政策性金融服务职能，正确地引导我国农村金融体系的发展。

(2) 建立农业金融法律保险制度。对于中国农业的发展，政府可以进行积极的干预和引导。一方面，大力推进农业金融法律的建设，建立专门的农业法律，规范农村金融市场秩序，为农业经济的发展提供可靠的法律保障；另一方面建立政策性的农业保险制度，拓宽农业金融服务的领域。例如成立农业保险公司，提高农业的抗风险能力，最大限度地减少损失。

(3) 推进以股份制为主导的农村金融改革。不断完善农村金融机构的法人治理结构，大力推进以股份制为主导的产权改革，不断巩固支农服务主力军的作用，加快实现现代农村金融制度的建立。例如，建立完善的农村信用合作社筹集资本的长效机制，合理引导社会资金参与农村金融活动，实现农村金融资源的合理配置。另外，还可以发展新型的农村金融机构，引导民间资本在农村金融机构之间的合理流动，提高整个农村金融市场的资金使用效率。

5. 建立完善的金融征信系统

金融秩序的好坏取决于金融信用是否完善。目前我国处于经济转型的关键时期，如何健全和完善金融信用制度，对我国今后的经济稳定发展至关重要。金融征信系统是我国的一项重要的金融基础设施。长期以来，我国金融体系一直是间接融资占主导地位,银行体系的稳定对金融体系的稳定有着重要影响。而银行体系的稳定在很大程度上由信贷资产的质量所决定。为了解决信贷投放中的信息不对称问题,人民银行将企业征信系统和个人征信系统作为我国一项重要的金融基础设施来建设,建立了全国集中统一的征信系统,推动实现信用信息在全国范围内的共享。

征信业是一个门槛高、专业化强的行业,对征信系统进行管理需要具备经济金融、数据统计、IT 技术、市场营销、经营管理等多种技能,需要具有灵活的机制和高水平的服务,以适应市场的要求。目前我国的信贷市场还不够稳定,信贷违约的现象时常会发生。因此,我国的金融征信系统还存在进一步完善的地方:

(1) 引入专业机构进行管理。随着我国信贷市场的不断发展,征信系统的规模和影响也在进一步扩大,这就需要引入专业的征信机构进行管理,其在服务上必须能够迅速适应信贷市场的运行节奏和业务发展的步伐,营造良好的金融征信市场,规范金融秩序。

(2) 不断提高社会公众对个人信用系统的认知度。我国的社会信用建设起步较晚,征信知识还不够普及。因此,社会公众对这个系统的认知度还不高,甚至还存在一些误解,因而迫切需要加强宣传。应努力扩大宣传的规模,充实宣传的内容,改进宣传的方式,建立宣传的长效机制,提高宣传的特色性、针对性、多样性和有效性,以培养信用意识、培植信用需求、培育信用环境,正确引导舆论导向,避免歪曲报道和恶意炒作,为个人信用系统运行创造良好的舆论等外部环境,推动建立社会信用体系。

(3) 建立权威性的信用评级机构。随着金融市场的不断发展,信用评级机构的建立可以加强整个金融市场的监督管理。然而目前我国的信用评级机构在规模、人员素质、评级质量等方面,仍与世界顶级的评级机构存在着很大的差距。因此,培育高品质的评级机构有助于提高整个征信市场的质量水平。

(4) 完善信用惩戒机制。信用惩戒机制的完善是健全征信系统的重要法律保障。世界发达国家的实践经验表明,建立和完善信用惩戒机制是信用征信体系建设的一个重要环节。一方面可以减少商业欺诈和不良动机的投机活动,保护和发展遵纪守法的企业;另一方面摒弃失信的企业,将其从金融市场中淘汰出局,规范整个金融活动秩序。

6. 注重金融从业人员的素质培养

金融企业的良性运行和发展，不仅与金融机构的业务开拓能力、服务质量和客户资源密切相关，而且与金融机构的信誉和形象密切相关。金融从业人员的金融职业道德修养是金融机构整体素质和形象的根本。提高金融体系竞争力的一个关键因素就是不断提升金融人才的综合素质。陈冬梅、邹海蔚（2008）认为金融业的发展不仅需要现代金融工具，还需要高素质的优秀人才。不断吸收优秀人才，可以使金融业人才结构水平不断升级，提高金融从业人员的整体素质。目前，我国金融人才的整体素质与发达国家相比，差距还很大。在原先受管制环境下成长起来的金融从业人员，缺乏在新的自由化后的环境下管理风险的经验和技巧，从而陡然暴露出整个金融体系的风险。因此，未来要更加注重金融业的人员素质培养，提高其适应新环境的能力，这是提高金融效率不可忽略的一个重要方面。

为适应我国金融业改革不断深化扩大的要求，要加快高素质金融人才队伍的建立，除了必要的专业知识和技能培训外，还应该重视以下几个问题：

（1）重视改善金融人才的内外成长环境。外部环境一般指人才的基础教育、家庭教育、社会实践和社会舆论监督等。成长中能否形成独立、自力的意识和观念，舆论及市场能否及时监督金融从业人员的行为，对金融人才素质的形成具有很大影响。内部环境主要指金融机构内部对人才的重视，人才成长、培养和选拔机制等。其中，金融机构的高层是否真正重视人才问题对人才整体素质提高具有决定性的影响，因为高层行为和理念往往决定企业文化的形成，自上而下影响着各业务条线和各部门对人才的观念及培养方式。

（2）重视培养高标准的职业操守和行为规范，这是有效管理风险的重要因素。第一是要诚实守信，金融业本身是经营信用和风险的行业，依靠强大的信用为依托，才能维持自身经营。第二是要确立良好的世界观和价值观，具有高尚的情操和健全的人格，具有自觉保护金融消费权益的精神，确立公司社会责任的理念，就是要关心相关利益人的意见和利益，实现和谐发展。第三，金融人才还必须具有新的观念，整体意识，开拓精神，不仅要学会生存，学会合作，还必须学会负责，具有合作意识、竞争意识与负责精神。

（3）重视金融人才培养教育方式的创新。我国金融行业人才培养主要有两种途径：一是基础性教育；二是职业的再培训。唯有创新，才能使我国目前金融人才培养富有成效。可以进行人力资源管理人员的培训，充实人力资源部门专业的人力资源管理培训人才，提升专业化人才培养和管理的能力。还可以引进新的人才培训手段，如国际上常用的人才综合素质测评技术，与实际工作岗位和能力结合起来，使人才发挥最大效用。

（4）重视对金融人才的分配激励作用。对于国有金融机构，要大力进行收入分配制度改革，应进行金融人才的收入分配等激励考核机制的改革创新，有效调动人才主动性、能动性。改变以往单纯事业留人、感情留人的机制，增强物质激励，使收入和贡献、才干真正挂钩，才能充分发挥人才的能动性。

综上所述，我国未来金融体系的发展，最终是要建立在实体经济的健康、可持续发展之上的。经济改革的核心是提高金融市场的效率，高效率的金融市场是一个国家能否跳过"中等收入陷阱"的重要条件。中国经济能否在未来持续健康快速增长，取决于金融体系的改革。通过金融体系的改革，提高金融效率，有助于提高整个经济的运行效率，推动中国经济继续高速增长，避免掉入"中等收入陷阱"。

五　推动金融发展的公共管理启示

公共管理是以政府为核心，体现的是政府的治理能力，目的是实现社会整体的协调发展和社会公共利益的增加。未来中国金融的发展中，政府扮演着至关重要的角色。一方面，我国金融市场存在着诸多风险，为金融危机的爆发埋下隐患，因此必须健全金融体系，弱化金融体系脆弱性，为我国成功跨越"中等收入陷阱"提供稳定的金融环境；另一方面，公共管理观念的滞后，使得金融改革总是停滞不前，因此必须进行公共管理制度的创新，引进先进的公共管理观念、体制和模式，为推动金融发展提供配套的制度保障。

目前我国金融体系的结构特征主要表现在银行主导和政府主导两个方面。一方面，传统的商业银行在中国金融体系中占据主导地位，中国的金融体系主要由银行主导。尽管近几年，证券公司、保险公司、基金公司等非银行金融机构得到了一定的发展。但对整个金融体系而言，非银行金融机构的资产规模仍很小。因此，在中国的金融体系中，商业银行仍占据着统治地位。另一方面，在中国，政府实际掌控的金融机构在全国的金融机构中占有绝对的比重。政府直接掌控的国有金融机构的金融资产占整个金融资产的份额最大。国有金融机构在我国的金融体系结构中处于主体地位，政府主导的金融体系必然会导致大量金融资源流向国有金融机构，造成了金融资源分配严重不公的现象。①

在国内经济增长压力大、国际经济环境形势严峻的背景下，中国需要调整经济结构和转变增长方式，银行主导、政府主导的金融体系已经无法适应经济发展的要求，必须向市场主导转变，即推进利率市场化和汇率的形成机制等改革，使中国逐步消解金融体系的政府垄断与行政管制，实现金融体系的市场化、现代化。主要的制度创新可以从以下几个方面入手：

（1）打破金融垄断。在我国经济转轨时期，中国官僚体系对金融体系赋予了政治性金融支持和政治性财富再分配的特殊功能，在一定程度上阻碍了中国的金融体系的进一步完善。在市场化改革过程中，应更加注重政府的金融资源配置能力。在中国金融体系中，政府主导的国有银行只是作为政府分配资金的出纳机构，其控制并行使金融资源配置的一切权利。因此，政府应适度的放权让利，退出金融配置的前台，重点放在金融环境的营造上，例如提供一个保证自由、公平竞争的法制环境，也可以通过制定一系列的监管规则防范和化解金融市场风险。另外，可以适当在金融垄断部门引入竞争机制，允许私有企业自由进入这些行业，提高整体的金融效率，改变国有金融业运营效率低下的境地，通过市场机制合理地配置金融资源。

（2）金融行政监管要适度。我国目前金融行政监管过度，相关制度对于金融业发展的限制过多，阻碍了金融市场的发展。例如，我国对金融产品实行的是审批制，手续相当烦琐，批准周期长，加大了金融机构创新的成本，抑制了金融创新产品的供给，导致金融机构的创新能力不足。另外，过度的行政管制会导致大规模的寻租行为和机会主义行为，阻碍金融市场的有序发展。因此未来金融体系要实现市场主导的成功转型，必须逐步取消金融体系的行政管制，适度放宽金融业的发展。

（3）合理稳步地推进金融自由化。加强与国际金融组织的合作与交流，积极参与全球经济金融的治理改革。防止金融自由化不当所引起的金

---

① 周燕妮：《后金融危机时代对中国金融体系的思考》，载《经营管理者》2010 年第 16 期。

融风险。采取适时适度的金融开放策略，减少金融体系固有的脆弱性，有利于发挥金融自由化的正效力，在激发金融体系脆弱性的同时，也具有改善金融资源配置、提高资本配置效率、提高金融机构及金融市场的效率和竞争力的正效力。

第四章　求解就业困难的公共政策创新

一　我国就业现状及呈现特点

就业作为目前备受关注的三大民生问题之一，是人民群众保障和改善生活的基本前提和基本途径。国家一直高度重视就业工作，坚持把扩大就业放在经济社会发展的突出位置，积极采取多项措施促进就业。过去几十年中，我国经济的快速增长得益于人口红利、产业结构调整以及城镇化过程等。总的来说，在这样的背景下，我国的就业呈现出不同于以往时期的一些特征。如不能正确对待这一特殊时期的就业问题，我国很有可能因就业困难、过度城市化或是经济增长回落等一系列连锁反应的原因陷入中等收入陷阱。

（一）现状

中国当前的劳动力市场供求状况是，城乡新成长劳动力已进入就业高峰，农村剩余劳动力转移形成的农民工就业高峰、高校近年不断扩招形成的大学生就业高峰，三个就业高峰同时叠加形成"三碰头"就业形势；但是国有企业下岗失业人员历史遗留问题还没有得到完全的解决、大量用工单位对劳动力需求大幅度下降。多重因素使中国劳动力就业问题集中爆发，形成了以农民工、大学毕业生为失业主体的失业高峰。

1. 就业危机日趋显现

统计数字显示，2008 年 1—10 月，全国累计实现城镇新增就业人 1020 万人，为全年目标任务 1000 万人的 102%。据中国社会科学院《社会蓝皮书》公布的数据，中国城镇失业率已经攀升到 9.4%。[1] 据中国劳动力市场信息网监测中心发布 2008 年第 3 季度部分《城市劳动力市场供

---

[1] 周怡：《当前经济形势下我国就业形势不容乐观》，载《四川省情》2009 年第 1 期。

求状况分析》报告，全国 93 个城市中，用人单位通过劳动力市场招聘各类人员约 474 万人，同期进入劳动力市场的求职者约 490 万人，求人倍率约为 0.97，是近几年的最低点，第一次表现为供大于求。①

2. 就业结构的类型

在就业的产业结构上，1997 年中国非农产业从业人员第一次超过农业。2007 年年末全国就业人员 76990 万人，比上年年末增加 590 万人，其中，第一产业就业人员 31444 万人，占全国就业人员的 40.8%；第二产业为 20629 万人，占 26.8%；第三产业为 24917 万人，占 32.4%。中国就业人员的产业结构已经由 1978 年以来的"一二三"结构变为现在的"一三二"结构，并且正向着"三二一"的结构方向发展。2007 年年末城镇就业人员 29350 万人，比上年年末净增加 1040 万人，其中，城镇单位就业人员 12024 万人，比上年年末增加 311 万人；城镇私营个体就业人员 7891 万人，比上年年末增加 924 万人，在城镇单位就业人员中，在岗职工 11427 万人，比上年年末增加 266 万人。②

3. 地区分布

从就业情况的区域分布来看，2007 年东部地区城市劳动力市场中第二季度的需求人数同比减少了 13.4 万人，下降 5.4%，第三季度需求人数同比减少了 33.1 万人，下降 11.3%，表明东部地区就业形势在恶化；中部地区城市劳动力市场中需求人数第二季度有较大幅度增长，同比增长 30 万人，增幅为 28.6%，第三季度增幅回落到 3%；西部地区的需求人数第二季度同比增加 3.4 万人，增长 47%，第三季度增长加快，增长 9%。③

（二）我国就业总体特点

1. 企业用工需求下降

随着金融危机对实体经济带来不断加大的冲击，我国经济增长速度放缓，企业用工需求呈现出下降趋势。从人力资源和社会保障部对 84 个城市劳动力市场的职业供求信息调查显示，第三季度以后的企业用工需求下降 5.5%，特别是珠三角地区企业用工需求萎缩严重。④ 根据广东省劳动

---

① 邢婕：《浅析我国当前就业形势及对策》，载《内蒙古煤炭经济》2010 年第 4 期。
② 中华人民共和国劳动和社会保障部：《2007 劳动和社会保障事业发展统计公报》。
③ 邢婕：《浅析我国当前就业形势及对策》，载《内蒙古煤炭经济》2010 年第 4 期。
④ 汪婷：《转型期以来我国科技进步的就业效应研究》，载《武汉科技大学》2009 年。

保障厅的资料显示，2008年第三季度，广东全省人力资源市场需求总量为2109.8万人次，较上季度和上年同期均略有减少。而据珠海市人力资源中心统计，进入10月后，入场招聘的企业数为1682家，与去年同期相比下降了近4成；11月，企业数为1186家，同比下降了6成多。10—11月，企业提供的岗位数仅有去年的一半，而劳务市场上的求职人数与去年同期相比却上升了一成。据深圳市人才市场统计，从第二季度开始，人才市场进场招聘的单位数量就开始明显减少，第三季度同比下降了三成。而与之相对应的是，连续4个月，求职人数增长了近四成。此外，企业岗位流失严重。人力资源和社会保障部监测的数据显示，8月份以后，企业岗位增加数首次出现了负增长，即新增加的岗位和流失的岗位相抵出现了负数。据报道，目前我国已有67万家小企业被迫关门，约有670万个就业岗位流失。

2. 劳动力供大于求

从劳动力的供求总量看，中国目前劳动力供给量过大，且长期持续增长，大大超过就业需求量的状况，中国劳动就业形势十分严峻。在2007年，中国城镇需要就业的人口超过2500万人，而新增的就业岗位加上自然减员只有1000万个，供大于求的缺口在1500万个以上，矛盾非常尖锐。就业矛盾的压力一方面源自于新增劳动力，另一方面源自于下岗再就业以及农业剩余劳动力。2007年全国新增劳动力1200万人，这其中不仅有高校毕业生，还有部分复员转业军人和农转非人员，农村劳动力4.97亿人。2006年国有企业下岗职工未就业的仍有100多万人、集体企业下岗职工有400多万人。[①] 综上所述，创造就业岗位应该成为今后20年经济发展战略和政策的重要内容。

3. 就业形势复杂，就业困难的主体是大学生和农民工

随着高校逐年扩招，高校毕业生数量越来越多，而企业用工需求减少，可以提供的就业岗位有限，大学生求职成功的机会相对而言越来越小。2008年大学毕业生接近560万人，按现各大学公布的平均就业率70%计算，待业大学生约有160万人。2009年高校毕业生规模达到611万人，比2008年增加52万人，再加上上一年未就业的，大学生就业压力将非常大。另一方面，随着科技的进步以及我国城镇化的推进，农业劳动

---

① 陈佳贵：《2007年：中国经济形势分析与预测》，社会科学文献出版社2006年版。

生产率逐步提高而耕地面积的不断减少，进城务工成为大多数农村剩余劳动力的主要选择。由于农民工群体自身文化素质不高等特点，在我国经济增速放缓的背景下，农民工的就业首先受到挤压，2008年10—12月的农民工大规模提前返乡已经反映出这一特点。

我国就业形势的复杂性在于，在普遍出现"民工荒"现象的同时，大学毕业生就业困难依然存在，城镇失业现象持续存在。这种看似矛盾的现象并不难理解，因为每个就业群体面临就业困难的原因并不相同。

以"民工荒"形式表现出来的劳动力短缺现象，是由劳动力供给与劳动力需求之间的矛盾造成的。随着人口结构变化，劳动年龄人口的增量逐年下降。与此同时，经济快速增长继续产生对劳动力的需求，这便导致劳动力短缺。另一方面，结构性就业压力依然存在。农民工尚未成为城镇户籍居民，就业不稳定，社会保障不健全，面临周期性失业风险，仍然是劳动力市场上的脆弱人群。大学毕业生就业困难并非由市场供大于求所造成，而是产生于个人就业意愿和技能与劳动力市场机会及需求之间的不匹配。至于城镇居民失业和就业困难，既有就业技能不匹配问题，也有劳动力市场调节功能不充分问题。这两个就业群体面对的劳动力市场风险主要是结构性和摩擦性的自然失业。[1]

4. 产业结构升级与劳动力素质偏低之间的矛盾将凸显，劳动力结构性失业将长期存在

经济发展的历史表明，一个国家在经济发展过程中，因为技术进步等因素必然会推进产业结构的优化和升级，并由此引起劳动力就业的变化。在技术进步引起产业结构演进的同时，这就要求具有较高文化水平和技术素质的劳动力与之相适应，而那些文化水平和技术素质较低的劳动者必然会被排挤出去。从中国近几年下岗职工和失业人员的情况看，最先下岗的往往是那些文化水平偏低，缺乏专业技术训练的人员。我国劳动力资源的一个显著特征就是劳动力素质偏低，一方面简单劳动力供过于求，另一方面高素质人才严重短缺，这不仅会影响我国的劳动力供求状况，还会导致结构性失业的恶化。从这一角度来讲，我国应在未来更加注重教育、培训事业的发展，提高劳动者文化素质，以此来适应产业结构的升级。

---

[1] 范振勤：《如何看待和应对复杂的就业形势》，载《活力》2011年第8期。

5. 劳动力市场灵活性增强，非正规就业成为重要的就业形式

为了有效缓解我国劳动力过剩以及转型时期大量国有企业职工下岗的局面，我国自 1990 年以来将鼓励灵活就业作为我国政府积极的就业政策。灵活就业人员是指以非全日制、临时性和弹性工作等灵活形式就业的人员。包括在各级档案寄存机构寄存档案的与用人单位解除或终止劳动关系的失业人员、辞职人员、自谋职业人员，档案寄存期间经劳动人事部门批准退休人员，已办理就业失业登记的未就业人员，从事个体劳动的人员，个体经济组织业主及其从业人员。国际劳工组织在 2002 年讨论了"非正规"概念，从经营主体角度，将"非正规部门"分为三类：微型企业、家庭企业、独立服务者。吴要武、蔡昉在 2006 年根据国际劳工组织对非正规就业的定义，以及中国劳动和社会保障部 2002 年的全国 66 个城市"城市就业与社会保障"抽样调查数据，推断我国非正规就业比例在 40.3%—45.2%，非正规就业数量在 6551.5 万—7512.5 万人。[1]

在 2008 年中国社会状况综合调查中，中国社会科学院"中国社会状况综合调查"课题组，对就业人口进行了划分，结果表明：被调查者中非正规就业数量占全部非农就业人数的 49.8%。由此可见，非正规就业已成为我国非农就业中重要的就业形式，而劳动关系也日趋复杂化。程度方面，教育程度越低，其人群中非正规就业比例越高。初中以下各类教育程度人群中，非正规就业者比例在 60% 以上；而大专以上学历者中，正规就业者比例在 78% 以上。在年龄方面，39 岁以下人群的非正规就业比例在 40%—45% 左右，而 40—59 岁人群的非正规就业比例在 50%—60% 左右，60 岁以上人群的非正规就业比例达到 77% 以上。总体而言，非正规就业人群中，35 岁及以上者占 73.93%。在户籍方面，农村户口非农就业人员中近 2/3 属于非正规就业，而城镇户口中非正规就业比例为 40.4%。表明农村劳动力从事非农就业的最主要形式是非正规就业。[2]

---

[1] 吴要武、蔡昉：《中国城镇非正规就业：规模与特征》，中国劳动经济学 2006 年版，第 3 卷，第 69—70、75 页。

[2] 中国社会科学院"中国社会状况综合调查"课题组：《社会科学研究》2009 年第 2 期。

二 我国目前就业困难的具体表现及原因分析

（一）具体表现

1. 大学生群体

高校毕业生是我国人力资源的重要组成部分，是社会中最有朝气、活力和创造性的群体。我国的人力资源强国建设和创新型国家的建设，需要数以千万计的高素质专门人才和一大批拔尖创新人才，来为我国的社会主义现代化建设提供有力的人才支撑和智力支持。近年来随着我国高等教育规模的逐渐扩大，高校毕业生人数逐年增加，到 2009 年已达到 611 万人。这在相当程度上满足了我国社会发展的人才需求。但同时，高校毕业生就业的压力持续增大，凸显的一些问题也引起了全社会的普遍关注。

（1）毕业当年未能找到工作的大学生数量比例较大。《2012 年中国大学生就业报告》显示，2012 年高校毕业生总数为 559 万人，其中大学毕业生总数约为 529 万人（本、专），按比例推算，2012 年大学生毕业就在国内外读研究生的人数为 21.43 万人，毕业半年后的就业人数约为 434 万人。在毕业半年后的 73.56 万人失业大学毕业生中（包括有了工作又失去的），有 51.59 万人还在继续寻找工作，有 5.46 万人无业但正在复习考研和准备留学，另有 16.51 万人没有求职和求学行为者（即所谓的啃老族）。[①] 毕业当年未能就业的大学生数量增加，是中国大学生就业难的最直接表现。

（2）本科院校就业率有所下降。按教育部公布的数据，2012 年本科院校大学生就业率有所下降。统计研究数据表明，2012 年大学生毕业半年后的就业率约为 86%。比起 2009 年中国大学毕业生就业报告，2012 年大学生毕业半年后就业率下降了 2 个百分点。

（3）越是经济发达地区，自主创业的比例越低。2012 年大学毕业生自主创业比例为 1%，与 2011 年 1.2% 的比例接近。云南大学生自主创业比例最高，为 1.9%，吉林 1.7%，宁夏 1.5%。而广东、北京、江苏、上海等省市的大学生自主创业比例排名靠后。自主创业的主要地区是就业比较困难的中西部地区，主要城市类型是地级及以下城市。总体而言，越是

[①] 中国大学生就业研究课题组：《2012 年中国大学毕业生就业报告蓝皮书》，社会科学文献出版社 2012 年版。

经济发达地区、越是大城市,就业环境越好,自主创业的比例越低。自主创业的毕业生最多的是工科类,其次是财经管理类。自主创业的毕业生主要集中在零售业和文体娱乐业,其月收入大大高于受雇应届毕业生的月收入。

(4)大学生就业难已成为社会普遍心态。应届毕业生考研热持续升温,以及新闻媒体的频繁报道,使家长对子女大学毕业后就业忧虑重重,这些都反映了人们对大学生就业形势严峻的强烈感受。同一个问题,西方国家大学生毕业后不能在短期内就业的现象也都普遍存在,但人们并不因此认为就业困难。其原因在于传统体制下我国长期的包分配安置,大学生毕业统一分配,也就不存在待业或自谋职业问题。以这种状况下养成的就业心理定式来看现在的大学生毕业就业的情况,问题就显得比较突出了。

2. 就业困难群体

《就业促进法》指出:就业困难人员是指因身体状况、技能水平、家庭因素、失去土地等原因难以实现就业,以及连续失业一定时间仍未能实现就业的人员。主要包括"40、50"人员、零就业家庭人员、低保家庭人员、长期失业者、年龄25岁以下失去双亲人员、需赡养患有重大疾病直系亲属的人员、刑释解教人员、残疾人、复转军人中的就业困难人员、大中专毕业生中的就业困难人员等。

(1)人数迅速增加。在经济结构调整和企业改革深化过程中,出现企业大量裁员和用工需求萎缩并行的趋势,造成失业率持续上升;农业就业空间不断缩小,农村劳动力供求、转移矛盾加剧;科技与资本有机构成的快速提高,对劳动力产生挤出效应,进一步压缩了城镇就业空间;大中专毕业生中的就业困难群体逐年累积;新生劳动力急剧增加,我国13亿总人口中,年龄在15—64岁的劳动人口2010年达到9.7亿人,2020年将达到9.97亿人,预计今后几年全国新生劳动力供给将达到4650万人。① 不论是城镇还是农村,劳动力总供给都远远大于总需求。

(2)基本结构五多五少。大龄多青年少、女性多男性少、初中多两头少、无技多有技少、农村多城区少。

(3)失业压力大,再就业困难。经济结构调整、企业控制用工成本、用工行为不规范等,都成为导致困难群体失业的潜在因素;困难群体就业

---

① 尹蔚民:《国务院关于促进就业和再就业工作情况的报告》2009年。

岗位灵活、不稳定、收入低、失业风险大；在整体就业趋紧的情况下，"40、50"人员、零就业家庭、长期失业者、残疾人等群体就业难度更大。

（4）正当权益经常受到侵害。困难群体遭受企业随意裁员，没有社会保障待遇，劳动争议案件高发，备受歧视。

（5）大多不符合劳动技能水准。困难群体中的大多数人没有经过正规培训，无法适应新技术需要，不能很好融入现代化的市场经济。

（6）就业愿望强烈。就业是人的基本权利，它不仅是一种谋生手段，同时也是融入社会大家庭的基本方式。马克思曾说：劳动是人的第一需要。让具有劳动能力的人依靠微薄的生活保障金生存，确实既难满足他们的物质需要，更难满足他们的劳动需求。

（7）政府、社会关注度高。就业政策的基本思路在十六大报告中已经确立，就是：将扩大就业作为经济社会发展的优先目标，实行积极的就业政策。十一届全国人大四次会议政府工作报告再次提出："十二五"时期，我们要全面改善人民生活。坚持把增加就业作为经济社会发展的优先目标，为全体劳动者创造公平的就业机会，五年城镇新增就业4500万人；2011年城镇新增就业900万人以上，城镇登记失业率控制在4.6%以内。按照中央的部署，各级地方政府和社会特别关注困难群体的就业。

3. 农民工群体

（1）用工荒。

用工荒，是指用工短缺现象。它是最具中国特色的新现象，一边是人口最多的国家，一边是企业却招不到人。① 据人民网报道，2010年春天，东部沿海地区出现大规模用工荒，仅珠三角缺口就超过200万人。

现在就业市场所出现的"民工荒"具有两个方面的特点：第一，很多企业开出了较高的薪水却找不到有一定经验的高技术工人；第二，繁重体力、手工操作的岗位需求量很大，可是很多新生代农民工不愿意干这种工作。"民工荒"所表现的特点实际上反映出目前新生代农民工就业市场上所表现的供需之间的结构性失衡。这种结构性失衡，导致了一边是大量

---

① http://baike.baidu.com/view/3278489.htm.

新生代农民工找不到合适工作,另一边企业找不到合适工人的现象。①

(2) 新生代农民工"短工化"现象。

从20世纪80年代中期开始,农村劳动力开始大规模进城务工,至今已有20多年的历史。其间农村外出劳动力的规模不断扩大,截至2011年全国外出农民工的数量已达到1.59亿人。同时,农民工内部也出现了代际更替,1980年之后出生的外出农民工——通常我们也称其为"新生代农民工"——逐渐成为外出农民工的主体并且给整个经济社会带来越来越大的影响。准确把握新生代农民工群体的数量、结构和特点,已经成为制定农民工相关政策的迫切需求。

"短工化"是指近年来农民工群体尤其是新生代农民工务工周期短、频繁换工的一种现象。清华大学社会学系与工众网研究中心联合发布《农民工就业趋势报告》。报告显示,农民工就业"短工化"趋势愈演愈烈,农民工每份工作的平均持续时间还不到2年。"80后"和"90后"的新生代农民工职业流动尤其突出,其中"80后"农民工一份工作的平均持续时间只有1.5年,"90后"农民工一份工作的平均持续时间只有0.9年,与老一代农民工一份工作持续4.2年相比大大缩短。②

毋庸置疑,农民工"短工化"带来的弊端显而易见,频繁地换人换岗显然不利于产业工人人力资本的提升,不利于他们工作经验的积累,不利于技术熟练程度的提高和创新。对企业而言,"短工化"让熟练工数量减少,增加了企业的培训成本和招工成本,对于企业产业升级和长期稳定发展是个不利因素。此外,这也是全国人力资本的极大浪费。频繁换工作会带来较多摩擦性失业,从全局来看不利于经济发展。大量人口流动也会给社会稳定带来潜在压力。

(二) 原因分析

就业问题是民之生存的根本,它不仅关系到个人的发展,也关系到我国教育事业的发展,它与整个社会的改革、发展、和谐稳定息息相关。造成就业困难的原因是多方面的,这里主要将其归为政府、经济、劳动力市场和劳动者四个方面。

---

① 夏丽霞等:《新生代农民工进城就业问题与市民化的制度创新》,载《农业现代化研究》2011年。

② 章灵:《农民工就业"短工化"透视》,载《农村工作通讯》2012年第8期。

1. 政府责任的缺失

政府在促进劳动者就业过程中承担着义不容辞的义务和责任。政府作为社会服务和公共管理的主体,作为公共资源和公共权利的掌控者,是最有责任对就业困难的人员进行就业扶持的社会力量。大学生"一毕业即失业"的惨淡就业形势以及农民工"用工荒"或是"短工化"的就业现状,都与政府责任的缺失存在一定因果关系。

政府在促进大学生群体的就业方面,宏观调控力度不够。虽然政府已采取了很多的调控方式来促进大学生就业,如鼓励大学生到基层就业或是自主创业等,但当前就业信息不流畅、产业结构不合理、高校专业设置与市场需求不匹配,这与在市场经济体制还不完善的情况下,我们过分相信市场的力量,调控方式单一,调控力度不够有很大的关系。另一方面,虽然我国的《就业促进法》中明确规定不得有就业歧视现象,但当前大学生就业中户籍歧视、性别歧视一直存在,这都与政府监督不到位,政策运行效果的检查力度不够有着重要的关系。最后,就业信息不到位也是很重要的原因,政府尚未建立全国联网的信息体系平台,缺乏有效的反馈机制,不能把全国各地的信息及时传递给寻找工作的大学生,影响了大学生就业。

我国政府在对待农民工的问题上,更多的是将其视为不安定的因素,从维护城镇居民的角度出发,虽然承认他们在城市发展中所发挥的不可替代的作用,但又对其实施的主要是管制、限制的政策。这种消极对待农民工群体的政策,不仅带来了农民工身份的边缘化,也会对中国经济社会的健康和可持续发展造成巨大负面影响。"用工荒"实际上是农民工的"权利荒",是农民工的诉求得不到满足和回应的"诉求荒"。农民工对城市缺乏归属感,他们的权益得不到保障,他们对自己的前途感到迷惘,他们做出了用自己的脚步逃离城市的选择。如果我们能以此为契机,深入分析和反思"用工荒"的成因,检讨以往在对待农民工问题上政府责任的缺失,突出对农民工的平等保护责任,着力构建保护农民工合法权益的一系列制度,使其具有归属感和稳定感,将会促进农民工整体素质的提高和发展,对我国今后经济的发展与社会的和谐也是大有裨益的。

2. 经济发展水平相对滞后

从经济类型看,与改革开放之前及其前期相比,我国社会生产系统的高科技引入虽然有了长足发展,但跟发达国家相比,我国高科技引入的力度还很不够,生产设施技术更新换代相对缓慢,总体水平仍不高;我国经济总体上看仍是劳动密集型、资金密集型为主的粗放型经济;科学技术的贡献潜力还没有得到充分挖掘,对高层次人才的吸纳能力相对不高,与扩增较快的高等教育形成一定反差。另外,从产业结构看,当前世界发达国家的产业结构已转换成"三二一"的倒金字塔式,从事第一产业的人口比重已降到10%以下,第二产业为30%,第三产业约60%,这就为高等教育人才的就业提供了广大空间和强烈需求。而在我国,产业结构大致与发达国家20年前相似,第一、二、三产业劳动力的结构比例为59.5:22.6:17.9。这种产业结构无疑弱化了我国高层次高学历人才的需求,成为大学生就业形势严峻的重要原因。从历史人才积累看,历史积淀"人才"过剩,新增岗位被先行挤占。随着传统产业岗位的萎缩撤销,他们中的有些人可能随着冗职闲岗的撤销淘汰而被甩离出原有的生产体系,但由于用人体制改革的力度不够,而且这些人大多处于社会优势地位,他们很快就在新的职业结构中谋得了新岗,抢先占据了新位,从而使对大学生的新需求被排挤。这种现象在行政、事业单位尤为普遍。

3. 劳动力市场的不完善

第一,人才市场机制的不健全、不规范。

人才市场机制在这里主要指人才就业市场机制和人才市场管理机制。从人才就业市场机制看,目前,我国高校毕业生完全自主择业的社会环境条件还很不成熟,缺乏及时准确的人才供求信息收集、发布、检索和交流的权威机构和通道,稳定规范的人才劳务市场还没有形成系统完整的网络体系,大学毕业生自主择业权利社会保障、法律保障体系也不健全,这大大削弱了大学生供求信息和自主择业的时效性和可靠性。从人才市场管理机制看,不规范、不健全的人才市场管理机制缺乏对用人单位的激励、保障、限制机制,削弱了用人单位吸纳高层次人才的积极性。一方面,国家允许基层企事业单位拥有越来越多的用人自主权,自主决定是否接受大学毕业生。另一方面,一些用人单位的选人心态与方式过于保守与苛刻。

第二,劳动力数量供大于求。

20世纪50年代,我国人口进入高速增长时期,著名经济学家、人口学家马寅初提出要控制人口,却遭到错误批判,"错批一人,误生几亿"。这样以后,在社会安定、医疗条件和生活条件逐步改善的情况下,我国人口增长很快由高出生、高死亡、低增长的阶段进入了高出生、低死亡、高增长阶段，迎来了新中国成立后的第一次生育高峰。1949—1957 年生育高峰期内年均净增加 1300 多万人，年均人口增长率高达 22.4‰。[1] 人口严重失控，就业困难的问题也在此埋下了隐患。

在出现第一次生育高峰的时候，人们并没有意识到这会对这一代人以后的就业带来的隐患，反而采取继续鼓励生育的政策，从 1963 年持续到 1971 年，出现了又一次生育高峰，年平均人口出生率在 30% 以上，其中 1963 年高达 43.37‰。这一时期年平均净增人口 1937 万人，年平均人口增长率为 26.1‰。[2]

随着几次生育高峰的出现，我国人口基数不断增长，形成了一批又一批大量劳动力的积累，劳动力供给已经远远超出市场需求的人数。从这些大量累积的劳动力来看，他们大多是大龄就业人员。可以预测，在未来很长一段时期内，我国的劳动力供给超出劳动力需求的局面都是无法改变的。

另一方面，高校的扩招使得更多的年轻人能够步入大学校园，接受高等教育，但同时这也带来了相应的弊端，大学生的就业竞争人数随之增加。大学生彼此之间要竞争，他们还要与具有丰富工作经验的社会就业人员竞争。竞争不断加剧，因而每年都有一部分高校毕业生不能及时就业，造成了"一毕业即失业"的现象。

第三，就业壁垒的存在。

农民工就业难，首先难在一些部门和地方还没有切实转变原有的旧观念，在对农民工的管理上还是存在"短视"的行为。就业壁垒的形成是由于我国长期形成的城乡二元结构，城镇和农村之间有一条无法逾越的鸿沟。一些城市在面临就业压力的情况下，习惯于从局部利益和短期利益考虑，为了缓解城镇人口的就业压力限制农民工进城，或对他们的就业总是附加各种苛刻的条件，在存在就业歧视的情况下，城市就业体系难以见到农民工的身影。游离在体制外的农民工很难找到就业岗位，即便找到了，也因为缺乏相应的政策保护，拖欠工资、权益受到侵害的现象时常发生，他们的权益无法受到保障。这种不平等的就业歧视

---

[1] 吕红平：《中国人口忧思录》，中国人口出版社 1999 年版，第 34 页。
[2] 同上。

的存在又进一步加固了城乡就业壁垒，农民群体进城生活和就业的门槛越来越高，使得他们望而却步，这在很大程度上制约了我国现代化进程和经济社会的发展。事实上，没有全社会的进步，最终城市的就业和经济发展也会失去空间。

第四，就业存在结构性矛盾，供求错位。

笔者认为，当前"就业难"不是供给大于需求，而是结构性矛盾突出造成的一种阶段性社会现象。大学生的就业会受到地区经济发展或是产业结构调整的影响，可目前高校在专业设置上并不能跟上市场需求的变化，四年前还是用人单位需求的热门专业，四年后就变成了冷门专业，这种大学生就业市场上的供求错位从某种程度上讲是造成高校毕业生就业难的重要原因之一。在人才分布上，我国东部与西部、经济发达地区与欠发达地区，沿海地区与偏远山区，每万人中大学生占有量差距也很大，结构性矛盾仍然突出。

第五，劳动力市场的激烈竞争。

我国长期处于劳动力供大于求的状态，外加随着经济发展方式转变，传统产业技术改革步伐加快，对劳动力素质要求越来越高，新生代农民工就业更是雪上加霜。他们在劳动力市场要与大学生、老一辈农民工以及城镇劳动力竞争有限的工作岗位。随着高等教育的普及化与扩招，大学已不再是精英教育，很大程度上讲已经转化成为大众教育。很多大学生，特别是农村出身的大学生已经进入原本属于农民工的就业市场。大学生在综合素质和接受教育的程度上均高于新生代农民工，因而新生代农民工很难在同一起点与大学生竞争。此外，老一辈的农民工会在同一个劳动力市场与新生代农民工竞争就业岗位。这两个群体相比较而言，虽然新生代农民工在年龄上有一定的优势，并且平均接受教育的程度高于老一辈农民工，但是他们敬业精神较差、就业期望更高、对工作环境和工作福利的要求也更高、职业流动率高、吃苦耐劳的精神显然不如老一辈的农民工。而老一辈农民工相对丰富的工作经验和人际关系积累都会为他们的就业带来很大的优势。

4. 劳动者自身就业观念的错误

第一，大学生群体。

（1）收入分配不公，贫富差距不断扩大，教育高消费，影响了大学生的就业观。① 目前我国东西之间、城乡之间发展严重不平衡，造成了收入差距也随之增加，两极分化严重，就业市场也缺乏公平竞争的环境，门路、关系甚至比学历更重要。大部分家长望子成龙、盼女成凤的心理造成了毕业生在就业上的攀高心态。随着学费的不断增加，家长和毕业生的预期回报心理也随之增加，很多父母不能忍受自己的子女去做"不理想"的工作，宁愿让孩子待业在家做"啃老族"等待一个好的工作机会。很多毕业生不愿意到艰苦行业、低收入单位工作，造成一种"高不成，低不就"的局面，因此形成一种就业难的虚假现象。

（2）毕业生自身综合素质和错误的择业观严重制约着大学生的就业。目前高校毕业生的择业范围带有相当大的局限性，择业选择大多局限于大城市、大单位、大公司、国有大中型企业，片面追求眼下较优越的生活条件、较高的工资收入和较好的福利待遇，忽视自身条件、个人专长发挥和今后的成长，对国家建设需要考虑得就更少了。这种陈旧的择业观念和不切实际的就业期望限制了毕业生的视野，制约了他们的择业决定。

部分高校毕业生对就业机制和就业市场认识不足，思想准备不充分，这也影响到他们的就业。经过连续几年扩招，我国高校毛入学率已达到15%，高等教育从原来选拔、提升教育转化为提高劳动者素质而进行的教育，取消了高校毕业生统分统配的分配机制，建立了自主择业、双向选择的市场化就业机制，毕业生能否就业，到哪里就业，干什么样的工作完全由市场决定。有些学生对这点认识不足，思想准备不充分，还停留在考上大学就是国家干部，工作由学校统一安排的陈旧观念上，找工作的主动性、积极性不够，他们的就业当然存在问题。②

第二，就业困难群体。

李霰菲指出"40、50"人员本身的文化素质不高，年龄偏大，就业观念陈旧，就高不就低，挑肥拣瘦，造成就业难；他们的自主创业能力不高；部分人由于缺少资金，无法实施经营思路。③ 李伊等指出高龄失业人员自信心不足，导致了他们社会交际面窄，妨碍了他们利用社会资源谋求

---

① 董玉梅：《转型期大学生的选择性失业与就业分析》，载《西安邮电学院学报》2006年第4期。
② 张抗私：《就业问题：理论与实际研究》，社会科学文献出版社2007年版。
③ 李霰菲：《城镇困难群众就业对策研究——以福建省宁德市为例》，载《企业家天地》2010年第8期。

进一步的发展。因自身条件的限制，使他们很少关心外部社会的变化，限制了他们对就业机会的把握。不仅很难利用自己的亲朋好友谋求一个就业机会，也难得依靠传播媒介的强大功能为自己寻找一个合适的机会。①

在大龄失业人群中，除一部分是由于本身经营不善或单位的不公正裁员而失去工作外，有相当数量的人员是由于本身工作能力差而缺乏岗位竞争力被淘汰下来，对于这部分人来说，在目前就业竞争日益激烈的情况下，再找到令自己满意的工作有难度，加之我国的社会保障制度还不健全，失业者面临着很大的生活压力。失业导致的教育匮乏，使得失业者及其家庭陷入"贫困恶性循环"。

就业观念转变与劳动力供求结构的失衡在城镇大龄就业人员中更为突出。在传统统包统配的就业体制下，人们形成了一种特定的就业观：只有国家分配的长期固定工作性质的职业才是就业。国有单位人员的就业风险意识较差，工作效率较低。已经失业或下岗人员，"等、靠、要"思想仍然严重，失业、下岗人员提高自己技能和知识水平的意识淡薄，下岗后依靠自身技能实现再就业的观念也比较差。于是，便出现了这样一种矛盾的现象，一方面国有企业存在大量富余职工，并且有越来越多的下岗职工需要重新安置，这种现象似乎表明城镇就业机会的严重不足，但与此同时，企业又雇用着或多或少的农民工。②

第三，农民工群体。

2010年由全国总工会发布的《关于新生代农民工问题的研究报告》称：新生代农民工的职业技能水平和教育程度均滞后于城市劳动力市场的需求，严重阻碍了他们在城市就业的稳定性。国家统计局2010年统计数据也说明，尽管新生代农民工受教育年限长于老一代农民工，但是77.9%的新生代农民工仍然停留在九年义务教育（64.4%）和普通高中教育（13.5%）阶段，而接受过职业教育的比重仅为9.0%。③ 由于受教育程度低，他们只能进规模较小的、非规范的、劳动密集型的企业就业，特别是城市工不愿干的建筑施工、井下采掘、有毒有害、餐饮服务、环卫

---

① 李伊、易守宽、希洛：《城市低保对象就业困难原因分析及对策建议——以昆明市幸福家园社区低保调查为例》，载《云南财经大学学报》2010年第4期。
② 赵建国、苗莉：《城市就业问题研究》，高等教育出版社2005年版。
③ 刘俊威：《我国新生代农民工就业能力内涵与特征研究》，载《安徽农业科学》2012年第8期。

清洁等岗位。这类工作大多是工作时间长，工作环境差，劳动强度大，工资待遇低。然而，新生代农民工多数人缺乏吃苦耐劳的精神，并且就业观念已经发生了很大的变化，因此，已不满足于只从事低层次的体力劳动。他们外出务工已不仅是为了解决温饱，而是带着对工作环境和前景的美好梦想在拼搏。"80后"农民工渴望融入城市生活，更重要的是，对自己就职岗位的期望值更高。但现实与梦想之间总是有差距的，新生代农民工对职业的追求与其现在所处的专业技能知识缺乏的现状形成鲜明对比，这种新的就业观念与其自身素质之间的落差导致了新生代农民工的结构性失业，造成人力资源市场"招工难"与"就业难"并存从而引发了"民工荒"这一现象。

三 解决就业困难的公共政策选择的突破口

就业是民生之本。扩大就业，促进再就业，关系我们改革发展稳定的大局，关系人民生活水平的提高，关系国家的长治久安，不仅是重大的经济问题，也是重大的政治问题。当前我国未能充分利用的资源中，最醒目的就是劳动力资源，我国劳动力资源的充分利用将是今后一二十年的重中之重。目前，我国丰富的劳动力资源造成了巨大的就业压力，就业已经成为我国最大的民生问题。从这个意义上说，有必要牢固树立就业问题需要综合治理的观念，不能就就业而论就业，而必须把就业问题置于宏观经济和社会发展大系统之中。

（一）充分发挥政府的相应职能

宏观调控作为政府管理工作的重要内容，也是一项复杂艰巨的工作。党的"十六大"报告首次将就业问题明确纳入宏观调控的目标体系，并且提出增加就业而非充分就业，因此，增加就业是当前政府管理工作的重要目标。如就业问题得不到很好的解决，将会困扰着我国百姓生活与政府工作。因此，明确目前政府职能重心，理顺政府职能与就业的关系是相当重要的。

1. 强化政府促进就业的职能，把扩大就业作为政府的重要职责

目前，劳动力市场建设严重滞后，不能适应经济社会发展和扩大就业的需要，必须加快机构改革和就业体制改革，理顺部门职责，防止职能交叉，打破劳动力市场建设中的部门利益矛盾格局，扫清政府中促进就业的体制性障碍。

2. 加强失业预警机制建设

预警是可能发生社会危机之前的警告，预警机制是防止发生社会危机所采取的非常正常的措施。失业预警主要是借助能够敏感反映未来失业变动的警告指标，并对其进行数学处理分析，根据其结果对失业领域中即将出现的不平衡状态事先发出警告，以便及时采取措施控制失业的发展。现阶段的中国，进行失业预警具有十分重要的意义。

失业预警机制可以有效提高就业政策的及时性和针对性，政府应该从两个方面加强失业预警机制建设：一是确定失业警戒线并按照实际情况做出适时调整。适时调整机制可以有效防止对一些政策的制定产生误导。二是建立并完善失业动态监测系统。对重点行业、重点企业岗位流失情况实施动态监测，及时制定应对规模失业的预案。加强失业保险金发放工作，对符合条件的失业人员及时足额发放失业保险金，切实保障失业人员基本生活。到"十三五"期末，这一预警机制应该全面完成。

3. 健全公共就业服务机制

公共就业服务机制对于促进就业具有极其重要的意义，目前，中央和各省市对就业问题高度重视，但一些市县关注的中心还是经济发展，对就业问题的认识和重视程度不够，更谈不上对公共就业服务体系的建设了。

政府应该从三个方面健全公共就业服务机制：一是加大政策力度，理顺权责机制。各级政府进一步实施多样化的促进就业政策，进一步理顺权责机制，将扩大就业岗位的数量和再就业成功率等指标作为考核依据，落实到各个部门。对就业投入应纳入公共财政支出框架之中。二是健全劳动力市场监管机制。加强对人力资源市场的监管，杜绝各类欺诈行为，让企业拥有良好的招聘环境，让劳动者拥有良好的求职环境，切实维护市场各类主体的合法权益。三是利用现代化信息技术提高就业服务水平，以帮助失业人员尽快找到合适的工作岗位。比如，美国联邦劳动部提出，企业、求职者、公共和民间职业介绍机构要共同努力，构筑利用网络使求职者通过网络直接获取劳动力市场招工信息。

4. 教育体制改革，调整人才培养结构

目前我国的就业矛盾不仅表现在总量上，还表现在就业的结构性问题上。在大学生群体里这个问题尤为突出，教育体制、专业设置等方面与市场需求不匹配。如有些专业的人才过剩导致这一专业的学生就业困难，而某些专业如软件人才短缺，企业招不到合适的人才；在职业教育或是中

专、技校的教育中，由于忽视了职业技术教育导致蓝领阶层技术工人严重不足。因此，在对人才的教育结构上，应与社会经济发展协调一致，根据其需求来调整，缓解目前人才培养结构与市场需求相脱节的矛盾。

5. 进一步充实扩大就业的财税政策

扩大内需是防止经济萎缩和增长下降、就业减少的重要途径，而增加就业也是扩大内需的重要途径。通过合理的财税政策，可以有效调节社会总需求与总供给，从而保持经济稳定的增长，创造更多的工作岗位，保证对劳动力的需求。在当前经济危机的情况下，我国应通过扩大国债规模、增税、增加转移支付、扩大政府购买性支出等方式刺激国内投资需求和居民消费需求。"十二五"期末，国际经济形势将出现好转，但很难恢复到危机前的水平，这些财税政策应该继续使用。"十三五"期间，如果没有其他突发性事件，国际经济形势将会进一步好转，但是考虑到中国经济的可持续发展，扩大国内居民消费需求仍将是一个重要任务，其中转移支付特别是利用社会保障实现的转移支付是最为重要的政策。

（二）大力发展经济

经济增长和充分就业是我国宏观经济政策的主要目标。改革开放以来，我国经济迅猛增长，与之相对应的是我国的越来越严重的失业问题。全国城镇失业人口，加上农村剩余劳动力，我国的失业人口已数以亿计。这在世界范围内是绝无仅有的。在我国的经济转轨过程中，经济增长方式的转变将会对就业产生一定的影响，如何正确认识经济增长方式与就业之间的关系，并在此基础上，实现二者的协调发展，对中国未来的经济发展和就业工作都具有重要的意义。

1. 发展经济，扩大经济对劳动力的吸纳能力

就业问题是一个非常复杂的社会经济问题，从根本上说，解决就业问题的根本出路在于发展经济。经济增长是扩大就业容量的基础，而就业的增加也会进一步推动经济增长，二者是相辅相成的关系。发展经济，保持经济的持续稳定增长和发展，扩大产业规模是增加就业的基本条件。一方面，要求政府必须坚持经济发展与就业促进的良性互动，不能片面地注重GDP 增长率而忽视劳动者的就业率。另一方面，经济的高速发展并不等于就能实现充分就业。美国、日本等发达国家在发展中仍然面临着严重的失业问题。这说明，在注重经济发展速度的前提下要高度重视经济发展质量的有效提高，只有这样才能有效地扩大就业规模和提高就业质量。从发

展中国家的情况来看,要不断改善和提高就业质量,就需要进一步调整和优化经济结构,主要是调整所有制结构、地区结构、产业结构,也就是大力发展民营经济,促进落后地区经济发展,发展劳动密集型产业和第三产业,提高就业的结构效率。

2. 加快产业结构升级,大力发展第三产业

根据中国国情,要有效解决中国的就业问题,必须将发展经济、推进结构调整与促进就业结合,努力缓解经济发展中的瓶颈制约;加快发展第三产业和非公有制经济,并将其作为扩大就业、优化产业结构、提高国民经济整体效益和促进经济社会协调发展的重大举措,积极创造有利于服务业和非公有制经济加快发展的政策和体制环境,使其比重不断上升,作用更加突出。我国作为一个发展中国家,相对于发达国家的第三产业就业比重,还存在一定的差距,这种差距足以说明我国第三产业在解决就业问题上存在很大的发展空间。因此,发展第三产业是解决中国就业问题的一个重要手段。

关于积极提升第三产业在劳动就业中的贡献的具体措施有:调整第三产业的内部结构,大力发展就业弹性高的房地产、金融保险、信息咨询、科技开发、旅游、环保等新兴产业;充分发挥第三产业中的社区服务业、商业在吸纳劳动力就业方面的优势;加强第二产业与第三产业的联动效应,发挥第二产业对第三产业的带动和促进作用。

3. 大力发展中小企业以增加就业

经济发展新阶段要求加快中小企业的发展速度,发展中小企业是解决就业问题的重要渠道。2005 年的调查显示,每年新增加就业人员中的 70% 是由民营企业吸收的,[1] 这一数据足以证实应大力发展中小企业以应对严峻的就业问题。推进中小企业发展的措施可以考虑采取以下措施:第一,根据发达国家的经验,严格的法律法规体系是中小企业规范、健康发展的基本保障。因此我国应制定相应法律法规,保护和规范中小企业的经营与发展。第二,放宽企业准入机制,降低中小企业开业和进入的门槛。同时政府有责任规范大企业的经营行为,限制一些不应有的垄断,打击各种侵权行为,促进公平竞争,为中小企业发展创造良好的市场环境。

---

[1] 厉以宁:《谈我国经济社会可持续发展的四大问题》,载《江南论坛》2008 年第 1 期。

(三) 完善劳动力市场

中国是世界上劳动力资源最丰富的国家，劳动力数量能否转化成经济优势和人力资源优势的关键在于能否通过劳动力市场的作用，充分利用这些潜在的劳动力资源。因此，培育和发展劳动力市场，是社会主义经济的宏观要求，也是完善社会主义市场体系的迫切需要。

1. 培育发展劳动力市场

（1）确立新的劳动力市场政策目标。首先，劳动力市场政策不能只是一种支持性政策，应该是一种重要的经济政策。国家在制定相关经济政策和劳动政策时，应将此作为出发点，摆正各项政策的位置，加强政策的协调与配套。其次，要重视采取积极的劳动力市场政策，政府要适当追加投入预算，并保证其落实到位。再次，随着市场经济的发展，劳动力市场政策应逐步趋向于不直接干预市场主体行为。

（2）强化信息工作，搞好信息网络建设。信息网络建设是劳动力市场建设的首要任务。现阶段要以城市为中心，坚持统一规划，统一标准，网络互联，资源共享，分级使用，分步实施，加快信息网的建设。尽快建立起社会化、高效率的就业信息网络成为中国最重要的就业援助政策之一。这一政策在促进就业岗位与劳动力相互优化配置、降低劳动力寻找就业岗位的过程成本、使劳动力对就业形势及自身就业地位有更充分估计等方面的作用是其他政策无可比拟的。

（3）完善保障制度，卸除劳动力流动的体制性包袱。从根本上说，加速劳动力流动，特别是加速城市劳动力跨地区、跨所有制流动，是缓解劳动力供求失衡的重要途径。当前中国城市劳动力流动最主要的壁垒就是社会保障体系的不完善。由于在医疗、养老、失业救济等诸多方面仍存在着后顾之忧，有流动要求的劳动力难以卸下体制性的包袱。这一难题的解决不可能仅依靠竞争等市场方式，因而必定需要政府发挥作用。尽快完善社会保障制度，是推进劳动力市场建设的必要工作之一。

2. 完善公共就业服务体系

（1）建立市场导向的就业机制。市场机制在劳动力资源配置中已经发挥出基础性的作用，我国政府应积极发展和培育劳动力市场，逐步确立劳动者作为劳动力市场的供给主体，企业作为提供职位、岗位的用人主体。同时，协调推进与用人制度相关的住房制度、户籍改革制度和社会保障制度，使劳动力市场的客观环境明显改善。

（2）完善服务体系，健全管理制度。要扩展市场服务的范围，不仅要提供基本的职业介绍服务，还要提供职业培训、职业指导、代办社会保险、代管档案、组织劳务等多方位多项目的服务。同时运用计算机网络和现代化技术、方法，完善服务手段，提高服务质量和效率。劳动力市场的管理制度包括劳动者自身的管理、用人单位的管理和对职业中介机构的管理等多项管理制度，我们要抓紧形成一整套规范市场行为的制度，保证劳动力市场的统一和有序运作，促进市场健康发展。

当前，要加强对职业中介的管理。一是对各种违规职业中介机构和中介行为，要坚决打击。二是要加快建立健全市场运行的各种规则，加大宣传力度，提高劳动者对非法职业中介机构的甄别能力，提高自我保护意识。三是要树立公共职业介绍机构的良好形象和权威，以便引导其他的职业介绍机构规范发展。

（四）提高劳动者的综合素质、更新就业观念

当今世界，科学技术的进步，国家的经济发展，以致整个社会的文明进步，从很大程度上讲，都取决于人力资本的提高。从就业的角度来说，劳动者就是就业主体，劳动者综合素质的高低是其获得就业机会的前提条件，其中劳动者受教育的程度和专业技术水平又是劳动力素质的主要体现。因此要想促进就业必须提高劳动力的综合素质。

1. 发展教育和强化技能培训，增强劳动者的就业竞争能力和职业转换能力

从失业者的技能来看，一般的失业者都是缺乏技能的劳动力，无技能、低技能或者已有技能被淘汰是失业的直接原因。对于中国来说，大力发展教育和强化技能培训，增强劳动者的就业竞争能力和职业转换能力是解决就业问题的现实选择。第一，要大力发展教育，增强劳动者的就业竞争能力。我国的重点在广大农村。要在抓好农村九年制义务教育基础上，扩大社会办学的范围，积极发展电视教育、职业教育和函授教育等多样化的继续教育项目，形成规模化的商业教育服务体系。第二，对失业人员进行各类职业培训，提高他们的劳动技能，把他们推向新的就业岗位。第三，建立各种职业介绍机构和培训机构，为劳动力的供求双方提供信息。第四，劳动者个人要增强就业竞争能力和自主创业能力。

2. 更新就业观念，克服就业和再就业的思想阻碍

随着经济结构和产业结构的调整，中国就业形势日趋严重，这就要求

政府不仅要改革和创新正式的就业制度,还要加快非正式就业制度的创新,引导劳动者树立新时期的就业观念,以利于正确择业和实现就业、减少失业。加快就业观念更新的途径主要有:第一,引导劳动者树立自主择业和积极创业的新观念;第二,消除劳动者在择业时对"所有制"的偏见;第三,消除劳动者在择业时的行业偏见;第四,消除劳动者对就业形式的偏见;第五,改变劳动者对就业地域的过分偏好。

四 解决就业困难对当前政府公共管理的启示

公共管理,它是以政府为核心的公共部门整合社会的各种力量,广泛运用政治的、经济的、管理的、法律的方法,强化政府的治理能力,提升政府绩效和公共服务品质,从而实现公共的福祉与公共利益。朱镕基同志曾把我国政府的职能概括为十六个字:"经济调节、市场监管、社会管理、公共服务。"[1] 政府面临诸多需要回应或做出艰难选择的问题,而就业已成为最突出的问题之一。因此,明确政府就业战略选择和政府对劳动者应承担的公共管理责任,构建一个可以长期承受高失业率负荷的社会运行系统和缓释机制就显得尤为重要。

(一) 增加就业

作为公共管理的一部分,宏观调控是一项复杂艰巨的工作。党的"十六大"报告首次将就业问题明确纳入宏观调控的目标体系,并且提出增加就业而非充分就业。鉴于此,增加就业就是当前公共管理在就业层面上的目标。

就业是民生之本,解决就业问题既是当务之急也是一项长期任务。我国劳动力长期处于供大于求的状态,而由于我国正处于经济体制改革和经济战略性调整期,不可避免地带来一定数量的体制性、结构性失业,加上我国二元经济结构非常典型,数以亿计的农村剩余劳动力亟须就业,总体就业矛盾凸显。我国经济增长与就业的弹性系数一度高达0.8,现在不到0.2。千方百计扩大就业是确保人民安居乐业和社会稳定的需要。但现阶段我们还不能做到西方经济学所谓的充分就业,不可生搬硬套西方经济学中的充分就业,要通过拉动内需,创造就业岗位,开拓就业市场,挖掘就业潜力,完善社保机制,努力增加就业特别是再就业,把失业率控制在可

---

[1] 陈蔚涛:《提高政府公共管理效能刍议》,载《企业家天地》2006年第3期。

承受的范围内。①

(二)公平就业

政府管理在以增加就业作为目标的同时,还应确保公平就业。

虽然我国关于就业平等权建立了从宪法到基本法、行政法规、部门规章等一系列较为完备的法律体系,但目前现实中就业歧视现象仍然比较严重,反对就业歧视、促进公平就业的现状不容乐观。由于我国人口资源丰富,劳动力十分充足,市场上的供给远大于需求,就业机会和就业岗位成为稀缺资源。一些用人单位凭借其在市场上处于主动和优势地位,无限的扩大用人自主权,随心所欲的制定用人规则,任意抬高劳动者的就业门槛,造成了就业歧视的现象。同时,法律规定缺乏相应的具体措施,成为就业歧视现象存在的温床,特别是对发生就业歧视争议后的法律救济途径缺乏规定,使得平等就业权成为无法获得法律保障的权利,致使受就业歧视侵害的劳动者权利难以得到有效保护。从经济学角度看,就业歧视是一种不合理且带有偏见的资源配置行为,会损害劳动者的工作机会和就业权利;而从社会学角度看,就业歧视会使弱势群体进一步陷入困境,从而酿成社会不稳定性因素。因此,就业不能承受歧视之重。

在现实劳动力供大于求的情况下,用人单位依靠其优势地位毫无道理、肆无忌惮的对求职者提出各种苛刻条件,甚至有些与工作性质毫无关系,诸如,性别、年龄、身高都可以作为拒绝求职者的借口。当前社会上随处可见的招聘广告几乎任何一种职业均要求30岁以下、25岁以下甚至更小。除了以上提到的对性别、年龄、身高要求外,还有对户籍地域的限制,对学历不必要的过高规定,乃至对五官长相的种种苛求等。

面临着激烈的劳动力市场竞争,必然有竞争中的失败者。而农民工又是就业中的弱势群体,为了减少其就业的不稳定风险,就需要政府通过各种方式打破就业壁垒,创造更多的工作机会。因此,打破城乡分割,取消对农民工进城就业的种种限制性规定,千方百计的将农民工纳入城市建设和管理体系,既是促进农民工就业的现实需要,也是城市发展的必然要求。目前,我国政府已经出台了相关的政策文件,在今后的工作中应加大工作力度,将具体的政策规定落实到位,给农民工一个公平的就业环境。

---

① 张抗私:《就业问题:理论与实际研究》,社会科学文献出版社2007年版。

（三）就业服务

我国的就业服务自 20 世纪 70 年代末改革开放之初起步，伴随着市场经济体制改革深化和劳动力市场的培育、发展而不断完善。总体来看，经历了三个发展阶段。第一阶段：就业服务初创阶段（20 世纪 80 年代）；第二阶段：就业服务体系逐步成型阶段（20 世纪 90 年代）；第三阶段：公共就业服务制度建立健全阶段（20 世纪 90 年代末以来）。随着公共就业服务制度的正式建立，公共就业服务组织体系逐步完善。2007 年 8 月出台的《促进就业法》，第一次在法律层面上对政府发展公共就业服务做出规定，标志着我国公共就业服务制度框架基本确立。[①]

为增加就业，同时促进公平就业，公共管理应有相应的就业服务措施：

1. 扶持弱势群体

市场就业的主流是竞争就业，但在竞争就业过程中，必然会产生一些就业困难的弱势群体，他们很少有机会被企业招用，而自谋职业又缺乏条件。他们是家庭负担最重、生活最困难的一个群体。因此，为避免他们被市场就业淘汰或边缘化，就需要政府的帮助。确定不同的就业服务项目，平衡扶持市场竞争中的弱势群体。针对不同地区、不同人群、不同主题，政府提供不同的就业服务项目，主要目的是以公平为基准，平衡市场竞争中的各方，增强弱势群体的力量，帮助他们获取更多、更均等的就业机会。

在这方面，澳大利亚的经验值得借鉴。他们为 45 岁以上群体和 15—24 岁缺乏工作经验群体，这两个失业率较高的失业群体推出了就业服务项目，包括职业介绍、职业指导等服务。

我国可以根据我国国情，为失业率高、难就业的群体建立系统的培训体系。比如农民工群体，他们自身综合素质较低，从根本上决定了他们就业去向是那些劳动强度较大，工资和劳动保障待遇较低的"粗、低"的岗位。因此应加大对农民工的培训。首先，应统筹社会教育资源，逐步完善劳务培训网络，做好劳务培训基地的建设。首先是发挥职业技术学校、各乡镇成人教育学校在培训方面的基础性作用，同时也鼓励企业开展对农民工技能的培训，支持各类社会教育机构对农村劳务输出者的技能培训。

---

① 张小建：《中国就业的改革发展》，中国劳动社会保障出版社 2008 年版。

逐步形成一个多渠道、多途径、多专业、多形式的农民劳动技能培训格局。在培训内容上，除了进行基本素质培训还要有专业技能的培训，专业技能的培训需要结合市场需求，劳务培训合格后发放上岗证书，使培训真正收到良好的效果。

我国幅员辽阔，地区发展差异很大，人口众多，各个年龄段的素质良莠不齐，因此政府管理在就业培训方面完全可以借鉴澳大利亚的相关经验，制定出适合我国国情的方案，然后加以推广。

2. 完善服务机制

就业服务是人力资源市场的载体，连接劳动者和用人单位，满足双方的需求，直接为促进就业服务。国际劳工组织把就业服务看作是组织劳动力实现和维持充分就业的最佳方式。我国开展就业服务工作的历史可以追溯到20世纪80年代初的劳务服务公司。1993年的再就业工程、1998年的国有企业下岗职工基本生活保障和再就业制度，都把就业服务作为促进下岗职工再就业的重要手段。自2002年以来，随着积极就业政策的不断完善和落实，以公共就业服务为主体的就业服务体系和手段逐步加强，对职业中介机构和人力资源市场的管理服务也更加规范，对促进就业发挥了重要作用。[①]

（1）强化公共就业服务体系建设。公共就业服务是政府出资、向劳动者提供的公益性就业服务。发展公共就业服务是国际通行的做法。根据国际劳工公约的规定，人们在失业时，有权从政府获得援助，各国都应建立一个公共的、免费的职业介绍的全国体系。在我国，就业服务从诞生之时起就具有公共就业服务的性质，随着积极就业政策的完善和实施，公共就业服务取得长足发展。

青年就业问题是各国密切关注的宏观经济和民生问题，政府对高校毕业生的就业问题十分关注。高等学校的就业服务在促进就业方面的积极作用应继续发挥，同时要进一步的完善高校毕业生就业服务体系，不断提高服务的效率和质量。积极组织针对高校毕业生的各类专场招聘会，提供准确、及时的实习岗位和职位需求信息，为在校大学生提供就业辅导和个性化的职业生涯规划。此外，政府积极构建人力资源信息网络，并加强相关设施的建设，为毕业生提供职位供求信息；评价和监督各类职业培训机构

---

① 张小建：《中国就业的改革发展》，中国劳动社会保障出版社2008年版。

和职业中介机构,提供良好的职业服务体系。支持对高校毕业生就业状况的研究和统计调查,并通过官方网络或其他渠道公布统计结果,为毕业生提供就业决策信息。

另一方面,将健全公共就业服务体系上升为法律。西方国家市场经济实践的基本经验表明:单纯地依靠市场配置会产生劳动力市场失灵。劳动力市场的正常运行需要国家的干预,这是一种客观需要。首先,从法制管理的角度讲,应完善劳动力市场的立法,其中包括促进就业法、劳动法、劳动者权益保护法、劳动安全法等,使劳动力市场的法律体系更加完善;其次,要实行长期稳定的就业政策,就业政策要与其他经济政策相互协调、综合配套,尽可能降低失业率,以实现充分就业。[①]

(2)促进人力资源市场健康发展。加强就业管理,特别是规范人力资源市场秩序,是做好就业工作的重要内容。积极的就业政策规定,深化劳动力市场制度改革,打破城乡、地区的分割。规范劳动力市场秩序,切实维护城乡劳动者合法权益。劳动力市场应定期开展整顿清理工作,监管各类职业介绍中介行为,规范劳动者求职、用人单位招工的中介行为,对于违法乱纪的现象严厉打击。同时充实劳动保障执法监察工作的队伍,加大执法监察力度,严格禁止用人单位工作超时、故意拖欠工资、不签订劳动合同、不按照规定参加社会保险并履行缴费义务等突出问题。

3. 健全制度

完善健全各种配套制度(如户籍制度),加快有关公平就业的立法,从根本上减少就业歧视,这也是就业服务中不可缺少的两项。国家出台的规章和地方出台的规章应一脉相承,中央政府和地方政府要协调一致,同时各地政府之间的规章应相互衔接而不是相左。国家出台关于公平就业的立法,各地方再根据本地区的实际情况颁布更符合本地经济发展、就业的相关章程。这些都是为公共管理提供完善就业服务的基础。

五 未来就业问题的发展态势

到2020年,我国将面临全面建设小康社会、建设和谐社会的大背景,

[①] 董玉梅:《转型期大学生的选择性失业与就业分析》,载《西安邮电学院学报》2006年第7期。

因此，解决好广大人民群众的就业问题至关重要。促进就业关系到亿万劳动者及其家庭的切身利益，是社会和谐发展、长治久安的重要基础，是安国之策。为此，十六大第一次正式提出了中国特色充分就业的目标，并把它确定为小康社会的一个重要指标，十七大又在现有的工作基础上，提出了实现社会就业更加充分的新要求。这一目标的提出，是坚持以人为本，落实科学发展观，实现社会经济全面协调可持续发展、保持社会和谐稳定的具体表现，它指明了就业工作努力奋斗的方向。

（一）经济全球化与就业

20世纪80年代末90年代初以来加速发展的经济全球化是不以人的意志为转移的历史过程。无论发达国家还是发展中国家都已经被卷入这一历史洪流之中。在21世纪，大多数国家把经济全球化当作历史发展机遇，积极融入国际市场，以期加快经济发展。经济发展的最终目标是增进本国居民的福祉，而一国居民的最大福祉就是能够安居乐业。因此，分析经济全球化对一国的就业影响是非常必要的。

经济全球化主要通过贸易自由化、跨国公司投资、产业结构升级、金融全球化、市场经济体制改革、劳动力市场发育等途径对一国的就业量、就业率、就业结构产生影响。"保增长、保民生、促就业、保稳定"，有效化解国际金融经济危机条件下的失业高峰成为中国政府、企业、社会以及劳动者个人共同面临的首要任务。

中国劳动力资源丰富，国内对于劳动力需求相对有限，供大于求的缺口长期存在。在这种情况下，中国大量的劳动力应当到国际上去寻找劳务市场。王诚认为应积极发展外向型经济，在"引进来"的同时"走出去"，增加海外就业规模。特别是在"走出去"战略中要将对外投资与带动劳动力输出结合起来，使中国劳动力大量进入国际市场就业。通过逐步占领西方国家在发展新经济过程中相对衰落的产业退出来的市场，为中国的资源创造财富开辟更为广阔的渠道，帮助解决中国所面临的富余人员过多和失业率高的问题。[1] 要进一步打开劳务输出的大门，就要不断提高对劳务输出工作的认识，借鉴国际上劳务输出的经验，在实际工作中不断探索。第一，制定和完善劳务输出的法规；第二，建立统一、规范的管理体制；第三，建立和完善劳务输出政策和服务体系。

---

[1] 王诚：《新经济、就业机制变化与中国对策》，载《中国人口科学》2001年第1期。

(二) 人口变动与就业

进入 21 世纪，我国平均每年新增人口超过 800 万人，而同期劳动年龄（15—64 岁）人口则每年新增超过 1200 万人。2010 年以后，我国将面临人口的加速老化，劳动力供给减少。人口政策是一项长效政策，对未来劳动力市场的影响至少要到 15 年后才能体现出来。在我国的经济发展尚处于较低水平的时候，人口老龄化比率剧增有可能对未来就业市场乃至社会经济发展产生更大的负面影响，这就要求人口政策提前做出回应和判断。齐明珠利用 2005 年 1% 人口抽样和 2000 年人口普查数据，通过人口未来发展的趋势分析我国劳动力资源的状况和变动趋势。研究结果表明，我国 2010—2050 年人口和劳动力供给市场将有如下特点：

第一，劳动年龄人口峰值将出现在"十二五"期间。预测结果表明，2013 年我国劳动年龄人口将达到峰值 9.83 亿元，随后开始逐步下降，到 2050 年劳动年龄人口将下降到 7.57 亿元。

第二，劳动年龄人口占总人口比例将快速下降。从劳动年龄人口占总人口的比例看，同样在"十二五"期间达到峰值 73%，2015 年之后开始快速下降，至 2022 年下降到 68.38%，2022 年至 2027 年之间，劳动年龄人口比例比较平稳，2027 年为 67.80%，但是此后 10 年劳动年龄人口比例快速下降，到 2037 年该比例下降到 63.22%，此后下降速度趋缓，直至趋于稳定，到 2050 年，劳动年龄人口比例为 61.79%。

第三，劳动力结构将面临严重的老化。根据预测，15—24 岁年轻劳动年龄人口供给在经历短暂的上升后，到 2011 年将达峰值 2.21 亿人，随后开始快速下降，到 2023 年下降到 1.45 亿人，之后直到 2037 年之间处于平稳时期，期间有所上升，但到 2040 年该年龄段人口会再度回落到 1.45 亿人，之后又开始了新一轮的快速下降，到 2050 年只有 1.11 亿人。对于 25—44 岁中青年劳动人口的变化情况，据预测，该年龄段劳动力也会呈现明显的下降趋势，这种下降在 2006 年至 2011 年之间是非常明显的，从 2006 年的 4.42 亿人下降到 2012 年的 3.96 亿人。之后直到 2031 年，下降是比较缓慢的，到 2031 年 25—44 岁中青年劳动年龄人口数为 3.66 亿人，但此后，开始迅速下降，到 2050 年下降到 2.94 亿人。

第四，劳动参与率，尤其是年轻组劳动参与率呈现下降趋势。比较

2000年人口普查和2005年1%人口抽样调查的数据，已经可以看出劳动参与率下降的趋势，尤其是年轻组劳动参与率下降最为迅速。15—24岁组劳动参与率从2000年的69.72%下降2005年的56.04%。随着人口平均受教育年限的提高，15—24岁人口的劳动参与率仍有较大下降空间，预计到2020年该年龄组劳动参与率下降到45%，而2020年之后下降趋缓，最终稳定在40%的水平；25—44岁的劳动参与率在2000年为93.90%，到2005年为93.59%，稳定保持在高位；45—64岁劳动年龄人口的劳动参与率在2000—2005年间略有下降。[1]

第五，年轻组劳动参与率的下降进一步加剧了劳动力的老化。劳动力供给总趋势与劳动年龄人口的变化趋势是基本一致的，只是15—24岁年轻劳动年龄人口由于劳动参与率下降的比较迅速，所以导致其供给量的更快下降，这也预示着我国将面临更为严峻的劳动力老化问题。

（三）知识经济与就业

20世纪末兴起的知识经济迅速席卷了全球，直接导致人类走进了知识经济时代。作为一种新的经济形态，知识经济与自然经济、工业经济有着明显的区别。具体表现在就业方面，知识经济的出现对劳动力素质、就业形势、就业结构、就业等都产生了很大的影响。

虽然知识经济在中国的发展还只处于萌芽的阶段，然而其对中国就业的影响已经日益凸显，知识经济的发展还会增加中国的就业总量。有统计数据表明，高新技术开发区内部就业人员每增加1人，将拉动园区外增加5个就业岗位。知识经济的发展对中国产业发展和结构调整产生了很大的影响，进而通过产业结构调整影响了就业结构。具体来看，这种影响表现为第一产业的就业比重持续减少；第二产业内部相关行业就业结构会有调整，但是就业总量仍然有所增加；第三产业面临前所未有的发展机遇，就业机会将大大增加。杨艳林认为在知识经济的推动下，中国就业变化趋势主要表现在：就业重心进一步向第三产业和非国有经济转移；就业压力的区域分布将向均衡方向发展；基于知识经济和技能型的收入差距趋于扩大，并引起工资水平和消费行为的变化；自主创新和教育事业的发展将为

---

[1] 齐明珠：《我国未来人口发展与就业趋势分析》，载《中国人力资源开发》2010年第12期。

知识经济条件下扩大就业和提高就业质量提供有利条件。①

因此，中国要加快技术进步的步伐，不断进行自主创新，努力发展高技术和实用技术，促进高技术产业化，用高技术改造传统产业，促进产业结构调整和优化升级，以此促进就业规模的扩大和就业结构的改善以及就业质量的提高。

（四）正视中国就业的新挑战

1. 劳动力供大于求的基本格局长期存在

我国人口与劳动力资源十分丰富，劳动力供大于求的状况将长期存在。16—60 岁劳动年龄人口将于 2014 年达到 9.3 亿人的高峰，并将长期保持在这样一个极高的水平。今后几年，每年新成长劳动力约 1000 多万人，失业人员 800 多万人，国有企业下岗职工 600 多万人，城镇每年需安排就业的人数将保持在 2400 万人左右。按照经济增长率 8% 和现有经济增长对就业的拉动能力计算，每年新增就业岗位数约为 800 万个，加上自然减员腾出的岗位，城镇就业岗位约 1100 万个，劳动力供大于求的缺口在 1300 万人左右，城镇登记失业率约为 5%。②

2. 就业的结构性矛盾越来越突出

就业的结构性矛盾不同时期有不同的表现，当前主要表现为劳动者素质不适应岗位的需要以及第三产业吸纳的从业人员比重偏低。一方面，伴随着经济发展和经济增长方式的转变，对劳动者素质的要求逐渐增高。然而，我国 13 亿人口的现实给人口素质的提高带来了巨大的困难，国力不足使教育水平还比较低，这在很大程度上制约了劳动者素质的提高。另外，我国高校专业的设置不够合理，与社会需求存在脱节，劳动者的素质不能适应经济发展的要求，致使许多高技术行业人才短缺，一些现代制造业、服务业所需的专业技术人员供不应求，特别是技师、高级技师这类人才存在很大的需求缺口。另一方面，大量低技术职业的岗位，求职人数已远远超过需求人数。

就业的结构性矛盾在我国当前的另一个表现是第三产业的就业人员比重偏低。2005 年在三次产业中所占的比重发达国家是 75% 左右，而我国

---

① 杨艳林、娄飞鹏：《中国经济发展中的就业问题》，山东人民出版社 2009 年版，第 373—374 页。

② 张小建：《中国就业的改革发展》，中国劳动社会保障出版社 2008 年版。

是31.4%，甚至低于发展中国家40%左右的水平。第三产业就业比重偏低，意味着对增加就业岗位的贡献就少。

3. 不同来源的劳动力"三碰头"导致就业矛盾更加突出

一是城镇新成长劳动力初次就业人数持续处于高峰状态，特别是缺乏工作经验的大学生群体。二是农村劳动力转移就业问题和被征地农民就业压力依然很大。随着城镇化进程的不断推进，一大批被征地的农民也需要解决好转移就业和社会保障等问题。三是体制转轨时期遗留的国有、集体企业下岗失业人员再就业问题尚未全部解决，国有企业重组改制和关闭破产过程中职工分流安置的任务依然繁重。

结　论

对于中国是否已经陷入这一陷阱，众说纷纭。当前和今后一段时间内，中国经济无疑还会增长，但是能否实现"中等收入转型"，顺利迈进高收入国家行列，关键是要看其经济结构特别是需求结构、产业结构能否顺利实现调整和升级。调整需求结构，推动产业升级是全民共识，但原有体制、政策和社会的惯性方向，对调整需求结构，产业升级形成了极大的掣肘，恐难以跨过"中等收入陷阱"。

我国由于劳动人口基数大、增长快，劳动力供大于求的矛盾十分突出。解决就业问题的任务极为繁重、艰巨和紧迫，就业问题不仅是我国一个重大的社会经济问题，也是会影响到社会安定团结的一个重要因素。就业问题如不能正确应对，难以真正构建"和谐社会"。所以不管从理论研究需要，还是从社会现实意义而言，有必要尽可能地解决不同人群的就业问题，"对症下药"，成功跨越"中等收入陷阱"。

第五章　促进经济持续发展的公共政策选择

改革开放以来，中国经济和社会发展取得了巨大成就，中国的经济实力得到了大幅度提升。2001年中国人均GDP超过1000美元，按照国际上通行的标准，中国摘掉了"低收入"的帽子，进入"中低收入"国家的行列。此后，中国用了9年的时间，人均GDP翻了两番半，2010年已达4400美元，[①]而第六次人口普查数据显示了中国人口结构的变化，这也引发了对于中国经济比较优势的大讨论。社会公众对于中国经济的未来表示担忧，这不再局限于对经济周期短期波动的担忧，而着眼于对中国经济趋势根本性扭转的忧虑。中国现已步入矛盾多发、爬坡上坎的关键时期，面临着经济增长回落或停滞，陷入"中等收入陷阱"考验时期。经济增长回落或停滞是陷入"中等收入陷阱"国家的一个典型表现，也是最主要的问题。经济增长缓慢或陷入停滞是指经济增长缺乏新动力，即使短时间呈现高增长态势，也难以持续增长。一个经济体从中等收入向高收入迈进的过程中，既不能重复又难以摆脱以往由低收入进入中等收入的发展模式，经济快速发展积累的矛盾集中爆发，原有的增长机制和发展模式无法有效应对风险，经济增长容易出现大幅波动或陷入停滞，人均国民收入难以突破10000美元。据世界银行数据显示：阿根廷1963年到2008年间有16年人均GDP为负增长；1990年到2010年，墨西哥GDP有3年出现负增长；泰国人均GDP在1996年就达3000美元，但之后10年仍然徘徊在2000—2500美元，难有新突破；马来西亚1980年人均GDP位列世界84位，而2009年为89位，基本无大变化。

[①] 成思危：《转变经济发展方式 规避"中等收入陷阱"》，载《拉丁美洲研究》2011年第3期。

一 当前我国的经济发展现状及问题

（一）我国经济发展现状

在1978年到2010年的32年间，中国的经济年平均增长9.9%，接近10%。2010年我国的经济总量居全球第二位，GDP为39.8万亿人民币，约合5.879万亿美元，和1978年相比增长了18倍，成为全球第二大经济体。从我国经济发展的总体趋势来看，我国经济始终保持着良好的势头，经济总量不断增大，人民生活水平逐步提高，经济质量逐步优化，发展水平逐渐提高。主要体现在以下几个方面：

1. 经济发展呈现出中国特色

在当前国际经济发展不景气、国内各种矛盾突出、竞争日趋激烈的严峻形势下，我国经济依然保持着良好发展的势头。这主要是因为政府连续几年实施扩大内需、拉动消费的政策方针，实行积极有效的财政货币政策，激活市场生机与活力等。近年来，我国开始实现了由政府与市场共同推动经济增长的发展模式，国际经济发展环境相对稳定使我国有了一个相对平稳的外部环境，为推动我国经济发展注入了新的活力。但是，我们必须清醒地认识到，我国经济发展更多地是依靠结构调整和发展高新技术产业，而高新技术产业对技术含量要求明显提高，对劳动力吸纳能力有限。

2. 市场经济体制进一步健全

近年来，我国社会主义市场经济体制得到了进一步健全和完善，为全面建设小康社会提供了坚强有力的体制保障。当前，我国实行以公有制为主体、多种经济成分并存的经济制度，因而国有经济在经济发展过程中发挥了积极的主导作用，促使我国建立了适应经济发展的现代企业制度。建立充满生机与活力的开放的市场体系，是社会主义市场经济发展的客观要求，也是其得以全面发展的重要保证。我国社会主义市场经济体制虽然得到了一定的完善与发展，但是，也还存在着不足，使得我国的市场垄断等现象依然严重。总的来说，我国的社会主义市场经济体制建立得比较晚，不够健全，仍处在逐渐完善发展的阶段。因此，必须按照统筹发展和对外开放的要求，更大程度地发挥市场在资源配置中的基础性作用，增强市场经济体制的生机与活力，进一步提高其竞争力，促进经济社会持续快速发展。

3. 经济制度不断健全与完善

在社会主义初级阶段,我国实行以公有制为主、其他多种所有制经济为辅的经济制度。建立健全基本经济制度,作为社会主义市场经济体制改革的重要内容,是解放生产力、发展生产力的必然要求,也是推动我国经济社会发展的客观要求。目前,我国始终坚持公有制为主、其他所有制经济并存的经济制度,并继续巩固、发展和完善公有制经济,继续深化国有企业体制改革,积极鼓励,帮助私营、个体、外资等非公有制经济发展,促进了私营、个体、外资经济的快速发展。继续深化垄断行业改革,引入市场竞争机制,形成了平等竞争、互相促进的崭新格局,推动了我国经济持续快速健康发展。

4. 分配制度得到了充分发展

在收入分配制度方面,我国在坚持以按劳分配为主的基础上,各种分配方式均得到了充分发展,这是无可否认的。我国确立了劳动、资本、技术与管理等生产要素参与分配的原则,完善按劳分配为主体、多种分配方式并存的分配制度,坚持效率与公平并重,正确认识、合理有效调节收入差距,进一步扩大中等收入者比重,建立健全社会保障体系。但是,收入差距不断扩大,加重了我国贫富差距程度。我国的多种所有制经济、多种经营方式、市场经济运行的内在机制等,决定了多种分配方式的并存。因此,要建立健全社会主义市场经济体制,就必须遵循客观规律,对资本、劳动力、土地、管理等生产要素都要有正确的评价。[1]

自2011年以来,国际环境复杂多变,尤其进入三季度以后,世界经济发生了一些新的变化,突出的特点就是欧债危机在深化蔓延,美国的主权信用评级被降低,世界金融市场进一步动荡。而且从全球来看,通货膨胀压力进一步加大。从国内来看,中国的经济发展也遇到一些新的情况和问题。在政府经济刺激政策逐步退出后,经济增速自2010年一季度达到高点以来,已经连续6个季度呈现下降趋势。同时,物价上涨的压力不断加大,特别是食品等和人民生活息息相关的消费品价格轮番上涨,极大地削弱了经济增长给我国居民带来的实际经济福利,并且对城乡贫困居民的基本生活造成了严重影响;此外,中小企业经营困难增加,《2011年千户民营企业跟踪调查报告》显示,关于"当前企业经营发展中遇到的最主

---

[1] 侯伟:《我国经济发展的现状与展望》,载《中国商界》2010年第202期。

要困难",民营企业家选择比重最高的两项分别是"人工成本上升"和"能源、原材料成本上升",明显高于资金紧张、不正当竞争、国内需求不足、出口需求不足等其他选项。经济下行风险不断增加,有关中国经济下行风险和能否跨越"中等收入陷阱"等议题成为了学者和官员们研究和关注的焦点。[1]

(二) 经济结构不合理是当前最突出的问题

改革开放30多年来,我国经济持续快速发展,2014年经济总量已位居世界第一位,成为全球具有重要影响的最大新兴经济体和世界工业与制造业大国。但也要看到,我们的发展也付出了很大代价,经济结构不合理的矛盾长期积累,发展不平衡、不协调、不可持续的问题日益凸显,突出表现在需求结构失衡、供给结构不协调、要素利用效率低下、环境损害大、空间布局不够合理等方面。

1. 需求结构失衡

社会总需求由投资、消费和出口组成,投资和消费是拉动经济增长的主要动力。消费需求作为最基本的需求,具有不可替代性,在很大程度上决定了一国经济的增长速度。近年来,在拉动我国经济增长的"三驾马车"中,投资和对外贸易的贡献较大,而国内消费的贡献较小,这种"高投资、低消费"、投资拉动主导型的经济增长模式导致了经济结构内部严重失衡。

多年来,我国经济的对外贸易依存度不断上升,经济增长在较大程度上依赖国际市场。据测算,我国的资本形成率由20世纪80年代初的32%左右上升到2009年的46.8%,最终消费率则由同期的67%左右下降到48.6%。[2] 图5-1显示了1997—2009年我国城乡固定资产投资占GDP的比重。由图5-1可见,我国固定资产投资占GDP的比重不断上升,从1997年的32%增长到2009年的66%,表现出典型的投资拉动型增长。我国作为一个大国,长期主要依赖投资、外需拉动经济增长,会加大经济的不稳定性,不利于国民经济良性循环。

与投资相比,消费对我国经济增长的拉动作用较小,明显存在着消费

---

[1] 滕永乐:《从中等收入陷阱看中国经济面临的挑战》,载《中共南京市委党校学报》2011年第6期。

[2] 李克强:《关于调整经济结构促进持续发展的几个问题》,载《求是》2010年第11期。

不足的现象。图 5-2 显示了 G20 国家私人消费占 GDP 的比重,从横向看,中国消费对 GDP 的贡献率只达 36%,是这 20 个国家和地区中最低的,甚至低于印度和南非。美国等发达国家消费对 GDP 的贡献率高达 71%,拉丁美洲国家消费占 GDP 比重都在 60% 左右。从纵向看,中国消费对 GDP 的贡献率从 2000 年的 46% 下降到 2008 年的 35%,8 年间下降了 11 个百分点。由此可以看出,我国国内消费处在一个低迷的状态。

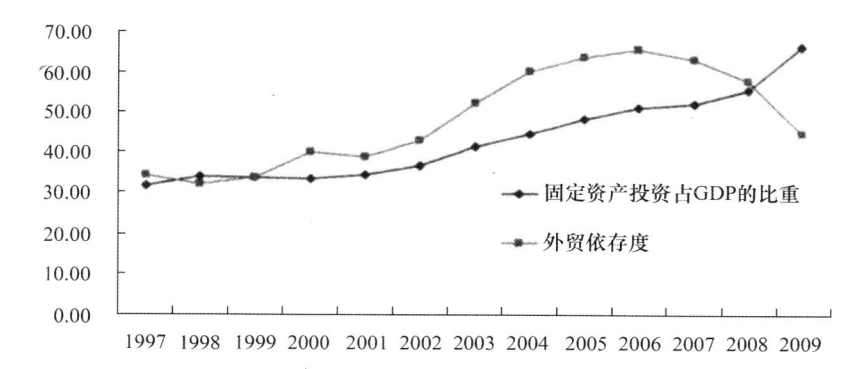

图 5-1 1997—2009 年我国固定产投资占 GDP 的比重与外贸依存度① (%)

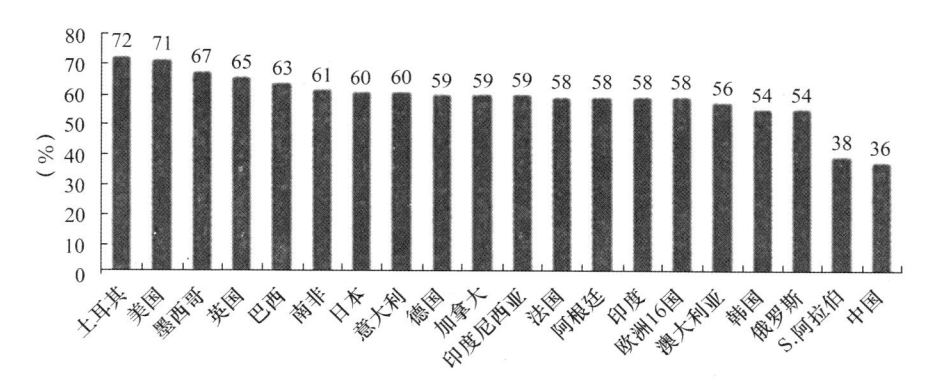

图 5-2 G20 国家私人消费占 GDP 比重 (2009 年)

数据来源:《中国统计年鉴》(2010)。

---

① 外贸易依存度是指一国进口与出口收入之和占 GDP 的比重,表示一国经济对国外市场的依赖程度。

先从需求结构看，扩大内需特别是提高消费在国内生产总值中的比重，关键是要大幅度提高城乡居民特别是中低收入者的收入水平，培育和构建中等收入群体，以此形成"消费型社会"。这就要求必须调整国民收入分配结构，降低政府、企业和高收入者在国民收入结构中的比重，不断提高中低收入者的比重。但是，多年来我国的国民收入分配结构出现了不利于中等收入群体（中产阶级）成长、不利于扩大消费的逆向调节。

在政府、企业和居民三大收入主体结构中，国民收入在不断向政府和企业倾斜，而城乡居民在国民收入分配中的比重连续下降。从 1995 到 2008 年，考虑到非预算收入，政府在国民收入初次分配和再分配中所占比重由 25.2% 上升到 31.9%，企业所占比重由 8.9% 上升到 13.3%，而居民所占比重从 65.9% 下降到 54.8%。2008 年后这种向政府和企业倾斜的格局并没有得到改变，从 2008 年到 2009 年，全国财政收入由 61330.35 亿元增加到 68476.88 亿元，名义增长率 11.65%，而城镇、农村居民收入增长率分别为 9.8%、8.5%。在政府和企业获得高收入增长的条件下，势必会将较多的资金用于投资。同时，当即期支出小于收入时，必然会造成政府和企业储蓄快速增加。过去 13 年里，财政和机关团体储蓄存款由 1922.7 亿元增加到 51971.3 亿元，增长了 26 倍，占全社会储蓄存款的比重由 3.57% 上升到 8.7%，企业储蓄存款由 17323.8 亿元增加到 217110 亿元，增长了 11.5 倍，占全社会储蓄存款的比重由 32.15% 上升到 36.32%。这期间，尽管居民储蓄存款也得到了大幅度增加，但占全社会储蓄存款的比重却从 55.05% 下降到 43.6%。[①] 这也就是说，社会储蓄不断增长的贡献作用最大的是政府和企业。政府和企业储蓄快速增加，进一步增加了未来的潜在投资，加剧了中长期产能过剩的矛盾。

在不同收入群体之间，国民收入在初次分配和再分配过程中不断向高收入群体倾斜，不利于中低收入群体增加收入。以城镇居民收入为例，根据国家统计局抽样调查资料推算，2000 年以来，收入水平越高的群体收入增长速度越快，其中高收入户 8 年里收入增长了 207%，中低到中高收入户增长了 121%—157%，低收入户收入只增长了 94%。从 2000 年到 2008 年，20% 低收入户的居民收入占调查居民户总收入的比重由 11.12% 下降到 8.43%，中低和中等收入户的收入比重由 34.35% 下降到 30.84%，

[①] 资料来源：根据 1996 年中国统计年鉴和 2011 年中国统计摘要计算。

而20%高收入户居民收入比重由31.86%上升到37.99%。就是说，城镇20%的高收入群体占所有的城镇总收入份额接近2/5。农村内部群体收入结构变动与城镇基本类似。2008年，40%的中高和高收入户收入占农村居民总收入比重高达62.3%，而60%的低收入户和中等收入户的居民收入比重只占37.7%。收入的两极分化不利于中产阶级群体的形成，据中国社会科学院社会学所研究认为，目前我国的中间阶层占人口的12.1%，按照亚洲开发银行对中产阶级的定义每人每天消费2—20美元计算，扣掉底层中产阶级，中国也只有38.8%人口算中产阶级。①

依照国际经验，如果中产阶级比重过低，经济发展就无法从"生产型社会"转向"消费型社会"。与高收入群体的相比，中低收入者消费倾向高，他们将大部分收入用于消费，而高收入群体储蓄倾向高、消费倾向低。因此，高收入群体收入水平越高、收入增长速度越快，就越有利于增加社会储蓄，而不利于消费，只有提高中低收入群体的收入水平，将低收入者越来越多地变为中等收入者，才能刺激消费增长。

调整国民收入分配结构，让居民特别是中低收入群体增加收入，全社会已经形成共识。但是，关键是我国的收入分配体制出现了系统性问题，它从制度安排和分配渠道上阻碍了收入向居民进而向中低收入群体的正常流动。

第一，中央与地方的财权、事权不匹配，导致地方政府过多地占有公共权利、公共资源，千方百计增加地方财政收入，由此侵蚀了城乡居民的利益空间。

第二，在调节不同收入群体之间的关系上，我国既缺乏调节高收入者的制度安排和得力措施，导致富人少交税甚至不纳税；也缺乏"扩中、提低"的长效机制和有效政策，导致中低收入者增加收入渠道窄、机会少。

第三，在企业与劳动者关系上，为了追求GDP和财政收入，地方政府往往利用公共权力和公共资源，偏袒资本，"亲商不亲工"，加之由于法制不健全，工会职能缺位，工人的基本权益无法得到制度保障，因此他们的工资、福利长期处于低水平状态。

第四，我国的社会保障体系不健全、标准过低、覆盖面过小、制约居

---

① 李培林、张翼：《中国中产阶级的规模、认同和社会态度》，载《社会》2008年第2期。

民消费。目前中国的社会保障主要是靠家庭保障，老百姓的储蓄有相当一部分是预防性储蓄，家庭储蓄率不断提高正是一种家庭预防性保障需求上升的必然结果。什么时候建立健全了全社会性的社会保障，老百姓有所依靠，不再需要存那么多钱，家庭储蓄就会减少，消费就会增加。虽然，经过多年努力我国已经初步建立起了生、老、病、残、失业等社会保障制度，但当前这种保障制度还难以对中低收入阶层起到有效保障作用。[①]

2. 产业结构升级进入两难困境

从产业结构看，主要可以概括为三大产业发展不协调、农业基础薄弱、工业大而不强、服务业发展滞后，部分行业产能过剩。2009年，我国服务业占国内生产总值的比重为42.6%。按照世界银行数据，近年来，中等收入国家服务业比重为53%，高收入国家服务业比重为72.5%，低收入国家服务业比重为46.1%，我国服务业发展明显滞后。[②] 与此同时，我国工业增加值占国内生产总值的比重，却已超出发达国家工业化时期的最高值。产业结构不合理，加大了资源环境压力和就业压力，也制约着国民经济整体素质的提高和经济的持续发展。

在产业结构方面，第二产业产值比重长期居高不下，而具有较强就业吸纳能力的第三产业比重相对增长缓慢。2009年，我国第一产业就业人员占全国就业总人数的38.1%；第二产业占27.8%；第三产业占34.1%。这表明我国的产业结构产值比重很不协调，第一产业将会进一步释放大批劳动力，而第二、三产业劳动力吸纳能力明显不足。[③]

我国尚未完成工业化建设，但是随着重工业生产能力饱和、生产规模拓展的空间逐步缩减，工业化将进入提高产业素质的阶段。我国的制造业主要集中在加工和装配领域，在全球产业链中处于低端，缺乏核心竞争力。如果不升级和优化产业结构，我国的工业就会由于缺乏技术创新而陷入两难困境：劳动密集型产业由于国内要素成本上升和国外竞争对手的压力增加而缺少竞争力；资本密集型产业，在外资的竞争压力下和有效的激

---

① 马晓河：《迈过"中等收入陷阱"的结构转型——国际经验教训与中国挑战》，载《农村经济》2010年第4期。
② 李克强：《关于调整经济结构促进持续发展的几个问题》，载《求是》2010年第11期。
③ 钟玉琴：《我国面临的"中等收入陷阱"风险及其应对措施》，载《现代管理科学》2012年第2期。

励机制尚未建立时难以形成强大的国际竞争力。①

随着近年来人民币汇率升值、要素成本大幅度上涨、环境承载能力下降以及国际金融危机等一系列因素的综合影响，我国"全球制造中心"的战略定位正面临着来自国内外的严重挑战：一方面，我国沿海地区出现了大批企业代工、压产，甚至停产、倒闭的现象；另一方面，能够维持生产的企业，其利润比以前明显减少，长期依靠贴牌代工出口导向的发展战略，其固有的深层次问题开始凸显。我国产业升级面临着两难选择困境：如果继续维持定位于全球价值链底部的增长战略，不仅会受制于来自价值链高端的大买家，也会遭遇其他发展中国家更加激烈的国际竞争，这种发展战略是不可持续性的；如果贸然进行大规模的产业升级，也不符合现阶段我国制造企业的现实条件和发展基础，甚至有可能导致经济的巨大波动。但是，如果现在不主动选择产业升级，这些问题最后集中爆发出来，会导致我国掉入"中等收入陷阱"②。

同时，当前和今后我国调整产业结构也遇到了以下几个矛盾和问题：

第一，从农业看，农业现代化主体缺位，工农业发展差距大。由于土地资源非农化步伐加快，劳动力非农化步伐缓慢，为了在有限的土地空间上取得最大收益，农民只有不断增加物质投入，最终造成农业生产成本持续增加，收益率下降。面对收益率下降，农民无能力对农业进行现代化建设，而在现行财税体制下地方政府又不愿过多承担本地农业现代化责任，当中央政府的公共投入增长无法满足农业发展需要时，农业现代化进程必然滞后。但问题是，在激烈的全球竞争压力下，工业现代化步伐在不断加快，由此导致农业发展远远落后于工业。

第二，从第二产业看，制造业"大"而不"强"，主要表现在以下两个方面。一是我国制造业处于全球产业价值链的低端，产业升级面临困难。改革开放 30 多年来，中国利用规模化生产的成本优势，形成了巨大的制造业产能，但在国际产业分工中，中国制造业被长期锁定在价值链的低端环节，许多行业都集中在加工组装领域，处于"微笑曲线"的中间，而在研发、技术、专利、标准制定和品牌、销售、服务等高附加值环节没

---

① 李连根：《中等收入陷阱与我国的跨越对策》，载《求索》2012 年第 4 期。
② 方大春：《包容性增长：跨越"中等收入陷阱"的战略选择》，载《宏观经济管理》2011 年第 7 期。

有比较优势。根据实践经验,处在"微笑曲线"两端的产业环节,获取的附加价值和利润都较高,一般利润率在20%—25%,而处在"微笑曲线"中间的产业环节,只能赚取很少的加工组装费用,利润率也只有5%左右。由于我国还未能在全球范围内建立起完整的生产技术体系和商业销售网络体系,大量产业只能集中在价值链的低端环节,企业很难获得高附加值、高利润,要想获得较多的附加值和利润,只有靠扩大规模或压低劳动工资。但在欧美国家对中国需求下降、国内工资成本不断上升的情况下,工业规模扩张将受到越来越强的约束。二是研发投入不足,技术创新能力差。要想改变国际分工地位,向产业链的价值高端发展,就必须提高产业的技术创新能力。但是,目前制约我国技术创新能力发展的主要因素表现在以下几个方面:第一,产业研发投入不足。我国制造业产值总量规模占全球的14%,而研发投入仅占世界的0.3%;第二,缺乏高端顶尖人才和领军人才,从事研发活动的科学家、工程师数量相对较低。每万名劳动力中从事研发活动的科学家、工程师数量远远低于美国、日本、韩国;第三,企业自主创新能力薄弱,创新动力不足。在产业技术方面,目前我国炼油工业80%的技术装备依靠进口,大型飞机、半导体和集成电路专用设备、大型科学仪器、大型医疗设备以及手机、DVD、数字电视等消费电子领域的芯片都长期依赖进口,高档数控系统国产品牌的国内市场占有率仅为1.5%,国产系统软件和基础软件市场占有率仅为5%,生物医药95%以上为仿制药。超大规模集成电路、高性能计算机等领域与国外先进水平差距更大。由于自主创新能力不足,我国制造业增加值率仅为26.6%,比美、日、德等发达国家分别低23、22、12个百分点。由于产业缺"芯",关键技术环节依靠国外,使得我国将大量产业收益让给了外国。

第三,我国第三产业发展既有总量不足问题,又有内部结构矛盾。从总量看,在城乡二元结构制度安排下,农民难以进城落户,使得城市化滞后,导致服务业发展缺乏需求空间。从内部结构看,由于工业对生产性服务业需求大量延伸到国外,又造成国内邮电通信、金融保险、信息咨询、科研开发、旅游、新闻出版、广播电视等新兴服务业发展不足。此外,我国服务业产品创新不足,服务品质和技术水平不高,在组织规模、管理水平和营销技术上与国外服务业都存在相当大的差距,难以适应激烈的国际竞争。

3. 城乡区域结构失衡

中国的发展极不平衡，形成了明显的城乡差距、地区差距和贫富差距。从城乡和区域结构看，主要是城镇化发展滞后、中西部地区发展滞后、城乡和区域之间生活条件和基本公共服务差距较大。2009年，我国城镇与农村居民收入之比为3.33∶1，东部地区与中西部地区人均国内生产总值之比为2.2∶1。城乡和区域结构不合理问题，不仅关系到内需扩大和发展空间拓展，也关系到社会和谐稳定。

30年间东南沿海地区成为中国经济的"隆起"地带。该地区的加速发展确实带动了全国经济的持续快速发展，实现了既定的目的。但是这种发展也因为政策性倾斜等方面原因加剧了中国不同地区、不同经济板块之间的经济发展不平衡性，也不利于中国经济的长期发展。东部地区已形成自我积累、自我发展能力，外来资本、民间资本充分，产业结构升级迅速，制造业、服务业和外贸已成为拉动经济增长的主要力量；而中西部经济增长主要靠基础建设投资拉动，国有资本仍占主要地位，外资、民间资本不足，制造业、服务业发展不快，投资效益不高。因此，东西部之间的经济总量、发展速度、人均收入水平的差距仍在继续扩大。

4. 要素投入结构不合理，经济发展与资源环境矛盾突出

从要素投入结构看，主要是资源消耗偏高，环境压力加大，资源环境的约束日益突出。我国主要资源性产品消费占全球总消费的比重，明显大于国内生产总值占全球经济的比重。虽然生产的产品有不少是用于出口的，但单位产品资源消耗明显高于发达国家。同时，水资源和土地资源消耗也很大，生态环境的代价也很高。经济发展与资源环境的矛盾，是我国现代化建设中需要长期面对的重大挑战。[①]

我国经济发展呈现出一个"高投入、低产出、高消耗、高污染"特征。我国近30多年走了一条典型的高强度投入、外延式发展道路，追求超高速增长，直接带来了资源透支、产能过剩、排放过量、生态环境恶化等问题。我国的经济发展中经济增长是首位的，为了加快经济增长速度，一方面，生产过程高投入、低产出，致使生产效率低下，多种资源枯竭。我国的劳动生产效率只有美国等发达国家劳动生产效率的1/10。生产过程消耗大量资源，多种资源储量大幅下降，甚至出现了枯竭。耕地面积不

---

① 李克强：《关于调整经济结构促进持续发展的几个问题》，载《求是》2010年第11期。

断减少,草场数量减少,质量下降,铁矿、铜矿、锡矿等资源接近枯竭,资源的支撑作用不断下降。另一方面,国内出现了全方位的环境污染,包括水污染、大气污染、土壤污染,并且污染已经从城市向农村扩散,多次出现较严重的环境污染公害事件。生态遭到严重破坏,水土流失、沙漠化严重。这种"三高一低"的发展模式不仅浪费了大量的资源,而且严重制约了经济进一步的发展,成为社会发展的瓶颈。

从2000年到2008年,全国能源消费量从14.55亿吨标准煤增加到29.15亿吨标准煤,增长了102.7%,其中工业耗能由10.38亿吨增加到20.93亿吨,增长了101.6%,工业能耗量占全社会能源消费的比重高达71.8%。在工业耗能中,纺织业、造纸及纸制品业、石油加工业、化学原料及化学制品业、非金属矿物制品业、黑色金属冶炼及压延加工业、有色金属冶炼及压延加工业、金属制品业八大行业又占工业全部能耗的70%左右。2009年中国国内生产总值占全球8.15%,而消耗的钢材占46%,煤炭占45%,水泥占48%,油气占10%。中国电力、钢铁、有色、石化、建材、化工、轻工、纺织8个行业单位产品能耗平均比世界先进水平高47%。[①] 这显示出我国产业结构中,高耗能产业比重过大,污染排放多的矛盾突出。今后一个时期,随着经济总量的继续扩大,资源和环境压力将持续加剧。

二 如何应对经济回落——典型经济体的应对之策给我国的启示

经济的快速发展会使积累的矛盾集中爆发,而原有的发展模式和增长机制已经无法有效应对由此形成的系统性风险,经济发展出现大幅波动或陷入停滞的可能性较大。我国目前处于中等收入发展的关键时期,尽管有别于其他中等收入国家的特征,但也对未来我国经济的增长提出了严峻的挑战。老牌和新兴发达经济体进入中等收入发展阶段后,通过调整经济结构、加大研发投入、实施新兴产业战略、改革收入分配制度等措施,成功化解了经济发展中面临的各种难题,培育了新的经济增长点,并促进经济发展成功转型,从而最终顺利跨越了"中等收入陷阱"[②]。

[①] 滕永乐:《从中等收入陷阱看中国经济面临的挑战》,载《中共南京市委党校学报》2011年第6期。

[②] 苏新华、完颜艳:《后改革时代中国经济发展路径探析——基于典型经济体跨越"中等收入陷阱"经验视角》,载《吉林工商学院学报》2012年第1期。

只有通过对典型经济体发展经验、教训的总结，并结合我国经济发展的具体情况，充分挖掘自身的发展潜力，才能顺利跨越"中等收入陷阱"。

1. 积极推进产业结构的优化升级

第二次世界大战后，美国把重点放在发展资本集约型产业上，钢铁、汽车和机电等成为支柱产业；20 世纪 70 年代，又转移到技术集约型产业，如航天航空、计算机和新材料等高新技术产业；到 90 年代，美国加快发展信息产业，加强了信息产业与其他产业的融合。美国借助产业组织政策促进市场机制的完善，通过制定反垄断政策，为小企业发展提供良好的市场竞争平台，通过调整产业组织政策，培育有利于主导产业发展的外部环境，并提出国家的技术战略和技术政策，强调促进技术的运用和商业化，以高科技的发展来促进调整产业结构。

日本战后根据经济社会发展的现实需求和国际环境的变化，先后进行了四次大的产业结构调整。1955 年后近 20 年间，日本确立了贸易立国战略，实现了以重工业为主导，并以此带动相关产业的发展。1970 年，日本制造业中重化工业占比达到 62.3%，出口产品中重化工产品占比约为 77%。[①] 20 世纪 70 年代的石油危机迫使日本加快改变产业结构，提出以电子计算机、宇航等尖端技术领域为中心的知识密集型产业作为主导性产业发展。机械行业在出口中占比大幅上升，汽车业迅速崛起，并由此带动了钢铁、石化等重化工业迅速发展，实现了经济高速增长，被称为"日本奇迹"。几年后，日本的重化工业比重明显下降，产业结构向"资源节约型""加工技术选择型"的方向发展。日本政府通过制订周密的计划来确定产业发展方向，运用科学的产业政策以及法规、行政指令推进产业结构优化升级。20 世纪 50 年代纤维是日本最主要的出口产品，在政府的积极推动下，到 70 年代产业逐渐转型，接着政府进一步引导制造业从能源、资本密集型向知识、技术密集型转化的产业转型升级，采用了创新技术、降低能耗和加大对外投资等政策和措施，保持了制造业总量平稳增长，实现了日本制造业的持续繁荣，成就了"世界工厂"[②]。

---

① 徐康宁：《科技创新：新发展期提高苏南竞争力的主要路径》，载《现代经济探讨》2005 年第 11 期。

② 徐礼红：《中国应对"中等收入陷阱"的见解》，载《社会科学家》2011 年第 5 期。

韩国经济发展被誉为"汉江奇迹"。分析其经济增长的动力，主要还在于产业结构优化升级。韩国的主导产业经历了"劳动密集型—资本密集型—资本技术密集型"，同时，外向型的发展战略使韩国的产业结构在90年代初就接近工业化发达国家的水平。从1980—1997年，韩国第一产业占GDP比重由14.7%下降为5.7%，第二产业占GDP比重由39.8%上升到42.9%，第三产业占GDP比重从45.5%上升到51.4%。[1]

2. 调整投资消费结构

投资、消费和出口是拉动经济增长的三驾马车。一般而言，在一国经济起飞阶段，经济增长主要依靠投资拉动。如日本在经济起飞阶段的投资率大体在30%—35%，韩国基本在37%以内。当经济发展进入中上等收入阶段后，一是要加快经济增长由投资主导向消费主导转变，形成新的经济增长动力；二是需要提升消费层次，形成发展型的消费结构，成为支撑经济增长的主要动力。从总体上看，高收入国家已经形成了消费主导的经济增长模式，如英美日韩等国家的居民消费率普遍较高，介于50%—70%。这些国家或地区在从中等收入向高收入迈进的过程中，把扩大内需作为经济持续增长的突破口，在这个过程中，伴随着消费率的上升和投资率的下降。比如，1970—2000年，日本投资率从39%以上下降到25.9%左右，居民消费率从52%左右上升到56%以上。发达国家之所以顺利进入高收入国家行列，居民消费结构的升级是一个重要原因。高收入国家的居民消费结构比较合理，形成了发展型的消费结构。而落后国家是一个明显的生存型消费结构，所以抑制了经济的腾飞。

3. 着力改善国民收入分配和解决社会公平领域存在的问题

公平发展不仅有利于改善收入分配，还能够减缓社会矛盾和冲突，从而有利于经济可持续、均衡发展。高收入国家或地区过去在进入中上等收入阶段后，注重调整了国民收入分配格局，从1960—2002年，韩国、新加坡、中国香港和中国台湾的人均年收入增长率分别为5.8%、6.3%、5.6%、6.4%。[2] 以中国台湾为例，在向高收入迈进的过程中，台湾地区虽然没有出现收入分配差距扩大的局面，但政府仍然将增加居民收入、缩

---

[1] 张飞、全毅：《避免"中等收入陷阱"的国际比较》，载《亚太经济》2012年第1期。
[2] 孙中叶：《分享增长：中国与亚洲"四小龙"的收入分配比较》，载《河南社会科学》2008年第1期。

小收入差距作为实现经济增长的重要任务。一是劳动者报酬占国民收入的比重大幅提升，二是居民收入差距不断缩小。日本在20世纪60年代之前，贫富差距也相当明显，基尼系数一度高达0.47，但此后日本实施了"国民收入倍增计划"，形成了强大的中间阶层，这为社会转型提供了"橄榄型"的稳定架构。① 韩国则在20世纪70年代推行"新社区运动"，缩小了城乡和居民收入差距，也使初次分配更趋均衡，为跨越"中等收入陷阱"，实现经济持续增长创造了较为稳定的社会环境。而拉美国家却忽视了这一点，导致居民收入增长缓慢，贫富差距持续拉大。

缩小收入分配差距是中等收入国家经济可持续增长的稳定器。② 对我国来说，目前出现的各种内外经济非平衡都与居民收入分配相关联，推动公平分配是经济持续增长的基础。更重要的是，未来中国经济持续增长需要有稳定的社会发展环境，这必须由缩小收入分配差距和实现公平分配来保障，因此，我国应加快推进收入分配制度的改革，调节国民收入分配在国家、企业、居民之间的比例，并最终扭转收入分配差距扩大的趋势直至最终缩小收入分配差距。

4. 发挥政府功能，加大自主创新，增强经济发展源动力

日本政府认为经济发展不能仅仅依赖市场机制的自发调节，必须加强政府规划的指导作用，通过政策引导形成专业市场的集聚和集中，促进市场竞争力的不断增强，并且特别强调技术创新的重要性，认为技术创新是经济发展的原动力。以《80年代通商产业政策展望》的发表为标志，日本正式提出了"技术立国"的方针，此后采取了一系列政策措施，不仅加大政府投入，引导技术创新，而且在政策上大力扶植民间研究开发，通过市场竞争，促进企业成为技术创新的主体，促进和推动"产管学"的科技合作与交流，今天的日本已经进入了具备完全创新能力的"全球领导者"行列。

目前我国的经济增长动力主要建立在以过度消耗能源资源和破坏环境的基础上，持续发展缺乏内生动力。由于受国际经济格局的变化、贸易保护主义等影响，我国的外需难有较大的增长空间，内需则由于受一系列结构性和制度性因素制约难以充分释放，传统的低成本比较优势明显减弱甚

---

① 于乎：《中国已经进入中等收入陷阱临界点》，中国青年报出版社2011年版。
② 马岩：《我国跨越中等收入陷阱的路径分析》，载《经济研究参考》2009年第60期。

至丧失，而新的比较优势迟迟不能形成，这就导致我国产品的国际竞争力下降。同时由于我国创新知识积累较少、创新研究薄弱、创新体制不完善等原因，国家整体创新能力和全社会创新活力都明显不足。① 日本的经验和巴西的教训已经表明，依靠科技创新促进经济社会转型是跨越"中等收入陷阱"的先决条件，因此，我国应积极打造技术创新的公共平台，为企业自主创新提供良好的公共服务。政府应注重对具体产业领域自主创新的引导和扶持，大力培育具有高端技术的战略性和策略性产业。同时，把人力资本积累作为培育自主创新能力的重点任务，加快高层次人才的培养。最后，政府应加大科技资金投入，积极构建完善的科研体系，从而占领未来技术的制高点。

5. 加快制度体系建设，协调政府与市场的职能互补

与欧美等国家相比，我国的制度体系还有待完善，目前存在着政府对经济干预过度的问题。国家对经济资源的过度垄断，不仅造成资源配置效率低下，而且抑制了民企的发展活力。老牌和新兴发达经济体的发展经验均表明，政府和市场应该是相互补充与促进的，政府作用要符合市场经济规律，随着市场化改革的深入，政府应逐步退出市场机制发挥作用的领域，让市场决定资源的配置，而在市场机制失灵的领域，政府应发挥好对市场机制的互补职能，从而保证整个国家经济高效、有序发展。

三 促进经济持续增长的公共政策选择

郑秉文教授曾提出了中国经济成长的4个发展阶段，即已经跨越的低收入和下中等收入、未来将要跨越的上中等收入和高收入这4个发展阶段。我国已经顺利地度过了第一、第二阶段，步入了中等收入阶段。从2010年至"十四五"规划，是人均GDP达到4000—12300美元的上中等收入阶段，是中国经济增长从"要素驱动"向"效率驱动"转型的重要阶段。从要素驱动向效率驱动转型有两层含义：一是从主要依靠出口和投资驱动为主向依靠消费、投资与出口协调拉动转型，属于一国发展战略；二是从粗放增长向集约增长转型，即提高生产力和竞争力的水平，是进入

---

① 李培泓：《美国自主创新经验对我国的启示》，载《河北大学学报》2009年第1期。

高收入（第四阶段）的必由之路。[①] 因此，转变经济发展方式，调整经济结构，是我国经济持续健康发展的必然选择。我国能否从中等收入国家进入高收入国家，关键在于在未来10年尤其是"十二五"期间是否能够真正转变经济发展模式。

中国2001年人均GDP为1042美元，开始进入中等收入国家行列。2009年人均GDP达3700美元，2010年达4000美元，开始进入上中等收入国家行列。我国面临的问题同其他国家有不少相似之处。我国当前有几大失衡：一为储蓄与消费失衡或投资与消费失衡，消费率太低；二为三大产业结构失衡，第三产业发展滞后；三为经济增长付出的资源环境代价过大，生态环境总体恶化趋势未扭转；四为居民收入差距过大，基尼系数接近0.5。因此，为避免陷入"中等收入陷阱"，保持我国经济的持续增长，中国经济要转型，要从追求数量扩张型转变为注重质量效益型，这就要求转变经济发展方式和对经济结构进行战略性调整。所以，2020年之前，是中国经济发展的关键时期，是中国能否避免陷入"中等收入陷阱"、为进入高收入国家行列打好基础的关键时期。而能否落实中央"十二五"规划建议提出的转方式、调结构的战略方针，则是成败的关键，也是"中国模式"能否确立的关键。

转变经济增长方式，调整经济结构，需要综合政策与措施。政府不能一味把国内生产总值快速增长作为第一目标，而应该把社会服务作为主要目标。财政资金主要用于公共服务开支，经济发展的资金主要用于解决"三农"问题，有效地提高中等收入者的收入，提高居民消费在国民生产总值中的比重。增强自主创新能力，加大科技资金投入，优化科技资源，加快科学和技术创新体系建设，加强高端创新人才培养，突破核心技术，促进战略性新兴产业发展，加快"两型"社会建设。

"十二五"时期，是转变经济发展方式的关键时期。只要我们积极主动地推进经济发展方式转变，使之更加适应发展环境和发展阶段的变化，从而避免原有发展方式的制约，最大程度地化解各种矛盾，就完全可以创造出新的增长空间，从而为成功跨越"中等收入陷阱"创造条件。

---

① 郑秉文：《"中等收入陷阱与中国发展道路"——基于国际经验教训的视角》，载《中国人口科学》2011年第1期。

(一) 转变经济发展方式是促进经济增长的突破口

回顾历史，中国关于转变经济增长和发展方式在有关正式文件中经历了以下四个阶段：

一是1995年制订"九五"计划时，首次提出要从根本上转变经济增长方式，即从粗放型向集约型转变。

二是2005年中央在制订"十一五"规划建议时，鉴于从1995年以后经济增长方式尚未实现根本性转变，重新强调转变经济增长方式，但其内涵有所扩展，提出了要从"高投入、高消耗、高排放、低效率"的粗放扩张的增长方式，转变为"低投入、低消耗、低排放、高效率"的资源节约型增长方式，并且明确了具体要求，如提出2010年单位国内生产总值能源消耗比"十五"期末降低20%左右，着力自主创新，大力发展循环经济、建设资源节约型环境友好型社会等。

三是2007年党的十七大进一步提出要加快转变经济发展方式，意味着"转变经济增长方式"已为"转变经济发展方式"所取代，其内涵也从一个转变扩展为三个转变，即"促进经济增长由主要依靠投资、出口拉动向依靠消费、投资、出口协调拉动转变，由主要依靠第二产业带动向依靠第一、第二、第三产业协同带动转变，由主要依靠增加物质资源消耗向主要依靠科技进步、劳动者素质提高、管理创新转变"。

四是2010年年初以来中央一直强调加快转变经济发展方式，指出国际金融危机爆发后，转变经济发展方式显得更加刻不容缓，因为外需萎缩后，内需更显不足，产能更加过剩，增速大幅下滑；中国碳排放迅速增加（2008年为65亿吨，高于美国的58亿吨），保护生态和环境的压力越来越大；由于分配差距过大且不断恶化，要求人人分享改革发展成果的呼声日益高涨，人们逐步认识到不仅要把"蛋糕"做大，而且要把做大的"蛋糕"切好、分配好，这是实现社会和谐的基础。因此，转变经济发展方式必然包括使公众共享改革发展成果的内容，即实现所谓包容性增长。[①]

回顾中国从低收入国家转变为中等收入国家的经济增长过程可以看出，经济持续快速增长的源泉，一是依靠大量的要素投入，特别是资本投

---

① 张卓元：《避免"中等收入陷阱"在于转变经济发展方式》，载《当代经济》2011年第7期。

入；二是长期依赖外需、外贸和出口的拉动，国内消费在经济增长中的作用相对有限，且自 2000 年以来呈下降态势，要素生产率、技术进步对经济增长的贡献率相对较低，反映出中国前一时期的经济增长实行的是一种资本推动和出口拉动下的、以劳动密集型产品出口为主的出口导向型发展战略。这种战略是与经济起飞阶段的增长过程相适应的，但并不适应于迈向成熟期的发展阶段。随着中国经济发展阶段的转变，出口导向型发展战略在内外经济环境发生巨大变化的条件下已日渐表现出其自身所具有的不可持续性。[1] 进入 21 世纪，随着经济的增长，我国已基本上解决了温饱问题，人民生活总体上达到小康，进入全面建设小康社会的阶段。在新的发展阶段，中央根据经济形势任务的变化，及时地提出了转方式、调结构的方针，以保持经济社会的全面、协调和可持续的发展。

以上说明，中央在中国经济飞速增长、取得举世瞩目成就时，对正在日益显露的矛盾和失衡问题是有清醒认识的，并及时提出了解决问题的对策和举措，包括这次"十二五"规划建议提出的各项重要原则和方针政策。我们相信，只要我们沿着十八大和"十二五"规划建议的精神走下去，我们就有希望再经过 20 年左右的努力，从目前的中等收入国家，迈入高收入国家行列，即进入中等发达国家行列，避开"中等收入陷阱"。

转变经济发展方式是我国经济社会领域的一场深刻的革命。我国提出从根本上转变经济发展方式是在制订"九五"发展计划时，强调经济增长从粗放型向集约型转变。"十五"计划和"十一五"规划十分重视经济发展方式的转变。2010 年以来，中央再次强调转变经济发展方式，是在全球需求结构发生重大变化的情况下，加强我国经济抵御国际市场需求的风险，在国际竞争中抢占制高点、争创新优势的必然要求。跨越"中等收入陷阱"必须主动、彻底转变经济发展方式，确立"民富优先"的改革导向，走公平与可持续的科学发展之路，从低水平、低质量、不可持续的发展转向高水平、高质量、可持续的发展。首要的是转变经济发展的目标，经济发展目标不再是单纯 GDP 增速。

为避免"中等收入陷阱"，中国经济要转型，要从追求数量扩张型转变为注重质量效益型。这就要求转变经济发展方式和对经济结构进行战略

---

[1] 刘鸿明：《中国经济发展战略的转变——基于"中等收入陷阱"视角的分析》，载《现代经济探讨》2012 年第 4 期。

性调整。我国已经制订了"以科学发展为主题,以加快经济发展方式转变为主线"的"十二五"规划。"规划"指出,未来5年以加快转变经济发展方式为主线,即"促进经济增长由主要依靠投资、出口拉动向依靠消费、投资、出口协调拉动转变,由主要依靠第二产业带动向依靠第一、第二、第三产业协同带动转变,由主要依靠增加物质资源消耗向主要依靠科技进步、劳动者素质提高、管理创新转变",推动实现这一根本性的战略调整,是中国成功跨越中等收入阶段的核心。转方式、调结构有许多途径,当前最重要的应当是着力深化改革和调整政策。

在深化改革方面,应以政府转型和财政转型为重点。2005年中央关于"十一五"规划的建议,为配合把转变经济增长方式作为实施"十一五"规划的关键环节,明确提出加快行政管理体制改革是全面深化改革和提高对外开放水平的关键。这是有内在联系的,要切实转变经济增长方式,必须靠政府转型来推动和保证,而政府转型是现阶段行政管理体制改革的主要内容。可惜这一关于加快行政管理体制改革重要意义的论断以后被淡化了,没有落实,服务型政府的建设滞后了。所以今后在经济转型中,要突出强调政府转型,从经济建设型政府向服务型政府转变,处理好政府同市场、企业的关系,政府不再以追求GDP的高速增长作为主要目标,而应把做好公共服务放在第一位。

在政府转型过程中,财政转型很重要。财政要从经济建设型财政转为公共服务型财政。从中央到地方,财政支出主要用于公共服务而不是经济建设。经济建设除必要的基础设施外主要用于"三农",如兴修水利、改良品种、推广农业先进技术、对农民种粮等进行直补等。要大力调整财政支出结构,大幅度增加公共服务支出,包括教育、医疗卫生、就业培训与服务、保护生态和环境、社会保障、公共文化建设等,这些能有效提高公众特别是低收入者的收入和消费水平,提高居民消费占GDP的比重。这正是转变经济发展方式所要求的。

在财政政策方面,应该进一步深化税制改革和财政管理体制改革。个人所得税应从分类征收最终过渡到综合税制。增值税应扩展到服务业,取代现在针对服务业征收的营业税,以支持服务业的发展。物业税(房地产税)的开征将为地方政府提供一个稳定的收入来源,有助于引导和改善地方政府的行为,使其更关注于公共服务和民生,减少行为的短期化倾向,有利于城市化的良性发展。此外,改革税费体系,理顺资源价格体系将有利于西部资源富集地区的发展,促进区域间经济的平衡发展。在财政管理体制方面,应该按照管理复杂性、受益范围激励相容等原则,科学地界定中央和地方政府的职能,并通过税制和政府间转移支付制度保证这些职能有相应的财力支持。[1]

调整政策也很重要。各类资源和生产要素长期实行低价政策,实际是鼓励粗放扩张,今后需作重大调整,主要是放松政府对价格的管制,使各类资源和要素的价格能很好反映市场供求关系、资源稀缺程度和环境损害成本。调整经济结构,需要加快发展服务业。但据研究,目前我国服务业的营业税实际税负高于第二产业增值税税负2个百分点左右,这显然是不利于合理调整产业结构、加快发展服务业的,亟须尽快完善。还有,各种限制民间资本进入垄断行业的政策,也不利于这些部门的技术进步和效率提高,有待于进一步改善。[2]

在货币政策方面,中国需要对潜在水平具备清醒的认识。在这方面,日本和韩国提供了深刻教训。日本和韩国曾在经济增长潜力已大幅放缓时,试图通过扩张性的货币政策和财政政策维持增长。但是,经济增长不可能长期背离其潜在水平,靠政策刺激维持的高增长往往在金融或经济危机中被迫调整。

(二) 调整经济结构为转变经济发展方式提供动力

调整经济结构是转变发展方式的重要内容,对加快经济发展方式转变具有决定性意义。调整经济结构既是着眼于解决经济运行中的深层次矛盾,也是为了拓展发展空间,增强经济发展的长期动力,使经济增长建立在结构优化的基础之上,持续性得到增强。调整经济结构是提升国民经济整体素质和抗风险能力、在后国际金融危机时期赢得国际经济竞争主动权的根本途径。

1. 立足扩大内需调整结构,增强持续发展能力

扩大内需是我国经济发展的基本立足点和长期战略方针,也是调整经济结构的首要任务。要在处理好扩大内需与稳定外需关系、增加投资与扩大消费关系的前提下,着力扩大居民消费需求,努力实现消费、投资、出口协调拉动经济增长。

---

[1] 楼继伟:《避免中等收入陷阱不能单靠政策刺激》,载《IT时代周刊》2011年第8期。
[2] 张卓元:《转方式调结构是避免中等收入陷阱的正确选择》,载《新视野》2011年第2期。

以往我国经济增长主要靠投资、出口来带动，消费近几年却是拉动经济发展的"短板"。要着力破解制约内需扩大的体制机制障碍，进一步增加就业创业机会。在新的条件下，我国必须摆脱过分依赖出口和投资拉动实现经济增长的模式，把经济增长建立在扩大内需的基础上，我们要坚持扩大内需战略，把扩大消费需求作为扩大内需的战略重点，构建扩大消费需求的长效机制，逐步提高居民消费增长率和居民消费率，增强最终消费对经济增长的拉动作用。

第一，建立消费需求的长效机制。近年来消费对我国经济增长的贡献不断下降，要转变经济增长的动力结构，需要建立扩大消费需求的长效机制，把扩大消费需求作为扩大内需的战略重点。增加消费，首先取决于经济增长，在经济增长速度难以有大幅度提升的情况下，决定居民消费增加的居民收入将主要取决于分配结构的调整，特别是在目前我国收入分配结构不合理和存在较大收入差距的显示下，调整收入分配结构和收入差距对增加消费提供了更大的空间和可能。

第二，实现消费模式的升级。以消费来刺激经济，是避免"中等收入陷阱"的关键。中国居民的消费不足除了受收入差距扩大、相关体制不健全等制约外，还受到消费结构不合理、消费模式落后及各种政策性限制的影响。产业结构取决于消费结构的变动，经济发展水平提高导致消费结构升级。目前，我国居民消费问题突出表现为最终消费率的持续走低和城乡居民消费的二元结构依然严重。避免"中等收入陷阱"，实现我国消费模式的升级，一要提高城乡居民的收入水平，缩小城乡差距和地区差距；二要积极调整消费政策，鼓励发展新的消费热点和消费方式；三要大力开展消费教育，提高消费者的素质，倡导科学、合理、文明的消费观；四要优化消费软环境，维护和增强消费者的信心。

第三，立足国内消费需求，减少对外部需求的依赖。作为一个发展中的大国，中国经济社会长期持续发展的基本立足点不能放在对外部需求的依赖上，而必须放在国内需求上。在过去经济高速增长过程中，中国内外部需求不平衡，投资消费不平衡的问题较为突出，新的发展战略应当立足国内需求，重点扩大国内消费需求，通过大力缩小收入分配差距，提高劳动收入在国民收入初次分配中所占的比重，提高城乡居民尤其是中低收入居民的收入水平和消费水平，进一步扩大中等收入群体，提高其收入水平，增加他们的消费能力，同时，扩大社会保障制度的覆盖面，减少中低收入居民消费需求的后顾之忧，以减少预防性储蓄。

第四，扩大消费在经济中的比重。实现经济发展的成果由全体国民共享才是经济发展的最终目的。要改变消费投资比率的严重失衡，既要提高国民收入，让人民有钱可花，又要完善社会保障制度，提高城镇低收入者的最低工资，改善劳动者在收入分配中的地位，制定分层CPI指数，将物价波动对低收入群体的影响降至最低的程度，完善医疗和养老保险制度，实现教育普及，建立健全农村收入保障和养老保障制度，从根本上清除抑制人民消费的因素，让人民有钱敢花。另外，遏制社会中的无效、低效率投资，对于房地产一类缺乏发展持续性、缺乏技术进步空间的行业要合理控制。

最后，积极寻求投资与消费的结合点。

扩大内需包括扩大投资需求和消费需求。在我国目前的发展阶段，投资需求还有很大空间。从应对国际金融危机冲击看，投资对经济增长的拉动作用见效最快，对经济企稳回升起到了重要作用。同时也要看到，长期过度依赖投资拉动的经济增长是难以持续的。要把重点放在投资结构的调整上，使投资进一步向保障和改善民生倾斜，向经济社会发展的薄弱环节倾斜，向自主创新倾斜，向节能环保倾斜。同时，要完善促进民间投资的政策措施，鼓励和引导民间投资更多地投向基础设施、社会事业、市政公用和社会服务等领域，更好地发挥民间投资在扩大内需中的积极作用。

优化投资结构的重点应放在以投资促进消费上。消费需求是最终需求，投资需求与消费需求密切相关。寻求投资与消费的结合点，不仅可以增投资、保增长，而且可以扩消费、惠民生，促进持续发展，起到"一石多鸟"的作用，这是我们应对国际金融危机冲击的一条成功经验。如2008年11月中央出台的扩大内需促进经济增长10项措施中，摆在首位的就是保障性安居工程。它不仅可以缓解部分低收入居民的住房困难，而且刺激了装修、家具、家电等消费的支出，带动了居民消费。又如投资于农村的民生工程和基础设施，为家电下乡、汽车下乡创造了条件，支持了居民消费。还有一部分投资可以直接转化为劳动工资，有利于增加居民消费。在相当一段时间里，我国投资与出口之间逐步形成了较强的循环关系，出口的增加带动了投资，投资的扩大又促进了出口能力的增加。今后，应努力实现投资与消费之间的良性循环，以投资带消费，以消费促投资。促进投资消费的有机结合不是权宜之计，是优化投资结构、扩大内需的长效之策。①

2. 转变经济发展方式，不断优化产业结构

目前我国的比较优势产业主要是劳动密集型和资源密集型产业，但在进入中等收入水平后，由于劳动力成本提高和资源价格上涨，经济的进一步增长要求产业结构必须由以投资驱动为主的工业化高速发展向以创新驱动为主的中速的持续增长转变升级。在成功跨入高收入国家的经济体中，一个共同点就是这些国家都特别强调经济发展方式转变与社会格局调整同步进行，而且，大多数经济体在转变经济发展方式之前普遍经历了一个较为长期的重工业化过程。目前我国正处于工业化的关键时期，发展劳动和资源密集型产业所积累的生产能力已受到越来越大的约束，经济发展方式必须加快作出调整。因此，未来我国经济改革的关键在于由劳动、资源密集型向知识密集型转变。加快经济发展方式转变，应更多地强调增强内生动力。促进工业结构优化升级，推进发展低投入、低耗能、低污染、高效益的新型工业化，抑制高耗能、高污染和低附加值的产业扩张。充分发挥市场机制在调整产业结构和推进产业升级方面的作用。通过鼓励民营经济进入高新技术产业和新兴产业，使更节能、环保、低碳的产业得到快速发展。

加快产业结构优化升级，提升持续发展水平。调整产业结构，最重要的就是面向市场需求。后国际金融危机时期，市场需求可能是最稀缺的资源之一，产业发展最终要接受市场的检验。应及时调整产业结构、产品结构，努力使供给结构更好地适应市场需求变化。要进一步加强农业基础地位，培育壮大现代产业体系，促进三大产业协同发展。

首先，提升第二产业。支持对工业结构调整与升级起关键作用的战略性产业的发展；扶持高技术产业发展，对衰退产业采取协助退出政策；完善市场引导机制，发挥政府部门、产业信息部门的引导作用，积极引导产业投资，并严格按照行业进入标准整顿产业；创造公平有效的市场竞争环境，消除所有制歧视，建立和维持公平竞争制度；促进工业结构调整与升级，完善投融资制度，鼓励企业制度创新；充分运用国际贸易规则，保护我国的产业安全和提高我国产业的国际竞争能力。

其次，大力发展现代农业。通过发展现代农业，巩固农业的基础地

---

① 李克强：《关于调整经济结构促进持续发展的几个问题》，载《求是》2011年第11期。

位,确保国家粮食安全;落实严格的耕地保护制度,逐步做到用现代物质条件装备农业,用现代经营形式组织农业,用现代科技改造农业。在农业发展方面,要围绕"高产、优质、高效、安全、生态"目标,在推进农业现代化过程中,大力发展高附加值农产品生产,不断提高农产品加工特别是精深加工比重。

再次,加快发展服务业。开拓服务业发展新领域,大力发展金融、现代物流、研究与开发、法律、咨询、会计等生产性服务业和医疗卫生、社区服务、文化休闲等消费性服务业。尽快消除生产性服务业市场准入障碍和政策限制,统一和规范服务业市场,推动事业单位改革,加快服务领域的非公有制经济发展。不断扩大服务业的对外开放,促进服务项目、产品、方式的创新和服务质量的提高,鼓励知识密集型服务业的发展。加强基础产业基础设施建设,并加快发展现代能源产业和综合运输体系。[①]

最后,大力支持战略性新兴产业的发展。未来,在新一轮世界产业技术革命中,谁能把握机遇、引领技术创新潮流,谁就能在新的国际产业分工中获得先机。发展战略性新兴产业是我国产业结构从重化工业化向高端化、高加工度化进而向知识技术密集化发展的关键所在,是实现产业发展低碳化、绿色化和智能化的重要支撑,也是我国从"中国制造"向"中国创造"转变的战略切入点。今后,我国要调集社会力量,集中优势科技资源,积极推进节能环保、新一代信息技术、生物、高端装备制造、新能源、新材料、新能源汽车等新兴产业的发展。重构国家创新体系,制定财税、金融以及市场准入等支持政策,强化企业技术创新能力建设,加强高科技人才队伍建设,建立战略性新兴产业发展专项基金,实施重大产业创新发展工程,组织实施重大产业应用示范工程。用3到5年时间,争取在上述产业的重点行业和核心技术、重大技术装备等领域取得新突破。[②]

3. 稳步推进城镇化进程,促进城乡协调发展,完善区域经济结构

以推进城镇化带动区域协调发展城镇化是带动区域协调发展的重要途径。近现代以来,一个沿海国家的经济发展,首先从该国沿海地区开始,然后沿着内河向内地延伸,同时生产要素和人口在空间上合理聚集,成了

[①] 钟玉琴:《我国面临的"中等收入陷阱"风险及其应对措施》,载《现代管理科学》2012年第2期。

[②] 马晓河:《迈过"中等收入陷阱"的需求结构演变与产业结构调整——国际经验教训与中国挑战》,载《农村经济》2010年第4期。

一个普遍规律。我国经济发展也经历了类似的情况。改革开放30多年来，珠三角、长三角、环渤海等地区率先开放发展，在形成外向型经济格局的同时，形成了人口经济集聚程度较高的城市群，有力地带动了东部沿海地区的迅速发展，成为国民经济重要的增长极。但也要看到，在东部地区快速发展的过程中，区域经济发展的差距有所扩大，中西部地区发展相对滞后，一个重要表现就在于中西部地区城镇化水平相对滞后。2008年，东部地区城镇化率平均达到56%，而中部、西部地区分别只有43%、38%。通过推动中西部地区城镇化加快发展，带动中西部地区的经济发展，是解决区域协调发展的一条有效途径。

因此，在优化发展东部沿海地区城市群的同时，要在中西部一些资源环境承载能力较强的区域，通过加快承接产业转移、完善公共服务体系和有序集聚人口，培育和发展一批城市群，促进经济增长和市场需求空间由东向西、由南向北梯次拓展。有序推进中西部城镇化进程，既是创造和扩大内需的过程，也是带动和促进区域协调发展的过程。

在城镇化进程中，要把加强中小城市和小城镇建设作为重点。在中西部地区，以县城为基础积极发展中小城市；在东部沿海地区，把有条件的中心镇发展成中小城市，与大城市和现有中小城市形成有序分工、优势互补的空间布局。这既可以形成并发挥集聚效应和规模效应，又能避免城镇过于分散造成的土地浪费，还可以避免一些特大城市过于膨胀造成的"城市病"。

从国际经验看，城市群是城市化发展的一条重要途径。城市群可以通过现代交通网络，把大中小城市和小城镇连接起来，促进不同规模的城市和小城镇共同发展。所以，要坚持促进大中小城市和小城镇协调发展，逐步把城市群作为推进城镇化的主体形态。

城市化与工业化双引擎的匹配引导着经济增长的路径。[①] 我国城市化进程由于受到户籍等制度的限制，落后于经济发展水平，这一方面相对减缓了我国城市发展面临的突出矛盾，另一方面滞后的城市化进程也使我国经济增长失去了一些机会。在经济发展中，我国要保持城镇化和工业化的协调、统一，既不能超前，也不能滞后。拉美国家在城镇化过程中面临的一系列难题，主要是由城镇化超前于工业化发展水平引起的，快速城镇化

---

① 马岩：《我国跨越中等收入陷阱的路径分析》，载《经济研究参考》2009年第60期。

会带来城市人口的迅速增长与城市基础设施建设滞后的矛盾,进而引起高额城市化成本,这大大弱化了城市化带动经济增长的功能。和拉美国家过度城市化相比,我国的实际情况则相反。由于我国目前实行较严格的城乡户籍管理制度,农村居民转为城镇居民比较困难,这在很大程度上限制了城镇化的快速发展,造成了我国城镇化滞后工业化水平的局面。城镇化的推进滞后很大程度上制约了我国经济发展的潜力,未来中国的经济发展要把握好城镇化推进与工业化水平提高的平衡,并采取有效措施解决城市发展中出现的各种问题,最终不断提升城市化助推经济发展的潜力。

推进城镇化既是一项艰巨复杂的任务,也是一个长期过程。推进城镇化既要积极,也要稳妥。我国农村人口数量十分庞大,长期积累的城乡二元结构不可能在短期内改变,需要有一个过渡。在这个过程中,有不少重大问题需要深入研究,如怎样形成合理的城镇化布局,怎样筹措城市建设和公共服务资金,怎样使城市规划和管理水平与城镇化相适应等。总之,要因地制宜,积极探索,努力走出一条中国特色城镇化道路。

(三)加强技术创新能力,促进经济转型

乔纳森·平卡斯说,中等收入国家(地区)要实现经济增长就必须掌握新技术、制造更为复杂的产品、开拓新市场,同时提高劳动者技能。大野对中国台湾和韩国的成功经验进行总结时指出,中国台湾和韩国仅仅用了30年时间就从贫穷的农业地区和农业国转变成全球化的工业国家和地区,原因在于它们有较强的技术引进能力。[1]

成功跨越"中等收入陷阱"的韩国、深陷"中等收入陷阱"的巴西这两个典型经济体的经验和教训告诫我们,依靠科技创新促进经济社会转型是突破"中等收入陷阱"的先决条件。未来五年乃至更长的一段时期,我国将进入"以创新促转型、以转型促发展"的关键时期。在清醒认识到我国经济社会发展方式转变对科技创新提出紧迫需求的同时,我们也要自信地看到,经过经济多年持续稳定高速增长,我国已具备了走"创新驱动发展"道路的条件和基础。

"十四五"规划之后,中国将进入高收入阶段,这是一个技术创新驱动增长的阶段。众所周知,虽然改善制度、减少宏观经济不稳定性、提高人力资本、修建社会基础设施等都可获取收益并带来增长,但都难逃报酬

---

[1] 赵净:《"中等收入陷阱"理论研究的新进展》,载《黑龙江社会科学》2012年第1期。

递减的规律。长期来看,增长和提高经济的竞争力只能依靠技术创新。在高收入发达国家,技术创新无一不是驱动增长的根本源泉。在高收入发达国家的经济增长中,技术创新的贡献率达70%,而中国的创新贡献率还不到40%。提高自主创新能力,建设创新型国家,是中国国家发展战略的核心,是提高综合竞争力的关键;同时,也是当前跨越"中等收入陷阱"的战略部署和进入高收入国家行列的战略通道。①

加快技术进步,提高经济发展的技术含量,推动经济发展由要素驱动向创新驱动转变,是实现经济持续快速增长的关键。目前,我国大多数企业依靠低廉的劳动成本比较优势从事以加工、组装、制造为主的工作,并以自然资源的损耗和生态破坏为代价,迫切需要以核心技术的开发来实现经济发展方式的转变,以获得更高的附加值和赢利率。

改革开放以来,我国技术进步的主要途径是从发达国家引进技术,期望利用发展中国家的后发优势加快经济增长。但是,为了达到短期的经济利益,在技术引进的过程中,重硬件、轻软件、重引进、轻研发,造成关键核心技术不掌握、重复引进的恶性循环,技术对外依存度高。目前我国的经济增长动力主要建立在以过度消耗能源资源和破坏环境的基础上,持续发展缺乏内生动力。由于受国际经济格局的变化、贸易保护主义等影响,我国的外需难有较大的增长空间,内需则由于受一系列结构性和制度性因素制约难以充分释放,传统的低成本比较优势明显减弱甚至丧失,而新的比较优势迟迟不能形成,这导致我国产品的国际竞争力下降。同时由于我国创新知识积累较少、创新研究薄弱、创新体制不完善等原因,国家整体创新能力和全社会创新活力都明显不足。②

1. 在政府支持下大力发展科技创新

成功跨越"中等收入陷阱"的国家经验已经表明,政府主导下的科技体制机制创新成为科技进步和创新的重要动力,依靠科技创新促进经济社会转型是跨越"中等收入陷阱"的先决条件。因此,我国应积极打造技术创新的公共平台,为企业自主创新提供良好的公共服务。现在,我国已经具备了一定的资金实力和科研能力,技术进步应该通过"两条腿并

---

① 郑秉文:《"中等收入陷阱与中国发展道路"——基于国际经验教训的视角》,载《中国人口科学》2011年第1期。

② 苏新华、完颜艳:《后改革时代中国经济发展路径探析——基于典型经济体跨越"中等收入陷阱"经验视角》,载《吉林工商学院学报》2012年第1期。

走"实现。

一是继续从发达国家引进适用技术,并迅速完成该技术的引进、消化、吸收、再创新。尤其需要加强对引进技术的消化、吸收和再创新能力,真正实现一号机引进、二号机创新、三号机自主研发的模式。

二是政府应深化科技体制改革和各项配套改革,继续加强国内自主创新的能力,注重对具体产业领域自主创新的引导和扶持,大力培育具有高端技术的战略性、策略性产业。

同时,把人力资本积累作为培育自主创新能力的重点任务,加快高层次人才的培养。制定有效的研发和创新激励机制,培养造就一大批创新型科技人才,建立一批研发和创新团队,孕育一大批富有变革意识、有活力的企业,使创新和技术进步成为经济的发动机,为加快经济转型提供重要支撑。最后,政府应加大科技资金投入,积极构建完善的科研体系,从而占领未来技术的制高点。努力形成有利于促进科技进步和创新、有利于推动科技成果向现实生产力转化的有中国特色的科技创新体制机制。

2. 鼓励自主创新,提升产业竞争力

创新已成为经济发展的关键要素,鉴于在早期阶段进入新的增长产业能够获得正外部性和其他收益,因此当我国面临科技人员供给短缺的时候,必须加大教育和人才培养方面的投入力度,尤其是自主创新要迎头赶上。鼓励自主创新,主要是减少对非自主创新领域的过强激励,因为只要存在比对自主创新更多的激励(如对外资、房地产的过度激励),那么,自主创新投入就不可能增加,反而会减少。总体思路是让与国家竞争力提高关系很小却消耗很多社会资源的房地产业暴利机制不复存在,使其他产业特别是一些战略性的重化工业和高技术产业的经营者不再受外部短期暴利机会的影响而安于创新;同时增加对自主创新的政策激励。[1]

大力优化产业组织和企业组织,淘汰落后产能,提升产业链中关键部位和核心价值的竞争力,充分发挥经济实体的规模效益和集群效益,并扩展自主研发和依靠市场的能力。只有这样,才能突破资源、环境的制约,通过中国创造而不是简单的中国制造,通过建设人才强国而不仅仅是人才大国,通过创新制胜而不是靠代工和模仿来增强国家竞争力,实现经济的持续增长。

---

[1] 刘旭青:《转变经济发展方式规避"中等收入陷阱"》,载《人民论坛》2011年第8期。

3. 以自主创新为内生动力,着力培育长期竞争优势

自主创新和知识产权立国,已被部分发达国家提高到国家战略高度,成为提升国家竞争优势的关键途径。以自主创新为经济发展转型提供根本驱动力,培育长期竞争优势,成为中国顺应时代要求、涉及经济社会发展全局的重大战略。中国的自主创新,首先要改变长期以来"重引进、轻吸收"的技术引进格局,优化技术引进与消化吸收再创新之间的比例关系,加大对消化吸收再创新的投入力度,增强企业技术团队对引进技术的消化吸收能力和自主创新能力,鼓励企业间技术合作、技术转移和扩散以提高产业国际竞争力。中国的自主创新,要注重实现基础研究的创新。基础研究创新的薄弱会导致原始创新的不足,进而影响自主知识产权的形成与自主创新能力的提高,长此以往必将制约产业技术的升级和国际分工地位的提升。针对中国目前基础研究投入比重过低的现状,必须加快、加大投入,尽快将比重从目前的不到5%提高到国际水平的10%左右。

培育竞争优势,必须加快以企业为主导、市场为导向、政府扶持的产学研相结合的技术创新体系建设,完善自主创新的激励机制,推动创新要素向企业的集聚。以财税、金融等政策支持产学研主体结成创新联盟并适当倾斜,特别支持关键技术和产业共性技术的研发,激发自主知识产权的创造能力,推动科技与经济的紧密结合。技术创新体系的建设,需要加快创新人才的体系建设,注重创新人才的支撑作用,这是中国经济获取长期快速发展和竞争优势的基点。

培育竞争优势,必须完善创新需求主体方面的创新政策,降低自主创新风险,促进创新绩效的实现,激励企业自主创新,培育自主品牌。其关键是,贯彻落实自主创新产品的政府采购和首购政策,培育自主创新产品的初期市场,推动重大科技成果的产业化,通过标准制定、环保规制等方式淘汰落后产品和过剩产能,推进自主创新产品的市场化和产业化。[1]

4. 深化科技体制改革,促进经济与科技更加紧密结合

政府主导下的科技体制机制创新成为科技进步和创新的重要动力。长期以来我国科技、经济两张皮的现象非常突出:一方面我国逐渐形成了门类齐全的科学技术体系,科技发展的国际影响力不断提升;另一方面我国

---

[1] 陈亮:《中国跨越"中等收入陷阱"的开放创新——从比较优势向竞争优势转变》,载《马克思主义研究》2011年第3期。

经济增长仍然主要依赖要素驱动,以牺牲资源环境为代价。未来5年,我国的经济发展方式转变和结构转型迫切需要我们尽快缩短科技成果转化和产业化的周期,尽快将科技成果塑造为产业和企业的国际竞争力。同时,政府要在理顺企业、大学和科研院所等不同创新主体之间的权益关系、强化沟通协调机制等方面发挥更加重要的作用。[①]

继续加大对科技进步和创新的支持力度。实践表明,科技研发投入与人均GDP增长存在高度正相关。自2006年召开全国科技大会、颁布实施中长期科技规划纲要以来,党中央国务院坚持把科学技术置于优先发展的战略地位,把增强自主创新能力、建设创新型国家作为国家发展战略的核心,提升综合国力的关键。但2010年我国全社会R&D/GDP的比重为1.80%,没有达到"十一五"规划确定的2.0%的目标,与世界主要创新型国家仍有较大差距。同时,科技投入的长期持续增长缺乏有效的制度保障,投入结构不平衡、投入渠道分散、缺乏宏观协调等深层次问题依然存在。"十二五"乃至更长的一段时期内,要建立有效的财政科技投入增长保障机制,继续加大对科技研发的投入,进一步加大对聚焦国家需求的投入力度,有效提升科技经费的使用效率,为科技进步与创新提供重要的物质保障。

在经济全球化的条件下,一国经济发展不仅是反映本国产业按一般过程依次升级的需要,而且要反映本国产业在国际领域取得竞争优势的需要,这就要求产业发展以自主创新铸就核心竞争力,提升国际分工地位,进而在国际分工体系中获取更多的利益。因此,中国基于竞争优势的开放创新,就"必须把技术进步和创新列为思考的重点",不以资源禀赋而是以"一国产业是否拥有可与世界级竞争对手较劲的竞争优势"为发展原则,通过开放经济获取培育创新能力的要素,推进技术与产业的创新发展,培养具有国际竞争优势的企业、产业,转变对内对外经济发展方式,走上创新驱动、内生增长的轨道,从而形成国家竞争优势,不断提升在全球产业分工体系和利益格局中的地位,实现跨越发展。[②]

[①] 李春景:《科技创新维度成突破"中等收入陷阱"的路径选择》,载《创新科技》2011年第6期。

[②] 陈亮:《中国跨越"中等收入陷阱"的开放创新——从比较优势向竞争优势转变》,载《马克思主义研究》2011年第3期。

四 对我国未来经济发展启示及展望

（一）合理利用人力资源，发展可持续经济

发展可持续经济，就应该不仅关注 GDP 数量，还应该关注 GDP 质量，同时还应该在生产过程中保护环境。工业发展上，我们应积极调整产业结构，以科技兴工业，发展科技经济，推进新型经济发展模式。科技以人为本，社会的发展离不开人，但是由于科技的进步，自动化的生产模式造成了很多剩余劳动力。合理利用这些闲置劳动力发展第三产业，不仅维持了社会安定，而且提高了社会成员的生活水平。发展中国自有的产业经济，不可将中国沦为外国的生产基地，积极开展技术革新，利用先进的科技发展经济，形成完整的产业链。充分利用先进的科学技术，寻求可再生能源，代替不可再生能源，为我国的可持续发展提供可能；选择合适的催化剂，降低不可再生能源的使用量，提高不可再生能源的利用率。

（二）致力于转方式、调结构，适当放缓经济增速

2008 年以来中国的经济增长速度有所减缓，这其中既有金融危机冲击影响的外因，也有中国内部经济发展模式本身缺陷的内因。但总体来看，中国从 1978 年之后进入经济起飞阶段，31 年时间保持了 GDP 年均增速达 9.8% 的纪录，经济增长速度已不是当前中国经济发展的主要问题。2009 年我国经济增长率达到 8.7%，4 年（指 2006—2009 年）已累计完成"十一五"规划预期目标的 104.6%，即中国已经提前一年完成"十一五"增长目标。[1] 从中国的经验来看，8%—9% 的经济增长率是适宜的，而一旦超过 10%，各方面绷得过紧，偏离了健康、稳定、协调发展的轨道，各类代价极高，既得不偿失，又难以为继。

中国经济结构失衡的根本原因，主要是连年追求超高速经济增长。为了追求短期超高速增长，不断加大投资，而大上工业和重化工项目，挤压消费；投资增速很高，粗放扩张，必然要付出过大的资源环境代价。为保经济增速一高再高，财政支出多用于基础设施建设，用于支持欠发达地区和增加低收入群体收入的财力不足，社会公共事业发展滞后。由于追求短期的经济超高速增长，致使上述 3 个方面经济结构失衡问题越来越严重。

进入 21 世纪后中国经济发展的实践说明，要致力于转方式、调结构，

---

[1] 胡鞍钢：《"中等收入陷阱"逼近中国？》，载《经济观察》2011 年第 6 期。

实现又好又快发展，就要适当放缓经济增速，不再通过大规模粗放扩张追求经济的两位数增长。因为2003年以来经济的超高速增长，已在一定程度上造成经济结构失衡，并日益显示这种增长的不可持续性。因此，中央"十二五"规划建议明确提出，要加快转变经济发展方式，就要坚持把经济结构的战略性调整作为主攻方向，而要致力于调结构，就不能一味追求经济的超高速增长，需要适当放缓经济增速。①

因此，为缓解经济结构失衡问题，推动经济发展方式转变，当前需要适当放缓经济增速，从历来的追求两位数增长逐步转为追求较缓的比数如8%左右的增速。例如，政府强制淘汰落后产能、取消一部分"两高一资"产品出口退税、加大节能降耗工作力度、提高最低工资标准、上调存款准备金率和加息等控制银行放贷规模和增速、整顿地方融资平台、对房地产行业进行调控等，力图使经济增速有所回调，这些都是有利于调整经济结构的。

（三）构建合理的收入分配格局是关键

构建合理的收入分配格局，缩小收入差距，藏富于民，使人们真正享受到经济发展的成果，是跨越"中等收入陷阱"的关键所在。我国未来的改革，不仅要重视财富的增长，而且更要注意财富的分配。构建与经济增长相匹配的国民收入稳定增长机制，提升居民的长期收入预期，实施国民收入倍增计划，促进居民收入稳步增长。②构建完善的收入分配调节机制和收入稳定增长机制。在收入分配体制改革中，将初次分配与再次分配作为一个整体，在初次分配环节建立合理的薪酬体系，在再分配环节形成合理的分配结构，最终形成"橄榄型"收入分配格局。统筹城乡发展。政府应继续加大对农村的投资，加快农村基础设施建设，加快农村产业结构调整，通过农业集约化、机械化，提高农业生产率。加大对农业的支持力度，通过农村城镇化实现农村富余劳动力转移，多渠道增加农民收入。深化户籍制度改革，促进劳动力的流动，形成劳动力资源合理分配局面。

建立规范的市场竞争机制，避免垄断行业的不合理收入。消除行业垄断，必须引入市场竞争机制，消除社会资源的直接行政权力分配，缩小国家垄断的范围。加强对垄断行业、企业内部分配制度改革和监督，采取有

---

① 张卓元：《转方式调结构是避免中等收入陷阱的正确选择》，载《新视野》2011年第2期。
② 温家宝：《关于发展社会事业和改善民生的几个问题》，载《求是》2010年第7期。

效措施，制止垄断行业收入分配过分向个人倾斜的政策，把福利货币化、隐性收入显性化。同时，审计与税务部门要加强对这些部门执行国家工资政策情况进行定期检查。加大反腐败力度，坚决取缔非法收入。加强法制建设，既要保护合法收入，同时也要坚决打击非法收入，维护经济秩序，营造公平分配的条件。加快转变政府职能，防止政府行为企业化、市场化、货币化，切断权力和金钱的联盟，排除权力对市场竞争的不正当干预。

从社会弱势群体入手完善社会保障制度。政府应加快建立和完善社会保障体系，使低收入群体纳入社会保障体系，切实保障低收入群体基本生活，避免"两极分化"。

（四）加快政府职能转型，以促进经济增长[①]

中国经济的转型首先应该是政府职能的转型，加快从经济建设型政府向公共服务型政府的转变。不管是以前的计划经济还是现在的市场经济，中国政府都扮演了经济建设型政府的角色，主导资源在经济建设领域的配置。这种模式的政府资源配置效率往往比较低，政府失灵现象严重。另外，政府把一些本该政府承担的公共服务职能推向市场，如教育市场化、医疗市场化、住房市场化，政府在公共服务上投入严重不足，加剧了社会的不公平。随着我国市场经济的不断完善，政府职能必须从规制型、审批型政府转变为公共服务型政府，政府工作的重心从直接引导经济建设转变为经济建设提供良好的外部环境，使中国经济以政府为基础的发展模式转化为以国民为基础的发展模式，充分发挥各个层次的国民投入经济发展的积极性和动力，以政府职能转型带动经济转型。同时，政府职能的转变使政府掌握的资源配置权、定价权减少，减少政府官员的寻租行为，解决腐败问题。

（五）民生改善与经济增长互为条件

民生改善离不开社会生产力发展所创造的物质基础。经济增长不仅可以带来就业岗位的增加，带来工薪收入、经营性收入和财产性收入的提高，而且也可以带动教育、医疗、社会保障水平的提高。没有生产力的发展，没有一定的物质基础，改善民生或者是停留在良好愿望和口号规划上，或者只是少数先进人物的慈善之举，充其量只能帮助少数弱势群体缓

[①] 杨磊：《从"中等收入陷阱"谈如何加快中国经济转型》，载《理论探讨》2010年第2期。

解短期内的生活困难，不可能形成长期的、有效的、合理规模的行动和成果。

经济增长离不开民生改善和社会进步。没有民生改善，生产就没有市场需求。供给与需求并不是自然平衡的，社会矛盾也不是自然化解的。欧美发达国家之所以在市场经济下维持了社会稳定和经济发展，是实施一系列包括反垄断、社会保障、收入调节、发展社会组织、扩大选举权等政府干预和社会进步运动的结果。

从国内看，未来10年，我国仍处于大有作为的战略机遇期，我国经济规模及市场容量巨大、地区间产业梯次升级空间广阔、储蓄率高、基础设施完善等有利于发展的因素仍会继续存在，发展能力提升的空间仍然很大。我们既面临难得的历史机遇，也面对诸多可以预见和难以预见的风险挑战，所以要把握我国经济发展的环境变化。

我们必须认识到：当今世界，国内与国际因素交相互动，经济发展变化迅疾，多元矛盾共处，是各国所共同面对的基本发展挑战。当前，我国进入了社会矛盾凸显期和社会风险高发期。一个拥有十几亿人口的巨型国家进行经济社会转型，这当然不是没有转型成本的，而这就是所谓"大有大的难处"。人口流动规模越来越大，迁徙速度越来越快，社会结构加快变动，利益主体日趋多元。与此同时，人们对公共服务需求的多样化、多层次化已成为必然，社会融合与社会分化同步加快，各类突发公共事件、社会事件日益增多。经济的高速发展与发展的不平衡以及差异性，使得中国社会内部原有的城乡矛盾、区域矛盾、民族之间矛盾、不同利益群体之间的矛盾进一步释放，发展条件更加错综复杂。

总而言之，尽管存在众多挑战，但从长期来看，中国实现经济的持续增长，避免"中等收入陷阱"的前景还是十分乐观的。与拉美国家不同的是，中国政治稳定、金融稳定，具有较强的抵御外部冲击的能力。目前中国企业研发投入增速已经显著高于国外跨国公司，并且中国的制造业升级速度正在加快。与20世纪70年代不同的背景是，中国在互联网信息技术革命之后，在生物工程、新材料、新能源技术突破的前夜，跨入人均GDP 3000美元的敏感阶段，产业转型的空间十分广阔。从这些角度来看，中国有信心跨越"中等收入陷阱"，实现社会经济的可持续快速发展。

30多年的改革开放为中国顺利度过中等收入阶段经济衰落的风险积累了丰富的经验，为中国经济长远可持续发展奠定了重要基础。再有拉美国家的前车之鉴和日韩的他山之石，只要我们根据中国的具体情况采取有效的应对措施，坚定不移地转变经济发展方式，采取切实有效的措施走协调发展、全面发展和科学发展之路，我们就有理由相信，在不久的将来，中国完全可以向高收入国家迈进，延续经济持续增长的良好势头。

第六章　我国社会贫富差距的发展规律及求解之道

从全世界范围看，贫富分化是判断一国是否陷入"中等收入陷阱"的一个重要标志，关于贫富分化与中等收入陷阱的关系：第一，贫富分化是"中等收入陷阱"的重要特征之一。在人民论坛杂志征询的国内 50 位知名专家意见中，列出的中等收入陷阱十大特征里，贫富分化就是其中一个。第二，贫富分化是陷入"中等收入陷阱"的根源，收入差距的扩大达到一定程度之后，就会由于个人消费不足而导致严重的需求不足，经济增长就会完全失去动力，从而导致经济发展停滞。第三，解决贫富分化是避免"中等收入陷阱"的关键。[1]

如布拉姆巴特所说："高度的不平等有可能会阻碍增长，因为无法获得信贷的穷人也许不能利用投资机会；也有可能成为政局和社会不稳的根源，阻碍投资和增长。"[2] 一方面，国民之间收入差距过大，会造成中间阶层的"夹心化"，使得内需增长不振，城市各行业各阶层之间的分配悬殊，存在增长性贫困；另一方面，日益加大的收入分配差距将导致内需不足，成为持续发展的"瓶颈"。所以说，解决好贫富差距、两极分化是解决"中等收入陷阱"的关键。

一　我国贫富分化的现状

贫富分化是指社会成员的收入差距、财富差距的明显扩大，最终导致两极分化的现象。贫富分化既包括阶层之间的收入差距，也包括区域之间

---

[1] 蔡昉：《中国经济如何跨越"低中等收入陷阱"》，载《中国社会科学院研究生院学报》2009 年第 1 期。

[2] 布拉姆巴特：《东亚要摆脱中等收入陷阱》，载《国际融资》2007 年第 5 期。

的不平衡发展。贫富差距分为收入差距和财富差距。一般说收入是流量,收入差距就是一种即时性差距,是对社会成员之间年收入的比较;财富是存量,财富差距则是一种积集性差距,主要指的是社会成员之间物质财产和金融资产的对比。存量的财富可以作为流量的收入积累起来,但在我国现行产权的制度下,通过土地征用、房屋拆迁、购房投资,以及矿权争夺甚至公共工程的"暗箱运作",如此的巨额财富转移获取与其"收入"毫无关系。财富分配的失衡会带来巨大危害,因为它不仅进一步扩大了不同收入阶层在财富创造和财富积累上的差距,即所谓的"马太效应"[1],而且这种财富积累会通过代际之间的转移,进一步恶化代际之间的"分配不公"。

(一)贫富分化对社会发展造成的影响

贫富分化对社会发展的影响体现在两个方面:一方面是正面的积极的作用,另一方面是负面的消极的作用。

从正面的积极的作用来看:首先,合理的贫富差距能产生激励作用和示范效应。[2] 合理的收入差距的存在,不仅能对落后者产生示范效应,给他提供学习的榜样,而且能给他们一种心理压力,激励他们奋发向上。其次,合理差距的存在为先富者带动和帮助落后者共同富裕提供了一个平台。先富者除了带动、激励和示范效应外,还有其他更多更实际的内容。如先富者要扩大再生产,就需要更多的劳动力、原材料等生产要素,需要更多的合作者。这就可能为落后者提供就业机会等,由此便带动落后者共同发展。在普遍贫穷的情况下,"帮助"事实上只是奉献,只能是以削弱自身的发展潜力和自我牺牲为代价。只有确实存在贫富差距时,先富者才可能在保持自身持续发展的同时,给予落后者道义上的支持。这种帮助和支持,从长远来说是双赢的。

从负面的消极的作用来看:首先,导致消费需求不足,制约经济发展。作为市场经济条件下的必然产物,贫富不断分化现象的产生是合理的,但从长远来看,随着贫富的不断分化,财富越来越多地集中在越来越少的人手中,将会使越来越多的人丧失购买力,从而使整个社会的购买力

---

[1] 马太效应(Matthew Effect):指强者愈强、弱者愈弱的现象,广泛应用于社会心理学、教育、金融以及科学等众多领域。其名字来自圣经《新约·马太福音》中的一则寓言。

[2] 兰章宣:《我国贫富分化问题的影响及对策分析》,载《恩施职业技术学院院报》2003年第1期。

锐减，进而减弱经济的发展后劲，影响经济的良性发展，甚至会引发大规模的经济恐慌，导致经济发展水平的整体倒退。① 其次，贫富分化会影响政治稳定，从政治上来看，持久的、非合理的、过于分化的贫富差距会使民众产生不安，并对当局领导产生不信任，继而有可能会引发很多的政治矛盾和社会危机，从而威胁到统治者的统治地位，造成政治上的不稳定。最后，贫富分化会破坏社会公平，不利于社会健康有序的发展。过大的贫富差距一方面会挫伤劳动者的积极性，从而使整个社会陷入一种低效率状态；另一方面也会导致社会公平的破坏，一定程度上会引发仇富心理，引起社会动乱和暴力事件的发生，并激发社会矛盾，不利于社会稳定，甚至危害整个社会的安全和健康发展。

从全世界看，收入差距过大虽不是用来判断是否掉进"中等收入陷阱"的标志，但它加剧了不平衡，引发的社会问题很可能导致一国落入"陷阱"。拉美一些国家到20世纪90年代末的基尼系数仍高达0.6以上，占其人口1%的富人拥有全部社会财富的逾50%，而20%的贫困家庭仅拥有2.5%的社会财富，这正是有的国家迟迟未能迈进高收入国家行列的一个原因。

(二) 当前中国贫富分化的现状

中国正处于中等收入国家的发展阶段，是经济转轨和社会转型的关键时期，既有向高等收入国家行列跃升的机遇，也有可能长期陷入"中等收入陷阱"的危险。城乡之间、区域之间、不同社会群体之间贫富差距不断扩大，社会财富分配不合理，基层弱势群体收入占GDP比重下降，已成为中国经济发展和社会改革面临的主要问题，威胁到和谐社会的构建和经济的持续健康发展。在全面建设小康社会过程中，在从中等收入向高等收入迈进的阶段，解决贫富分化问题，构建良好的社会收入分配格局，是我们成功跨越"中等收入陷阱"的一个重大挑战。

30年前的改革开放促进了我国经济的快速发展，确立了让一部分人先富起来的理念和以按劳分配为主、多种分配方式并存的收入分配制度，解决了收入分配中的平均主义。但是收入分配制度不够健全，各项配套措施不够完善，先富起来的那一小部分人没有很好地带领大部分人走向共同富裕，造成了社会各阶层贫富逐步分化，城乡差距日益加大，城乡发展严

---

① 桑晴涛：《论贫富差距过大的危害》，载《财经管理》2007年第9期。

重失衡,不同阶层、不同群体收入分配差距拉大。

国家统计局数据显示,自 2000 年起,我国基尼系数越过 0.4 的警戒线,2006 年曾达到 0.49,之后虽有所下降,但目前仍接近 0.5。不同人群间收入差距的鸿沟加宽,"马太效应"愈加明显。财富向资本集中,收入分配向高收入者倾斜,普通居民特别是中低收入群体"钱包"鼓得很慢,这种差距在通胀状况下更显分明。为求经济增速一高再高,各项投入仍倾向于"物"而不是"人",对民生的支出有限。仇官、仇富、仇不公等情绪出现,社会矛盾触点密、燃点低,群体性事件增多。

在中国陷入"中等收入陷阱"之后,贫富分化主要表现在以下 4 个方面:

1. 城乡差距悬殊

改革开放以来,中国城乡居民收入分配差别状况的变动,经历了"先缩小,后扩大"两个阶段。

表 6-1　　1978—2011 年我国城乡居民月收入(元)及比率[1]

年份	城镇居民可支配收入	农村居民人均纯收入	收入比率
1978	343.4	133.6	2.57
1980	477.6	191.3	2.50
1981	458.04	223.44	2.05
1982	494.52	270.11	1.83
1983	525.96	309.77	1.70
1984	607.56	355.33	1.71
1985	739.1	397.6	1.86
1986	899.6	423.8	2.12
1987	1002.2	462.6	2.17
1988	1181.4	544.9	2.17
1989	1375.7	601.5	2.29
1990	1510.2	686.3	2.20
1991	1700.6	708.6	2.40

[1] 数据来源:《中国统计年鉴》(1978—2011)。

续表

年份	城镇居民可支配收入	农村居民人均纯收入	收入比率
1992	2026.6	784.0	2.59
1993	2577.4	921.6	2.80
1994	3496.2	1221.0	2.86
1995	4283.0	1557.7	2.75
1997	5160.3	2090.1	2.47
1998	5425.1	2162.0	2.51
1999	5854.0	2210.3	2.65
2000	6279.9	2253.4	2.79
2001	6859.6	2366.4	2.90
2002	7702.8	2475.6	3.11
2003	8472.0	2622.0	3.23
2004	9421.6	2936.4	3.21
2005	10493.0	3254.9	3.22
2006	11759.5	3587.0	3.28
2007	13785.8	4140.4	3.33
2008	15781.0	4761.0	3.31
2009	17175.0	5153.0	3.33
2010	19109.0	5919.0	3.23
2011	21810.0	6977.0	3.12

由表 6-1 可知，1985 年以前，城乡之间的收入差距呈缩小的趋势，收入比率[①]从 1978 年的 2.57 下降到 1985 年的 1.86；从 1985 年到现在，差距又逐步回升并不断扩大。2000 年城镇居民人均可支配收入和农村居民人均收入之比为 2.79，2009 年达到 3.33。特别是在 1988 年之后，城乡居民收入差距越来越大，从 1998 年的 2.52∶1 扩大到 2009 年的 3.33∶1。2009 年，城乡居民收入的绝对差距也达到历史最高的 12022 元。据初步测算，在 2009 年居民收入总量 83246.6 亿元中，城镇居民收入总量为

---

① 城乡收入比率：城镇居民的可支配收入与农村居民的纯收入之比。

58983.3亿元，占70.9%；农村居民总收入为24263.3亿元，占29.1%。若把基本公共服务包括教育、住房、医疗、社会保障等考虑在内，城乡居民人均实际收入差距可能会高达5-6倍。①

从我国城乡居民收入基尼系数看：基尼系数（指的是按人口分布所形成的收入平均差距对收入总体期望值偏离的相对程度），是国际公认的衡量一国贫富差距的权威指标，是反映居民之间贫富差异程度的数量界线，比较客观和直观地反映居民之间的贫富差距，预警和防止出现贫富两极分化。

随着经济持续快速增长和制度大规模变迁，我国居民收入差距持续扩大，表现为城镇居民收入差距、农村居民收入差距和全国居民收入差距全方位扩大。城镇居民收入基尼系数由（表6-2）1980年的0.1732增长到2010年的0.3473，增长了100.52%，年均增长2.34%；农村居民收入基尼系数由1980年的0.2407增长到2010年的0.3550，增长了47.49%，年均增长1.30%；全国居民收入基尼系数由1980年的0.3221增长到2010年的0.4629，增长了43.71%，年均增长1.21%。表6-2是我国城镇、农村和全国居民收入基尼系数的直观图，由此可得到我国居民收入差距变化的四个特点。

表6-2　　　　1980—2010年中国居民人均月收入基尼系数

年份	城镇基尼系数	农村基尼系数	城镇人口比重	农村人口比重	全国人均月收入	城镇人均月收入	农村人均月收入	基尼系数
1980	0.1732	0.2407	0.1939	0.8061	245.61	477.60	191.33	0.3151
1981	0.2092	0.2406	0.2016	0.7984	277.15	500.40	223.44	0.2976
1982	0.2045	0.2417	0.2113	0.7887	323.56	535.30	270.11	0.2750
1983	0.2050	0.2416	0.2162	0.7838	363.62	564.60	309.77	0.2592
1984	0.2275	0.2439	0.2301	0.7699	419.50	652.10	355.33	0.2639
1985	0.2376	0.2267	0.2371	0.7629	476.19	739.10	397.60	0.2593
1986	0.2241	0.3042	0.2452	0.7548	536.88	900.90	423.76	0.3216
1987	0.2278	0.3045	0.2532	0.7468	594.87	1002.10	462.55	0.3258

① http://www.docin.com/p-100474487.html，2010-10-01.

续表

年份	城镇基尼系数	农村基尼系数	城镇人口比重	农村人口比重	全国人均月收入	城镇人均月收入	农村人均月收入	基尼系数
1988	0.2307	0.3026	0.2581	0.7419	705.78	1180.20	544.94	0.3252
1989	0.2259	0.3099	0.2621	0.7379	800.91	1373.93	601.51	0.3386
1990	0.2354	0.3099	0.2641	0.7359	902.25	1510.20	686.30	0.3320
1991	0.2425	0.3072	0.2694	0.7306	970.58	1700.60	708.60	0.3498
1992	0.2536	0.3134	0.2746	0.7254	1118.76	2026.60	784.00	0.3693
1993	0.2724	0.3292	0.2799	0.7201	1376.28	2577.40	921.60	0.3943
1994	0.3180	0.3210	0.2851	0.7149	1857.83	3496.20	1221.00	0.4035
1995	0.2880	0.3415	0.2904	0.7096	2348.98	4283.00	1577.70	0.3947
1996	0.3034	0.3229	0.3048	0.6952	2771.99	4838.90	1926.10	0.3746
1997	0.3079	0.3285	0.3191	0.6809	3025.89	5160.30	2090.10	0.3737
1998	0.3230	0.3369	0.3335	0.6665	3203.25	5425.10	216.200	0.3827
1999	0.2950	0.3361	0.3478	0.6522	3425.49	5854.02	2216.30	0.3886
2000	0.2451	0.3647	0.3622	0.6378	3653.84	6280.00	2253.40	0.3951
2001	0.2557	0.3699	0.3766	0.6234	3993.83	6859.60	226640	0.4050
2002	0.3068	0.3441	0.3909	0.6091	4444.15	7702.80	2475.60	0.4253
2003	0.3150	0.3551	0.4053	0.5947	4908.95	8472.20	2622.60	0.4361
2004	0.3233	0.3446	0.4176	0.5824	5564.87	9421.60	2936.40	0.4343
2005	0.3192	0.3507	0.4299	0.5701	6277.53	10493.00	3254.90	0.4341
2006	0.3260	0.3494	0.4434	0.5566	7100.36	11759.50	3587.00	0.4381
2007	0.3229	0.3496	0.4589	0.5411	8374.75	13785.80	4140.40	0.4385
2008	0.3289	0.3536	0.4699	0.5301	9713.09	15780.76	4760.42	0.4391
2009	0.3248	0.3609	0.4834	0.5166	10644.86	17174.65	5153.17	0.4380
2010	0.3473	0.3550	0.4995	0.5005	12064.48	19109.44	5919.01	0.4381

数据来源：1980—2010 年《中国统计年鉴》。

2. 地区差距明显

近年来，我国区域间收入差距呈现不断扩大的趋势。据对我国东、中、西部地区测算，我国区域经济差异泰尔系数基本在 0.045—0.054，没有明显缩小。区域经济水平差距较大，导致资源配置发生扭曲，不利于我国从整体上跨越"中等收入陷阱"[1]。统计数据表明，2005年西部居民可支配收入占东部地区的比例，在城镇由2004年的69.7%下降到2005年的66.7%，在农村则由2004年的48%下降到44.2%。东西部内部收入差距也略有加大，其中东部收入差距最大，东部地区的城镇居民可支配收入的基尼系数为0.343，分别比中部、西部和东北地区高出20.1、9.6、9.2个百分点。省际间居民收入差距依然存在，2006年最高收入的上海市与最低收入的新疆年收入相差为10655元，而2005年这一差距为9465元，收入之比为2.3：1，黑龙江城镇居民人均可支配收入只有上海的一半。

区域间收入差距的不断扩大带来一系列不良后果。[2] 低收入地区的物价虽然比较低，但其质量也相应偏低，居民在当地支付相对便宜的费用，因而只能享受低水平的医疗、教育、基础设施和社会保障。而随着区域间的人口流动日趋频繁，低收入地区居民会到发达地区看病就诊，其子女也会到发达地区享受高等教育，这时他们需要用低得多的收入来支付与发达地区居民相等的费用，从而压力倍增。此外，区域间收入差距也不利于留住人才，大量优秀人才往往想方设法离开欠发达低收入地区。缺少高质量的人力资本，经济更加难以快速发展，其结果就是"富者越富，穷者越穷"。

我国东部地区居民收入及其在国民收入中所占的比重较高，西部地区居民收入及其在国民收入中所占的比重较低。改革开放以来，我国实施东部优先发展战略，国家给东部地区提供政策优惠，资金投入也向东部地区倾斜，导致地区之间经济发展极不平衡，东部地区经济发展快于中部地区，中部地区又快于西部地区，加上各地区的发展起点不同，致使地区之间的收入差距呈持续扩大趋势。

3. 行业之间差距扩大

行业收入差距，一是表现在生产行业和流通行业上。改革开放以来，我国流通领域的利润率一直高于生产领域的利润率，因而流通行业的收入普遍高于生产行业。特别是商业、外贸、物资等行业的收入远远超过生产行业。二是表现在垄断行业和一般行业上。目前我国的银行、铁路、保险、邮电等都属于垄断行业。这些行业不仅在工资方面成倍地高于文教、

---

[1] 方大春：《包容性增长：跨越"中等收入陷阱"的战略选择》，载《宏观经济管理》2011年第7期。

[2] 吕国忱、高佳：《当前我国贫富差距的现状及调控对策》，载《安徽农业科学》2008年第11期。

卫生等其他行业，而且在奖金、医疗、福利、住房等方面更是遥遥领先。

在我国，行业之间的收入差距虽然一直存在，但在计划经济时代，由于实行平均主义的分配制度，行业之间职工的收入差距很小。改革开放以后，我国打破了"大锅饭"的分配制度，行业之间职工的收入差距开始扩大。① 至目前，我国的行业收入差距已经很大，并且有继续扩大的趋势。目前我国行业之间的收入差距，集中体现在以下几个方面：

（1）垄断性行业与非垄断性行业之间职工的收入差距过大，垄断性行业职工的收入远远高于非垄断性行业职工的收入。垄断行业是指在市场经济活动中，依靠或者借助行政权利来占有社会资源，排除其他竞争者来获取超出一般行业的超额利润，并在此基础上让其员工享受高工资、高福利的行业。垄断分为自然垄断、市场垄断和行政垄断三种情形，当前我国电力、邮电通信、铁路以及交通运输等行业就属于典型的行政垄断行业，而石油、石化等行业则属于自然垄断。无论是哪一种行业的垄断，垄断行业收入过高是导致行业间收入差距过大的主要原因，也是引起社会非议最大的诱因。

（2）新兴行业与传统行业之间职工的收入差距较大，新兴行业职工的收入水平高、增长快。新兴行业中，由于集体、合营、个体、私营、中外合资等企业经营灵活，税赋低，加上管理和调节机制上的漏洞，获得了较多的利润，所以其职工收入比传统的国营企业职工要高得多。另据调查，我国收入增长较高的行业有很多属于第三产业中的新兴产业，其较高的增长率源于产业结构调整和升级的需要，这也符合产业结构演进的一般规律。

（3）知识和资金密集型行业与劳动密集型行业之间职工的收入差距逐渐扩大，知识和资金密集型行业的职工收入较高。尤其是近10年来，我国行业间收入分配总体趋势是向技术密集型、资金密集型行业倾斜，而传统的资本含量少、劳动密集型的行业，收入则相对较低。如2004年行业平均工资排在前三位的行业，其相对应的专业技术人数占行业职工人数比率分别为信息软件业0.40、金融业0.55、科学研究及勘查业0.54。平均工资最高的这三种行业的专业技术人数占行业人数比率也相对较高，仅

---

① 魏军：《中国行业收入差距研究综述》，载《湖南文理学院学报》（社会科学版）2006年第3期。

次于教育业的比率 0.83 及卫生、社会福利业的比率 0.74。教育业及卫生、社会福利业这两种行业的特殊性，决定着专业技术人数占行业职工人数比率高。由此可以看出，专业技术人数占行业职工人数比率影响着行业的平均工资水平，这个比率越高，行业的平均工资也相对较高。

表 6-3　　我国 2009 年全国行业年平均工资额比较（单位：元）

行业	工资额
农林牧渔	14356
采矿业	38038
制造业	26810
电力、燃气及水的生产和供应业	41869
建筑业	24161
交通运输、仓储和邮政业	35315
信息传输、计算机服务与软件业	58154
批发和零售业	29139
住宿和餐饮业	20860
金融业	60398
房地产业	32242
租赁和商业服务业	35494
科学研究、技术服务与地质勘查业	50143
水利、环境与公共设施管理业	23159
居民服务与其他服务业	25172
教育业	34543
卫生、社会保障和社会福利业	35662
文化、体育和娱乐业	37755
公共管理和社会组织业	35326

数据来源：根据《中国统计年鉴》2010 年卷计算整理。

通过对平均工资额的比较我们可以发现，年平均工资最高行业金融业 60398 元比年平均工资最低行业农林牧渔业 14356 元，高出 46042 元，是其 4 倍多。① 年平均工资由高到低的行业依次是：信息传输、计算机服务与软件业，科学研究、技术服务与地质勘探业，电力、燃气及水的生产和供应业，采矿业，文化、体育和娱乐业，卫生、社会保障和社会福利业，公共管理和社会组织业，交通运输、仓储和邮政业，租赁和商业服务业，教育业，房地产业，批发和零售业，制造业，居民服务与其他服务业，建筑业，水利、环境与公共设施管理业，住宿和餐饮业。由此得出结论：高收入行业多集中于金融、电力、交通、能源等垄断行业，而制造、建筑、批发、零售、餐饮等竞争性行业和社会服务、公共设施管理等基础性行业的收入较低。

4. 贫富差距进一步拉大

贫富差距不断分化有市场经济存在的必然原因，也有非市场的原因。

在当前我国市场经济体制下，各经济主体拥有的要素不同，因而其获得的收入也会不同，即使生产要素相同但效率不同，各经济主体之间的收入也不相同。随着市场经济的发展、要素的稀缺程度不同，劳动力从农村大规模地转移到城市，劳动力供大于求，所以劳动要素产生的报酬相对于稀缺的资本较少。而沿海地区资本相对较充足，因此，沿海地区同中西部地区产生收入差距。

除此以外，我国处在消费释放的历史拐点，收入分配结构的失衡导致社会需求结构的失衡，使消费对经济增长的贡献率持续下滑，并使经济增长过度依赖于投资和出口。讨论走向消费主导的经济转型，核心是讨论消费主导的重要支撑何在，尤其是不断扩大的贫富差距对制约消费需求的影响究竟有多大。

迟福林认为，随着我国全面进入以人为自身发展主要目标的发展新阶段，社会需求结构、消费结构和消费总量明显变化，消费正处于释放的重要时机。第一，城乡居民消费不断增长。"十一五"社会消费品零售总额年均增长 18.1%，远高于"九五"的 10.6% 和"十五"的 11.8%。第二，随着城市化的快速推进，城乡居民的消费水平逐步提高，消费主体不断扩大。第三，居民消费结构明显变化。这些年城乡居民在教育、医疗等方面的支出不断增长。由此，迟福林判断，如果改革到位，"十二五"有可能初步实现从投资主导向消费主导转型，即力争用 5 年左右时间，使最

---

① 《中国统计年鉴》（2003—2011 年）。

终消费从48%提高到55%左右，使居民消费率从35%提高到45%左右。

从现实情况看，无论用什么方法、什么指标来衡量，中国的贫富差距都相当明显，并且这些年贫富差距呈现出持续扩大的趋势。不断扩大的贫富差距是影响和制约消费释放的重要因素。第一，城乡差距的扩大导致消费率下降。由于城乡二元的体制机制尚未被打破，城乡居民实际收入差距仍然保持在3:1以上的高位。2009年，7亿农民的消费在35%的居民消费率中只有8.3%。第二，贫富差距的扩大影响消费结构的提升。近年来，中国城乡恩格尔系数下降缓慢，由此导致消费结构升级缓慢。以文化为例，2010年中国文化消费占GDP总量仅为2.5%。第三，贫富差距的扩大制约消费信心的提升。在收入提高缓慢、贫富差距居高不下的情况下，短期内采取某些刺激性的消费政策，其效果是有限的，并且在政策到期后消费很有可能再度回落。

二 贫富分化的原因

（一）社会不平等加剧经济不平等

改革开放30多年，主要是在经济改革方面下功夫，以市场化为目标，其成效显著；而社会改革未能同步展开，市场化是在社会不平等的条件下推进的，因而造成了一种叠加效用：市场化打破平均主义，其过程本身就会内生出经济不平等，即分配差距扩大，而社会的不平等，则使经济不平等进一步放大，使分配差距变得更大。

我国的社会不平等最突出的表现是城乡分治造成的"社会二元结构"。城乡分治把13亿人口变成了不平等的两大社会群体，在劳动、就业、教育、医疗、社会保障等方面都表现出不平等待遇。不同的身份，使城乡居民参与市场竞争在起点上就变得不平等，在人力资本积累、就业状态、创业环境等方面一开始就有很大的差距。对于大多数农民来说，主要靠劳动收入，但农民的劳动收入主要取决于"就业状态"（就业能力、就业平等性以及就业机会的组合）。农民自由流动的形态改善了一部分农村居民的就业状态，但造成就业起点不公平和机会不均等的深层影响因素并未由此改变。农村的教育与卫生资源供给的严重不足，农村居民受教育程度普遍低下，健康没有保障，就业能力低，大多数农村劳动力仅能从事简单劳动，创造的附加值低，其收入增长自然缓慢。从全国看，15岁以上高中文化程度的人口7亿人，绝大多数在农村。

在近 5 亿的农村劳动力中,初中以下文化程度占到 87%,其中约有 7% 基本不识字。在城市长期就业的农民工大多数没有"三险一金"(养老保险、失业保险和医疗保险,住房公积金),处于流动状态的这部分农村劳动力虽然已经融入城市经济之中,但还是没有得到平等享有的权利,其所实际承受的风险远远大于非农劳动力,在市场竞争和社会竞争中日益边缘化,整个农村居民群体落入"低收入陷阱"之中而难以自拔。这种差距在社会不平等条件下会随着国民经济循环而不断地再现出来,从而使城乡差距不断扩大。1978 年,我们城乡居民收入之比为 1.8∶1,1990 年是 2.21∶1,2002 年达到 2.79∶1,2008 年这个比例扩大到 3.32∶1,2010 年继续扩大到 3.3∶1。

城乡差距所反映的群体性收入差距呈不断扩大之势,根源在于社会不平等。群体性收入差距与歧视性体制有关,针对不同的社会群体实行不同的制度安排,给予不同的待遇,实质上也就是赋予不同社会群体不平等的权利,让其承担不同的风险。社会不平等,反过来加剧经济不平等,在市场竞争机制作用下,收入分配差距就会快速扩大。从表面现象来看,收入差距体现为一种经济差距,即经济的不平等,但群体性收入差距实质上则是经济不平等与社会不平等两者叠加的结果,已经失去了纯粹的经济性质。

而个体性收入差距与群体性收入差距有质的不同,它是在社会平等条件下,因个人禀赋、努力程度等造成的差距。这种经济不平等,在市场竞争领域恰恰是要认可的。只有这样,才能消除平均主义的惰性,激发经济活力。这种纯粹的经济不平等可以从城镇内部的基尼系数和农村内部的基尼系数得到印证。从历史数据来观察,1994 年,城镇的基尼系数是 0.285,农村的基尼系数是 0.337,而全国基尼系数则为 0.430;10 年之后,两者分别为 0.326 和 0.464,而全国的基尼系数则为 0.442。虽然城镇和农村的基尼系数都在上升,但从城乡各自内部看,社会不平等的影响降到了最低的程度,收入分配差距主要是个体性差距造成的,基尼系数水平均较低。而从全国看,在社会不平等的影响下,群体性差距叠加到个体性差距之上,使得基尼系数水平明显提高。

由此不难发现,城乡分治下的群体性差距扩大是造成全国居民收入分配差距扩大的主要推动力。城乡之间的社会不平等,使全国的经济不平等变得更加严重,贫富差距也不断扩大。

（二）公共产权利益制度缺失成为贫富差距扩大的加速器

以公有制为基础的公共产权制度"悬置"，公共产权收益大量流入少数人的腰包，促成了社会暴富阶层的形成。

公共产权收益包括公共资源开发转让收入，如土地、矿藏、风景区、海域湖泊等使用权的转让；政府行政事业单位财产收益，如拍卖、出租等；国有企业和国有股份红利，如独资企业的分红和股份企业的股权以及资本利得等；各类特许权收入，如公共空间、公共频道、公共媒体以及公共设施的收费等。

我国在政治上坚持社会主义道路，其中一个重要内容就是坚持以公有制经济为主导，这表现在社会产权结构中，公共产权居于主导地位。这既是历史，也是现实，在未来也难以改变。照理说，与公共产权相对应的公共产权收益应受到重视，并应成为公共收入的重要组成部分。

但是，改革开放以来，我国公共产权制度改革集中于国企改制方面，其他方面的公共产权制度没有随着市场化改革进程进一步完善，漏洞百出，如土地、矿山、森林、海滩、湖泊、城市公共空间、行政事业资产等，其收益大量流失。1994年税制改制之后，国企利润上缴制度一度暂停执行，直到2000年，才从石油石化行业以开征特别收益金形式将部分国企税后利润上缴国库。而其他公共产权收入则长期处于无序状态，各地方、各部门都有权对土地、矿藏等公共产权进行处置。公共产权收入制度的缺失导致公共权力部门化、部门权力利益化、部门利益个人化的格局，公共产权收入成为社会一部分人"暴富"之源，导致社会财富快速聚集和集中。据波士顿咨询集团调查，中国百万（美元）富翁的数量已超过100万。2010年中国以111万个百万富翁位列全球第三，仅次于美国和日本。我国变成富翁大国的时间较之国外平均要缩短10年，这除了个人的能力和努力之外，与公共产权制度的各种漏洞导致公共产权利益的大量流失有着直接或间接的关联。

公共产权制度悬置、公共产权收入制度缺失与"税收崇拜"有关。改革开放以来，我国深受西方财税理论与实践的影响，不断强化一种观念，即国家收入只有变成税收这种形式才是规范的，其他的政府收入形式都应在渐渐取消之列。"费改税"时期，这种影响最为显著。这显然脱离了我国的国情。公共产权占主导，这是我国的一个重要国情，是各种制度设计需要考虑的一个事实前提。西方国家的做法，既有其历史的渊源，也有其存在的条件。在以私有产权为主导的国家中,税收成为财政收入的主要形态是自然的结果,因为国家的所有者身份并不突出。而我国的社会产权结构与西方国家大为不同,公共产权居于主导地位,国家不但拥有公共权力,同时也拥有巨大的财产权利,不但可以获取税收收入,而且理所当然地还可以以所有者身份获取产权收入。公共产权收益制度的缺失不但减少了应得的公共收入,导致财政收入的压力过于集中在税收上,而更重要的是导致分配差距的不合理扩大,这使得本来有利于社会公平的公有制反倒成了分配差距扩大的加速器,这也是导致公有制广受诟病的一个重要原因。

(三) 劳动报酬下降导致贫富差距扩大

我国劳动报酬所占比例下降,已经持续了10多年,1992年所占比例是54.6%,2007年下降到48.6%,其根源在于我国经济发展方式。投资拉动、消费率长期下滑、贸易发展质量较低、经济的服务化程度低是当前经济发展方式的基本特征。劳动报酬占比下滑是这种经济发展方式内生出来的结果,在经济发展方式没有根本转换以前,劳动报酬占比下滑的趋势仍将延续,贫富差距亦由此扩大。

1. 经济增长主要靠投资来拉动,GDP的分配自然向资本倾斜

改革开放以来,投资对我国经济增长的作用始终处于高度扩张状态。这固然与工业化,尤其是与重化工业的发展有紧密联系。我国的投资率一直处于上升趋势,可以说,经济增长越来越倚重于投资。在不少省份,投资与GDP之比已经超过50%,有的甚至达到80%。全国的资本形成率也越来越高,2009年占GDP的比率高达47%。在GDP形成中,资本的贡献率不断提高,这意味着资本会获得更多的回报。在市场经济条件下,分配的基本规则是按生产要素的贡献大小来进行分配的。资本、劳动都是成长要素,当资本的贡献率上升时,资本回报即利润的份额也会相应扩大。

当经济增长主要依靠投资来拉动时,这种发展方式内在地决定了资本要素回报在GDP中的占比持续增高。在税收主要来自于企业部门的条件下,投资主导的经济增长也使政府的税收收入水涨船高。这使国民收入在政府、企业和劳动者三者之间的分配关系中,政府的份额、企业的份额都会相应扩大,而劳动者所得的份额就会相应缩小。在投资唱主角的经济增长方式中,利润侵蚀工资就成为自然的事情。再加上劳资关系中劳动者处

于弱势，现行的各种政策、法律、地方政府行为实际上都是袒护资方，克扣、拖欠工资现象时有发生，这又使劳动报酬的占比变得更低。

2. 消费率下滑，人力资本积累缓慢，工资难以增长

与投资率不断上升形成明显反差的是，我国的消费率持续下滑。与不断扩大的 GDP 规模相比，消费的份额逐渐减少。从短期看，导致消费需求对经济增长的贡献率偏低；从长期看，带来了更深层次的严重问题，即人力资本积累不足。无论是公共消费，还是私人消费，从长期来看，都会形成人力资本积累，健康、知识、技能等都是构成人力资本的要素，看病难和看病贵、上学难和上学贵，实质反应的都是消费不足，阻碍了人力资本的形成。人力资本积累缓慢，致使人力资本的价值提升也同样变得缓慢，导致工资即劳动力价格长期难以提升，主要原因即在于此。人力资本为零，其价值也为零，例如失去劳动能力的残疾人就处于这种状况。只能从事简单劳动，表明人力资本价值低，其获得的收入自然也低。能从事复杂劳动，说明人力资本价值高，其得到的回报相应就高。

消费活动消耗的是物质财富，表面上看不会产生任何价值，但实际上同样可以"资本化"。也就是说，人们日常的衣食住行、教育、医疗卫生等消费活动所消耗掉的产品、服务并没有从地球上消失，他们只是采取了另一种"人化"的形式通过劳动力再生产过程存储到了劳动者身上，体现为劳动者的健康、技能、文化等素质以及创新、就业等能力。从宏观看，消费不足，也就是指人的发展不足。而人的发展不足，没有高素质劳动力、科研研发作支撑，不但劳动生产率无法提高，产品的更新换代、产业的升级和结构的调整也将失去动力。一旦生产力发展因为人的因素而受到限制，经济增长迟早都会停下来，因为物质资本终究要靠人力资本来推动。

因此，当公共消费和私人消费不足引起人力资本积累缓慢，使绝大多数劳动者只能在低附加值产业就业时，其带来的公共风险不只是劳动收入的比重难以提高，贫富差距扩大，而且会导致经济失去后劲而不可持续发展。

3. 对外贸易发展方式不合理，也挤压了劳动者的报酬提升

我国已经成为世界贸易大国，但贸易发展质量长期偏低。这突出表现在加工贸易比重长期过高。加工贸易出口在我国外贸中成为主要方式，与融入全球化的初始路径有关。在缺资金、缺技术、缺品牌的改革开放早

期，引进外资，实行原料加工，可以带来就业和税收，在一定程度上也可以产生技术和管理的外溢，使我们有机会学到一些东西。但我国价格贸易在世界产业分工链条上的地位很低，处于价值链低端，对我国来说，赚取的主要是加工费用，绝大部分利润被外方拿走。

在发展初期，这种贸易方式不可避免，但经历30多年发展形成的路径依赖，无疑制约了我国贸易方式的转型升级。在这种低级化的贸易方式中，投资者往往靠压低工资来扩大利润空间，使在庞大外向型产业中就业的劳动者报酬长期处于低水平。同时，产业低级化也带来劳动力低素质、低价格，由此陷入恶性循环之中难以自拔。

三 求解"社会贫富分化"的公共政策选择

《国民经济和社会发展第十二个五年规划纲要》指出：坚持和完善按劳分配为主体、多种分配方式并存的分配制度，初次分配和再分配都要处理好效率和公平的关系，再分配更加注重公平，加快形成合理有序的收入分配格局，努力提高居民收入在国民收入分配中的比重，提高劳动报酬在初次分配中的比重，尽快扭转收入差距扩大趋势，改善收入分配制度。党的十八大报告提出："初次分配和再分配都要兼顾效率和公平，再分配更加注重公平。"强调完善劳动、资本、技术、管理等要素按贡献参与分配的初次分配机制，合理的收入分配制度是社会公平的重要体现，调整分配结构，逐步扭转收入分配差距扩大趋势，提高劳动报酬在初次分配中的比重，逐步提高居民收入在国民收入分配中的比重。通过初次分配和再分配环节改善收入分配，基本形成合理有序的、中等收入者占多数的收入分配格局，构建民生为先的中等收入社会。近年来确定的"调高、扩中、提低"收入分配目标，已成为新时期指导收入分配改革的思想理论基础。党和国家领导人也多次强调，将尽最大努力解决包括收入分配在内的社会不合理现象，缩小城乡差距，促进社会公平公正。将采取多种措施，提高第一次分配中职工收入的比重。在社会财富第二次分配中，将更多地向农村居民等弱势群体的社会保障、就业、教育、医疗及公共服务等方面倾斜。

贫富差距内生于我国社会经济发展这个大系统之中。遏制贫富差距扩大，必须加快社会改革，减少社会不平等，同时深化公共产权制度改革，加快发展方式转变，提升消费率，扩大公共消费，从根本上、宏观上以及战略上为遏制贫富差距进一步扩大创造条件，扫除各种障碍。

（一）加快经济发展方式转变，是控制贫富差距的根本

除了市场机制会在微观上产生"马太效应"（即穷的越穷，富的越富），现行经济发展方式同时也会在宏观上产生"马太效应"。两者的叠加，使贫富差距迅速扩大。市场化取向的改革，决定了我们无法纠正前者，但有办法改变后者。转换经济发展方式，也是我国当前以及今后一个时期面临的主要任务。逐步降低投资率，不断提高消费率，提升外贸发展质量，这是转变发展方式的三个着力点，也是抑制宏观"马太效应"的基本路径。

（二）提升消费率，扩大公共消费是重要的切入点

资本积累，改善社会不平等的前提条件，需要政府发挥比以往更大的作用，通过公共消费来带动私人消费。在收入差距已经相当大、起点已经很不公平的情况下，属于人力资本要素的健康素质、文化素质、劳动技能等方面的提升，更是离不开公共消费。社会平等的现实，也离不开公共消费。在城乡之间实现公共消费的平等化，将有助于城乡两大社会群体在能力的获得上有更加平等的机会，为遏制群体性差距的扩大创造条件，为减少起点的不公平提供基础。

（三）改革公共产权制度，防范公共产权收入的私有化

我国的社会主义性质决定了公有制及其衍生的公共产权收入在我国政府收入中的重要地位。重视公共产权收入，将其视为政府收入的重要组成部分，不但是筹集财政收入以及促进公平分配的需要，更是维护公有制的政治需要。

公共产权收入制度，不但影响经济发展，而且对社会公平有重大影响。建立健全公共产权收入制度，适当提高公共产权收入在政府收入中的占比，不但可以有效地拓宽政府筹集收入渠道，增加政府收入规模，从而提供更多的公共服务，使全民共享公共资源的收益，还可以降低全社会税收负担，激发民间投资活力，同时有利于防范收入流入少数人"腰包"带来的分配差距继续扩大。

（四）改善农民就业状态，减少社会不平等

缩减群体性分配差距的关键是提高农村居民收入。对于政府而言，有两条路可以选：一是通过改善农民就业状态来实现农民增收，进而缩减城乡收入分配差距；二是通过强化再分配来实现农民可支配收入的增加。近

些年的现实政策倾向于后者，且各种政策更多地体现为其他目标，改善农民就业状态、增加农民收入仅是其附带目标。未来政策应继续以改善农民就业状态为重点，尽力减少社会不平等的负面效应。

一是缓解农民就业不平等，同时加强对现有劳动力就业的技能培训。对于进城务工的农民来说，其就业的不平等是显性的，也得到社会的关注。而对于在农业部门就业和在农村非农产业部门就业的农民来说，其就业的不平等是隐性的，对于在农村非农产业的农民来说，融资难是其就业的重要障碍之一。此外，农民就业技能培训十分迫切，一方面，加大政府财政投入；另一方面，鼓励企业培训。不但要对外出务工的农民实施培训，从事农业种植以及农业有关的第三产业的农民也需要接受培训，加大对农民培训的力度与广度也是近期改善农民就业状态的重要方面。

二是提高农民的就业能力。面对农民普遍受教育程度不高的现实，要在短期内全面提高农民的基本素质，使其胜任附加值高的岗位，从而增加收入是不现实的。因此，全面提高农民就业能力应是一个中长期目标，这就要从娃娃抓起，普遍提高农民文化素质和身体素质。这要求教育资源和医疗资源的分配要进一步向农村倾斜。这除了要加大政府财政投入外，还要通过相应的改革和政策措施来引导社会经济资源向这方面流动。

三是促进农民向市民转化。我国土地的城镇化快于人口的城镇化，而整个城镇又滞后于工业化。解决农民就业，需打开城门，为农民就业提供更多的机会。农村非农产业发展会造就一批规模不等的中小城镇，从而为农民提供更多的就业岗位。以此为基础促进农民向市民转化，这是增加农民就业机会、增加农村居民收入，缩小群体性分配差距的根本之策。

（五）公共服务的均等化分配，促进共同富裕

1. 构建服务型政府

不断完善公共财政体制，有效整合社会资源，强化政府对基本公共服务的财政保障。为广大民众提供基本而有保障的公共产品与服务是政府应尽的职责，这一特性是服务型政府公民本位理念的要求，也决定了在推进基本公共服务均等化过程中，最为主要的渠道还是政府的公共财政投入。但由于长期受到计划经济体制的影响，我国政府的财政政策仍是重视经济建设而轻视基本公共服务，这样政府在政绩考核体系中由于过度关注经济指标而直接导致了政府财政支出过于倾向于经济项目，而降低了对基本公共服务领域的投入。这将使我国未来的经济增长面临着巨大的风险，如果

不及时完善政府公共服务职能，甚至有可能会造成增长的停滞或中断，进而影响到民众的基本生活服务质量。因此，必须建立健全公共财政体制和公共服务投入稳步增长的机制，不断对政府公共服务结构进行优化与调整，并不断增加政府对公共服务的财政支出，使政府的财政支出真正围绕着公民本位这一理念加以展开。首先，应该积极调整财政支出结构，逐渐建立起以公共服务为导向的财政支出体系，增加基本公共服务领域的资金投入量，这是从经济基础的角度实现基本公共服务均等化的直接保障。其次，应该逐步降低财政支出中经济建设费的比重，确保财政支出体现公民本位理念，普遍提高全民特别是低收入人群的社会保障水平，增加对公共卫生、公共教育与公共基础设施等方面的财政投入。同时，还应有效地整合社会资源，提高政府资金利用效率，把公共财政更多地投向市场机制无法调节或不便调节的公共服务领域，并加强对重点公共服务性支出的保障。

逐渐完善政府基本公共服务决策参与机制。在计划经济条件下，政府所提供的公共服务大多是以行政命令形式供给的，广大民众不能充分表达对公共服务的需求，在某种程度上丧失了参与公共服务的决策权。由于构建服务型政府要求以公民本位为基本理念，因此计划经济条件下高高在上地提供公共服务的管理型政府模式已经不再适用。基本公共服务均等化的实现要求民众的积极参与，政府及相关部门应该不断健全政府重大决策的程序与规则，不断完善政府决策、专家咨询和社会民众参与相结合的行政决策机制，努力增强所提供的基本公共服务的科学性与民主性，进而增强其生命力。具体而言，公民对政府公共服务政策的参与主要体现为：参与基本公共服务政策的制定与执行过程，使公民的利益诉求及时得到充分表达，进而实现公民应享有的权益。目前发达国家多采取协商民主的制度与形式来实现这一点。较有代表性的协商制度类型有听证制度、公示制度、表决制度等，政府通过这些制度并辅之以公民调查、公民会议等研究方法获取社会各界民众对基本公共服务项目与管理的意见，收效较好，同时也在其中一些技术环节积累了不少宝贵经验。比如，美国学者菲什金教授（Fishkin）围绕协商民主制度开展的一系列民意调查研究，证明了通过民众的参与可以大大提高政府的决策水平与执行能力。

创新公共服务体系，增强与补充公共服务供应主体的实力，构建公共治理机制。由于基本公共服务供给的主体是政府，政府的职责就在于为公民提供各种公共服务项目，这在促进分配公平正义、缓和社会矛盾、维护社会秩序稳定等方面起主导作用。但政府的资源毕竟是有限的，在提供基本公共服务过程中，应该实现政府主导、团体协助与个体参与的有机结合。换言之，既要坚持政府在基本公共服务供给中的主导作用，又要将社会组织与个人参与公共服务供给的积极性充分调动起来，通过鼓励来引导社会力量的适度加入，进而确保基本公共服务资源的充足与有效。这与服务型政府要求借助社会组织力量来辅助政府管理的初衷是一致的。因此，应该建立政府主导、团体协助、个人参与的公共服务供给机制。同时，还要加快推进事业单位分类体制改革，充分发挥公益性事业单位提供公共服务的主力作用。另外，还应鼓励并引导其他社会力量以多种方式参与公共服务项目建设，并在一些领域合理引入竞争机制，努力提高所提供公共服务的效率与质量。

应不断强化公共服务问责制建设，加强对公共服务的监督管理与评估。学者张贤明曾经将政治责任界定为："政治官员履行制定符合民意的公共政策，推动符合民意的公共政策执行的职责，以及没有履行好这些职责时所应承担的谴责和制裁。"这种界定凸显了对官员问责的必要性，也体现了构建行政问责制的原因。问责制构建的目的就在于确保政府机构的良性运行，确保政府提供的基本公共服务的质量，遏制权力腐败与行政不作为，是服务型政府构建与基本公共服务均等化所必须遵循的。一方面，应建立一种以基本公共服务均等化为导向的官员考核机制，来实现政府对公共服务供给的监管，形成正确的决策导向和工作导向；另一方面，应建立客观公正的绩效评估机制，要明确中央与各级政府的职责与分工，也要明确公共服务绩效评估和管理的指导原则，不断完善评估内容与程序，实现绩效评估的科学化与体系化。

不断加强公务员队伍建设。服务型政府以公民本位为基本理念，也是基本公共服务均等化所要求的。因此，必须不断提高政府部门公务员的行政能力和素养，增强政府公务员的服务意识，同时应加强政府自身的建设。一方面，要加强公务员队伍建设，转变工作作风，提高工作效率，加强反腐倡廉工作，全力打造一支廉洁奉公与勤政为民的政府公务员队伍；另一方面，应该大力推进政府自身的管理创新，推行政务公开制度，不断提高政府公共服务的质量与水平。

2. 实行城乡统筹的公共物品供给制度

针对公共服务在城乡间的巨大差距，当前应该把为农民提供基本而有保障的公共服务作为新农村建设的重点，并把农村公共服务供给的重点放在农村基础教育、基本公共卫生保健、基本社会保障方面；应该改变长期存在的制约城乡社会公平的二元公共服务供给体制，实行城乡统筹的公共服务体制；增加中央和省市财政对农村基层的转移支付，加大对农村公共服务的财政投入力度，强化政府在公共服务中的责任。要重视农民个人、其他私人和非政府组织对公共服务供给的作用，通过建立农村公共服务供给的多元模式来缓解农村公共服务供给的严重不足。要改变当前农村公共服务"自上而下"的供给决策机制，实行"自下而上"的供给决策机制，避免农村中非意愿消费选择下公共物品的过度供给。

政府发展观应从效率观转向以再分配为核心的公平增长观，以公平促发展。政府实施推动公平经济增长的政策，将有利于降低改革所带来的经济社会成本，并有效地缩小地区差距。不论是中央政府还是地方政府，都应将财力集中在提供关键性的公共物品和公共服务方面，从而推动国内市场的一体化和市场灵活度，实现公平的经济增长，能够应对未来的增长和分配风险。在追求经济增长的同时忽视收入不平等的问题，有可能出现拉美国家那样的社会经济后果，这又反过来伤害未来的社会和谐和经济增长。从这个意义上讲，30多年来，中国虽然实现了高速的经济增长，但在一定程度上还未实现真正意义上的可持续发展，因为包括中部在内的不少地区还很少享受到经济增长的收益。在未来的发展战略中，政府的发展观定位就不仅仅是追求更高的经济增长率和更大的经济总量，而且还要通过合理安排财政支出来消除贫困、促进公平。

3. 构建新的分配制度

新的分配理论应该突破两次分配论和三次分配论的局限，构建四次分配的新理论。[1]

一次分配或初次分配，属于收入分配领域，适用的公平原则是按生产要素的贡献大小进行分配。初次分配指的是在生产活动中，企业作为分配主体，将国民生产总值在国家、企业、个人之间进行分配，生产要素的提供与报酬的支付形成最基本的初次分配关系。在市场经济条件下，劳动、

---

[1] 青连斌：《解决贫富差距扩大问题的关键》，载《湖南社会科学》2009年第6期。

资本、技术、管理、土地等生产要素的使用不是无偿的,对每一种生产要素都必须支付一定的报酬,这种报酬就形成各生产要素所有者和使用者的初次分配收入。初次分配关系主要由市场机制形成,生产要素价格由市场供求关系决定,政府通过法律法规和税收进行调节和规范,一般不进行直接干预。在初次分配中,劳动、资本、技术、管理等生产要素按对创造价值和财富的贡献大小参与收入分配,那些劳动付出更多尤其是掌握复杂劳动能力的人,那些掌握更多资本和先进技术、先进管理经验的人,就会获得更多的收入。因此,初次分配后可能会出现比较大的收入差距,这是必然的,也是应该允许的。

二次分配或再分配,仍然属于收入分配领域,适用的公平原则是均衡。再分配是在初次分配结果的基础上,是政府对要素收入进行再调节的过程。初次分配后可能出现过大的收入差距,甚至出现收入差距悬殊,因此,再分配的首要功能是缩小收入差距,均衡各方面的利益关系。再分配的主体是政府,政府主要通过税收手段,为国民提供包括社会救助、社会保险、社会福利等在内的社会保障,以及采用财政转移支付等手段进行调节,重点是调节地区之间、城乡之间、部门之间、社会群体之间、社会成员之间的收入关系,防止收入差距过大,尤其是保障低收入者和无收入者的基本生活。

三次分配,属于公共服务或公共品的分配,适用的公平原则是均等。党的十七大报告明确提出,必须在经济发展的基础上,扩大公共服务。为国民提供基本的公共服务,是服务型政府的一项基本职能。基本公共服务的属性在于它的公共性、普惠性和公平性,基本公共服务的分配以均等为原则。各国提供的公共服务的范围,因经济社会发展水平的高低和政府公共财政能力的大小,而可能存在一定的区别,但基本上都涵盖了公共教育、公共卫生、公共文化等社会事业,公共交通、公共通信等公共产品和公共基础设施,以及就业服务和公共制度建设等。政府公共服务的提供和分配,是调控收入分配差距、促进社会公平正义、保障社会稳定和秩序、提升全体国民福利水平的一种制度化手段和机制。

四次分配,是机关事业单位、企业、居民个人基于社会责任而对自己所获得的收入进行的自我调节,也就是我们通常所讲的捐赠和慈善,适用的原则是能力。在第四次分配中,先富起来的人、强势群体或者说处于优势地位的人,以及经济效益好、实力强的企业应该承担起更多的责任和义务，比如热心多做善事、多献爱心、扶贫济困等。中华民族是礼仪之邦，自古就有行善积德、乐善好施、扶危济困、团结互助的传统和美德。中国历代都在民间设有不同形式的慈善公益团体。最近10多年来，我国慈善事业得到长足发展。但从总体上看，我国的慈善事业还处于起步阶段。我国慈善事业的发展还存在不少问题，特别是社会慈善意识还比较淡薄，公众参与率比较低。因此，必须采取各种有效措施，推动慈善事业的发展。

从四次分配来看，前三次分配是主要的，尤其是第一次和第二次分配，第四次分配也就是慈善捐赠是对前三次分配的一个必要的补充。四次分配在实现公平分配、缩小贫富差距、促进共同富裕中的地位和作用是不同的。

（六）社会保障权益的均等化，扭转政府投入失衡

1. 加大社会保障财政投入力度，拓宽社会保障资金筹措渠道

造成城乡社会保障发展不平衡的最重要原因是国家在社会保障的投入上存在着重城镇轻农村的倾向，因此，统筹城乡社会保障发展，务必改变长期以来具有明显偏向性的社会保障投入策略。一方面不断加大社会保障的财政投入力度，以确保社会保障的水平不断提高，另一方面，增加的部分要更多投向农村社会保障，提高农村社会保障经费与城镇社会保障经费的比例。

同时，社会保障事业利在当代，功在千秋，它不仅仅是政府的责任，也是全体社会成员的责任。因此，政府要开源节流，拓宽社会保障资金筹措渠道。比如，鼓励社会各界进行各种形式的社会捐赠和慈善活动，为社会保障事业发展筹集更多的资金；加强社会保障基金的管理，更好实现社会保障基金的保值增值。同时，要充分发挥商业保险的作用。如今，作为社会保障附加保障部分的商业保险在城镇已经占有一席之地，城镇居民购买商业保险的意识较高，而农村地区商业保险的发展未得到重视，广大农民购买商业保险的意识非常薄弱，因此，政府应与商业保险机构协作，加大宣传力度，以唤起广大农民购买商业保险的意识，这不仅可以更好地解决社会保障面临的资金不足的问题，也是实现城乡社会保障一体化的重要措施。

2. 建立和完善农村社会保险制度

必须考虑农民分化的这一特点，探索能够覆盖这三种群体农民，并且能适应他们流动的社会保障制度体系。这一制度体系的建立与完善，绝不

能再将农村和城市截然割裂开来，就农村论农村，必须在统筹的视角下进行，其总体思路是：第一，打破城乡分割的社会壁垒，对城乡现有的保障项目进行梳理，原则上是好的制度继续发扬光大，有缺陷的制度加以完善，缺失的制度加快建立；第二，从适应城镇化需要和吸收进城农民工的角度，对现行的城市社会保障制度进行改革、完善与整合；第三，加快农村社会养老保险制度创新，完善新型合作医疗制度，加大工伤保险执法力度，健全农村社会保险制度体系，争取覆盖所有农村居民；第四，完善农村社会救助体系，特别是建立农村社会医疗救助制度；第五，基于农民分化、流动、转移的特点，社会保险制度在缴费方式、资金筹集渠道及保障标准等方面的设计，要考虑与城镇衔接；第六，研究农村社会保障制度的外部资金支持体系，构建稳定的资金保障机制；第七，分析农村社会保障制度运行的制度障碍及其化解途径；第八，建立相关政策保障体系，加强服务网络及平台建设。

3. 建立和完善农村的社会救助体系

该体系由最低生活保障制度、"五保"户供养制度、医疗救助制度、灾害救助制度、残疾人帮扶制度、司法救助制度、教育救助制度、住房救助制度、就业援助制度等组成。其中最低生活保障制度和"五保"户供养制度为基本救助层次政府应，要加大投入力度，做到"应保尽保"；医疗救助制度、灾害救助制度和残疾人帮扶制度为二级救助层次，政府应建立相应的救助基金，对需要救助的人群给予充分的救助；司法救助制度、教育救助制度、住房救助制度及就业援助制度等为三级救助层次，政府应进行政策引导，建立服务和实物相结合的救助制度。

建立医疗救助制度，弥补合作医疗保障的不足，并对其功能进行矫正。医疗救助制度是医疗保障体系的重要组成部分，也是社会救助体系的一个重要方面，在医疗保险制度尚未普及之时，其重要性更为突出。目前农村大部分地区尚未建立新型合作医疗制度，医疗救助的需求较为迫切，同时部分已经建立了新型合作医疗制度的地区，没有参保或参保了但无法享受的人员仍很多，这些人群往往也是医疗救助的需要者。为此，在完善农村新型合作医疗制度的基础上，应加强建立医疗救助制度，为那些确实有经济困难、无钱看病的人群提供医疗救助。

政府应加大推动力度，建立相关制度，明确救助范围和救助水平，规范救助行为。各级财政应当安排医疗救助专款，并根据财政收入的增长情况，逐步增加对医疗救助资金的投入，提高医疗救助的力度。同时，应完善有关政策，创造社会捐资环境，鼓励多渠道筹集资金，如通过制定税收优惠政策，鼓励有慈善意向的企业捐资，积极参与民间慈善团体的慈善活动，扶助民间医疗救助事业的发展。

4. 建立和完善农村的社会福利服务体系

该体系以敬老院、养老院、儿童福利院、残疾人福利院等福利机构为依托，由未成年人福利、老年人福利、残疾人福利等组成。政府要加强对敬老院和儿童福利院的投入和管理，制定政策，鼓励民间资本投入养老院等社会福利事业，逐渐引导农村老人到养老机构集中养老。

用正确的福利制度改变贫富分布失衡的局面，当下中国收入分配领域存在的严重问题不是国民收入较低，而是收入分布严重失衡。直白地说，就是贫富差距过大。贫富差距过大不仅造成经济结构严重失衡，也导致社会结构断裂，以及国民精神扭曲，这样的扭曲在富人、穷人、强者、弱者身上，都可以清楚地看到。

因此，在收入分配领域，社会政策应当致力于提高中低收入群体的收入。为此，政府需要更有效地保护弱者的自由和权利，提升其参与企业合作剩余分配的能力。但此办法可能缓不济急，矫正贫富分布失衡更为迅捷的办法是政府直接通过福利制度，即增加中低收入者的福利收入。

四 从贫富分化的规律看我国未来公共政策的取向

从制度经济学出发，收入和财富的分配归根结底取决于制度安排，因此分析问题和解决问题之道要从制度着手，即着手进行土地和矿产两大产权制度改革，着手以反垄断为主的要素市场化改革。这就是"制度决定分配"。

反过来，分配也可能决定制度。诺贝尔经济学奖得主西奥多·舒尔茨有一篇著名文章叫《制度与人的价值的不断提高》。他指出随着人均收入的不断提高，福利的持续增进，人的价值也在不断提高，因而对各种规则的需求也在不断提高。这正是推动制度不断进步的动力所在。政府的有效治理、司法的高效公正、人们的机会均等，以及实施这些规则的各种制度设施，越来越成为人们的普遍需要。收入与财富的分配秩序、分配公正性就是其中的主要内容。

避免陷入"中等收入陷阱"，就要改革分配制度，缩小贫富差距，建设"橄榄型"社会,要增加中低收入阶层的收入水平,实现国富民强,让老百姓充分享受改革开放的成果。以此作为我国跨越"中等收入陷阱"的根本途径,相信我们国家能够通过一系列有效的措施成功逾越"中等收入陷阱"。

第七章　应对"城市化陷阱"的公共管理创新

受全球次贷危机、欧债危机的影响,拉动我国经济发展的外贸出口趋于疲软,有限的投资数量和不足的内需消费动力使得我国经济增长的动力不足。众所周知,经济增长是解决一切问题的根源,因此如何使得经济保持健康而又平稳的发展,这是新时期摆在我国发展中的问题。科学的论证和实践的证明认为,现在城市化的发展是经济增长的主要动力之一,① 经过城市化的漫长发展,中国的城市化进程仍慢于工业化的进程,提高城市化率是促进经济增长的动力源泉。

随着城市化进程的推进,城市规模增大、城市人口剧增、耕地规模锐减、城市交通拥挤、城市治安较差、城市生活成本很高。"过度城市化"给经济社会发展带来了负面的效应,那么我们中国的城市发展是否真的已经超过了工业化的速度,已经超出了社会的承受能力,我们是否应该停止推进城市化的步伐?这一切的回答是否定的,城市化的负面性,并不能阻止我们一批批渴望城市的非城市人口的脚步,也阻止不了我们国家继续推进城市化的进程,我们理性的选择肯定不会停留在"因噎废食"的水平。

基于我国的国情,我国的城市化的发展状况较为复杂,既存在着"过度"发展所带来的"城市病"问题,又凸显着发展不足所呈现的"浅层化"问题,2011 年我国官方统计,我国的城市化率已经突破 50%,这说明我国城市人口已经多于农村人口。在这样的数字背后却隐藏 2.7 亿农民工被"市民化"的问题,农民工是我国城市化发展中特殊的产物,他们迁徙在"城市"与"农村"之间,其身份定位较为模糊,虽居城市,

---

① 胡鞍钢:《城市化是今后中国经济发展的主要推力》,载《中国人口科学》2003 年第 6 期。

但其并未得到"市民"待遇,就业无保障,子女教育成问题等一系列权益未得到认可,这是我国城市化凸显的问题,如何将城市化"做实",是我国提高城市化进度以及实现经济较快发展的突破口。

一 城市化内涵的概述

(一)过度城市化的相关概念

城市化也称之为城镇化、都市化,是由农业为主的传统乡村社会向以工业和服务业为主的现代城市社会逐渐转变的历史过程,具体包括人口职业的转变、产业结构的转变、土地及地域空间的变化。城市化是建立在工业化基础上的。几百年来,这一转化走过了不同的阶段,也展现出了多种多样的发展模式。从城市的起源、发展动力和推进规模的角度,可以将人类城市化进程大体上分为三大发展阶段:一是工业革命前建立在传统农业基础上的人类城市化发展阶段,二是工业革命后建立在早期工业化基础上的世界局部城市化发展阶段,三是第二次世界大战后建立在现代工业化基础上的世界全球城市化阶段。

根据城市化与工业化的发展水平比较判断,城市化大致可以分为三种模式:同步城市化、过度城市化、滞后城市化。过度城市化(Over-urbanization)是畸形发展的城市化模式,其明显的特征是城市化的速度大大超过工业化的速度。在城市发展过程中,产业落后、供养能力不足,管理水平低下,但是人口数量畸形增长,其膨胀速度大大超过了经济、环境与公共设施所能承受的程度,使城市不仅失去了现代化发展的牵引作用,而且成为充满社会不公、环境污染、疾病、贫困、混乱、犯罪、黑帮势力和政治冲突的恶劣生存空间。

(二)拉美"过度城市化"的概述

第二次世界大战后以来,拉美地区城市化快速发展,出现了明显的"过度城市化"特征。20世纪70年代以前,拉美城市化率还低于北美、欧洲、大洋洲,但70年代以来,拉美各国城市化率开始加速,即使在被称为"失去的10年"的80年代,城市化率依然高速发展,1990年超过欧洲,1991年又超过大洋洲。2010年,拉美已成为世界上仅次于北美的城市化率最高的地区:拉美为79.6%,仅次于北美的80.7%。[1]

---

[1] 李良玉:《城市化与过度城市化》,载《中国名城》2009年第6期。

1. 拉美"过度城市化"的特点

拉美"过度城市化"呈现出两个显著特点：一是"城市人口爆炸"堪称世界第一。1950年南美大陆总人口才1.1亿人，农村人口为6430万人；但2010年南美大陆人口总量已达到5.0亿人，而农村人口却下降到6300万人。60年间南美大陆城乡人口空间分布出现巨大反差，南美大陆3.8亿人的人口增量全部涌向城市，加速了拉美城市化过度发展。二是城市化与经济发展水平极不协调。拉美城市人口爆炸致使城市化水平明显超过工业化和经济发展水平。例如，如果用城市化率与工业化率的比例来测量的话，城市化率与工业化率（工业总产值占GDP比重）之比的世界平均数还不到1.5，而拉美则超过了2.5，远远高于世界平均水平。[①]

拉美"过度城市化"主要表现在六个方面：一是"非正规住房"规模庞大，"贫民窟"面积不断扩大；二是非正规就业部门庞大，收入水平普遍较低；三是社会保障制度供给严重不足；四是贫困化现象十分严重，贫困发生率居高不下；五是两极分化十分严重；六是社会治安恶化。

2. 拉美"过度城市化"的诱因分析

首先，世界城市化进程表明城市化演进与经济发展水平是基本同步的，而经济的发展主要依靠坚实的产业基础和不断优化、升级的产业发展。拉美国家政府在农业现代化模式选择上的偏差，工业化战略选择与转换的延误以及对过度膨胀的传统第三产业的调整缺失，削弱了城市化顺利推进所必需的产业基础，加速了拉美国家过度城市化的形成，政府存在产业政策的失误。

其次，存在人口政策的失误。人口城市化是城市化演进的重要表现和必然结果，也是推动城市化不断前进的重要动力，与经济发展水平和城市可承载能力相适应的城市人口增长能推动城市化的顺利演进。反之，则会阻碍城市化的健康发展，拉美国家政府在城市化初期实行鼓励生育政策，在城市化加速期对移民潮的调控和引导缺失，导致了城市人口过快增长，加速了拉美过度城市化的形成。

再次，拉美政府城市规划不到位与实施管理混乱，也是加剧拉美过度城市化的又一诱因。城市规划与实施是城市化推进的重要条件和本质要

[①] 杜传忠、刘英基：《拉美国家"中等收入陷阱"及对我国的警示》，载《理论学》2011年第6期。

求,完善的城市规划与实施体系能保证城市健康有序发展。拉美国家城市化进程加速阶段,由于政府缺乏系统性的城市规划且规划实施管理体系混乱,导致了城市空间结构不均衡加剧,城市基础设施供应不足,环境污染严重等问题。进一步导致过度城市化的形成。

3. "过度城市化"面临的风险

首先,"过度城市化"蚕食土地资源。土地是城市的依托,城市化建设必然要有一定的土地做保障,城市化建设对减小耕地的占用和土地集约化利用十分有效。我们应该深入地调查和研究,搞清楚城市化的规模与速度、耕地、经济承载力、人与土地之间的关系制定城市规划和发展城市化建设的措施和政策,建立有利于城市化建设的土地管理体制,才能实现确保耕地总量动态平衡,才能在城市化发展时,对耕地进行有效的保护。[①]

其次,城市化加剧通货膨胀。城市化的过程意味着城市规模不断地扩大,城市人口大量的增加,发达经济体城市化率高,居民的一切需用都要购买,因此市场化相对充分,货币化程度高。城市化水平走高之后,恩格尔系数会发生变化,即对粮食的需求会降低,而对蔬菜、水果、衣服的需求会增加。部门学者认为通货膨胀的根源在于城市化过程的失控,关乎居民生存的衣食住行的价格,随时间呈递增趋势,城市是人口的高度聚集地,生产者转移到城市中的服务行业,供给不足,需求又持续增长,使得物价呈快速增长趋势,并且增长的速度远远高于经济增长的速度。[②]

二 中国"过度城市化"的概况

(一)推动中国城市发展的影响因素

半个世纪以来,中国城市化有了长足的发展。1949 年,中国城镇人口为 5765 万人,城市化水平为 10.64%。到 2002 年,中国城镇人口为 50212 万人,城市化水平为 39.09%。53 年间,城镇人口增长了 44447 万人,年均增长 838.62 万人,城市化水平提高了 28.45 个百分点,年均增长 0.54 个百分点。改革开放以来,中国逐步从计划经济体制向市场经济体制转型,制度变迁所释放的势能推动了经济高速增长,城市化也进入相对稳定的发展时期。1978—1989 年,我国 GDP 年均增长 9.5%,城市化

---

① 盛广耀:《中国城市化模式转变的方向与策略》,载《理论参考》2010 年第 8 期。
② 周毅:《当前中国城市化问题及其对策》,载《城市发展研究》2010 年第 6 期。

水平由 17.92% 上升到 26.21%；1989—2001 年，我国 GDP 年均增长 9.3%，城市化水平由 26.21% 上升到 37.66%。

中国的国情是多方面的，但与城镇化有关的国情主要是：人口众多、人均占有资源少，发展中国家和特殊的二元经济结构，经济体制由计划经济向市场经济的转轨，城市化滞后和传统工业化及城镇化道路存在缺陷，以及社会主义的基本制度，这些与他国不同的国情构成了中国城镇化特殊性的国内约束条件。①

1. 人口资源对中国城市化的影响

面对人口众多、人均占有资源少的状况，必须提升城镇化速度，加快城镇化进程。因为，首先，城镇化有利于减轻人口压力，城镇人口便于计划生育和人口管理，从而有利于控制人口增长；其次，城镇具有比农村较高的生育和抚养成本，有利于限制城镇人口的出生率；再次，城镇具有较为完善的养老、医疗、失业保险和社会福利、社会优抚等社会保障体系，有利于消除养儿防老等旧观念，改变城镇人口的生育观念，降低生育率。

2. 发展中国家和典型的二元结构的影响

从发展阶段上看，中国仍然属于发展中国家而二元经济结构是发展中国家的本质经济特征，也是界定发展中国家的根本标识。在中国，不仅存在典型的二元经济结构，而且较之刘易斯所说的二元经济更加复杂，更有特色。中国特殊的二元经济结构增加了中国城镇化道路的复杂性和艰巨性如中国的人口城镇化过程不是一步完成的，大部分进城农民要先经过农民非农化成为农民工，再由农民工成为市民。因此，中国独特的城乡分割的二元经济结构不仅人为地设置了农村剩余劳动力转移的障碍，阻碍了农村剩余劳动力的转移，而且人为地将城镇化过程分割为两个阶段，阻碍了农村剩余劳动力的彻底转移，延缓了城镇化进程。②

3. 经济体制转型的影响

在计划经济时期，中国的城镇化是在计划机制作用过程中附带实现的，完全取决于各级政府各类计划的制订和实施。始于 1978 年的经济改革实际上就是经济体制由计划经济向市场经济转轨的过程。以市场经济体

---

① 高佩义：《中国城市的特点及趋势》，载《农村经济与社会》1991 年第 2 期。
② 于谨凯、曹艳乔：《我国农村剩余劳动力转移路径分析》，载《青岛大学学报》2008 年第 3 期。

制为核心的经济转轨，使我们逐步提高了对城市化和城市功能作用的认识。经济体制改革对城镇化发展起到了积极的推动作用，如农村家庭承包责任制的实施成为启动农村非农化的契机；乡镇企业的崛起，促进了小城镇的迅速发展，开辟了中国农村劳动力就地转移的独特途径；城乡流通体制和城乡二元分割制度的改革促进了城乡生产要素的流动，也为城镇化引入了市场机制，但是，由于中国仍然处于体制转轨的过渡期，中国的城镇化也明显具有双轨、过渡的特性。因此中国在选择城市化的过程中，中国农村剩余劳动力向城镇的转移也不像欧美等发达国家那样是一次性完成的，而是经过了一个曲折的过程，即农民的非农化与市民化不是同步实现的，而是先由农民转变为农民工，实现非农化，再由农民工转变为市民，实现城市化，这是一种具有中国特色的城镇化过程，即"半城市化过程"在劳动力转移的第一阶段，即农民非农化阶段，是农民转化为农民工；农民工要想成为市民，还需要经过第二阶段的市民化过程，但是在现行制度约束下，农民工要实现向城市市民的身份转变，必然会造成农村剩余劳动，必须突破各种城乡二元制度障碍。农民经历退出农村、进入城市和城市融合三个环节，无论哪个环节转变的不彻底性，都会带来一系列特殊的社会经济问题，进而加剧了中国城镇化进程的复杂性和艰巨性。[①]

（二）中国城市化的各个历史阶段

随着新中国的成立，国家的中心由乡村转移到城市，人口、产业向城市转移，城市的规模不断地扩大。

1. 计划经济时代的城市发展

第一阶段是 1949 年到 1958 年，是中国农村人口向城市迁移和工业化迅速发展，导致城市化速度加快的阶段。1949 年城市人口只占全国人口的 10.6%，到 1958 年则上升 20%。这一阶段的人口迁移，不仅使原有城市的规模扩大，还形成了一批新兴的城市。

第二阶段是 1958 年到 1978 年，是城乡分割的城市化阶段。1958 年实行严格的户籍管理制度，采取了撤销国家建委和建设部的措施。1959 年又提出了"先生产后生活"的方针，在此期间工业化的优先发展和高度集中的计划体制，造就了这一时期的城市化发展道路。工业建设成了城

[①] 简新华、黄锟：《城市化过程中的农民工问题研究》，人民出版社 2008 年版，第 20—29 页。

市发展的重中之重，城市居民住宅与公共设施基本停建。这一政策极大地限制了城市人口的扩张，紧接着的"上山下乡"政策使得大批城市人口转移到农村。

这一阶段的政策为内地城市的发展提供了机遇，内地城市化发展井然有序，也没有出现西方国家较为严重的"城市病"的问题。城市人口基本都有一份稳定的工作和较为安定的生活。

2. 市场化时期的城市发展

第一阶段：1979年至1984年城乡共同体的发展，农村联产承包责任制的推行，加之政府大幅度提高农副产品的价格，农村的非农产业异军突起，中国农村掀起了有史以来的第一次工业化浪潮，城市搞工业、农村搞农业的模式被打破，新兴的小城镇开始迅速发展。在此期间，沿海小城市的发展也是中国城市化进程中一个亮点。

第二阶段：1984年到1991年的城市发展阶段。这一阶段的城市化表现在农村的城市化速度加快以及沿海城市在改革开放中取得大发展。在这一阶段，政府开始采取严格控制大城市扩张和鼓励小城市成长以及发展农村集镇的新政策。主要是防止城市过分膨胀引起的"城市病"问题，并重新恢复伴随城市化和工业化过程的城市与周边农村之间原被切断的经济和社会纽带。期间涌现出了数千个小城镇，中国在城市化进程中开拓了"离土不离乡"的工业化和城市化模式。

第三阶段：1992年至今的城市化发展阶段。随着上海浦东的开发和中国全方位的对外开放，新一轮的工业化进程在中国全面展开。乡镇企业迅速增加到几千万家，遍及全国各地。由于乡镇企业的发展，吸收劳动力的能力下降，农业技术提高，农业稀出的劳动力增加，农村大批的劳动力开始自发的向沿海城市涌入，出现了大批的"民工潮"，迅速扩大了城市的规模。城市人口在短时期内的快速增长，使得中国城市发展的"城市病"日益凸显。

三　新时期中国城市化凸显的问题

（一）过度发展凸显的"城市病"问题

首先，是城市用地的盲目扩张。城市人口规模的扩大导致了城市用地规模的扩张。在中国城市化过程中，有的地方政府把城市建设作为一项政绩工程，而大规模开展造城运动，出现了城市规模盲目求大、以大为美的怪象，以致出现了过度城市化。从 2001 年开始，全国范围内不同类型的城市都作起了大规划，64% 以上的地级市谋划建设国际大都市。例如，古城西安计划 10 年内初步建成国际化大都市，预计到 2020 年，都市区总面积将达到 9 036 平方公里。早在 2002 年，国土资源部就对城镇用地规模提出了要求，要严格控制土地供应总量，优化用地结构和城市布局，控制建设项目规模，坚决纠正贪大浮夸、盲目扩大城市占地规模和建设规模的不良倾向。但是全国的造城运动并没有因此而停止，圈地还在继续。追求高城市化率必然会导致城市用地规模的扩大，城市建设占用的往往是耕地，从而威胁到我国的粮食安全。因此，我们应该根据国情走中国特色的城市化道路，不能片面追求高城市化率，避免过度城市化现象，避免盲目城市化造成资源的巨大浪费。

其次，是盲目追求高水平的城市化率。中国社会科学院发布《2012 年中国社会形势分析与预测》蓝皮书披露，2011 年中国历史上第一次出现城市人口超过乡村人口，城市化水平超过 50%。这标志着中国数千年来以农村人口为主的城乡人口结构发生了逆转，是中国现代化进程中的一件大事。从数字上看，我国目前的城市化水平已经达到了世界平均水平，但与城市化水平高的国家相比还有较大差距。于是我国各地纷纷加速城市化，提出了一些不切实际的目标，出现了片面追求高城市化率的现象。在城市发展过程中，产业落后，供养能力不足，管理水平低下，但是人口数量畸形增长，其膨胀速度大大超过了经济、环境与公共设施所能承受的程度，使城市不仅失去了现代化发展的牵引作用，而且成为充满社会不公、环境污染、疾病、贫困、混乱、犯罪、黑帮势力和政治冲突的恶劣生存空间。过度城市化使人口片面增长，经济社会发展失去协调性。

(二) 城市化发展中的"浅层化"问题

从纯粹的城市建筑和城市外表来看或从"建筑的城市化"来看，上述看法有一定道理，中国城市化似有过度和超前之嫌，但如果从"人口的城市化"来看，则恰恰不是"过度城市化"而是"浅度城市化"，与拉美的城市化特征恰恰相反。与拉美和任何国家相比，中国有一个特殊国情，就是独特的户籍制度带来独特的城市化问题。我们知道，在计算城市化率时，没有城市户籍且居住半年以上的流动人口作为暂住人口被计算进去，再加上城市户籍人口，他们共同作为分子除以总人口。换言之，在计算城镇化率的时候，进城打工的农民工"被城市化"了。目前刚刚公布的第六次人口普查公告显示,中国城市化率高达49.6%。但事实上,由于没有城市户口,在城镇打工的农民工及其子女并没有享受到与户籍人口相同的"市民待遇",还不是真正的市民,只是临时的客人,他们亦城亦乡,是候鸟和"两栖人"。多年来,春节后出现的持续一两个月的"用工荒"是对这个虚高的城市化率统计的一个典型诠释:此时的城市化率是真实的,是"浅度城市化"的最好证明。①

换言之,虽然"名义上"中国城市化率已逼近50%,但"真实的"城市化率只有33%,17%的没有城镇户籍的2.33亿人流动人口只在"统计"时被城市化了,或只是在人口"普查"时"充当"一个分子而已。其实,即使将这2.33亿人流动人口也计算到城市化率之中,目前的城市化水平也落后于真实的经济发展水平。比如,2008年中国城市化率与工业化率的比值仅为1.01(46.59%城市化率/46.3%工业化率),远远低于1.48的世界平均数,更低于"过度城市化"拉美的2.60。1.01这个比值大约仅相当于20世纪三四十年代的英国和法国的比值。如果把这2.33亿人剔除,大约仅为0.72(33%/46.3%),与目前的经济发展水平更不匹配。②综上可知,拉美式的"过度城市化"与中国目前的"浅度城市化"均不可取,唯有"同步城市化"才是正确的城市化发展方向。拉美式"过度城市化"的教训昭示,在中国城市化进程中,如果城镇住房政策出现偏差,城镇公共服务和社会保障制度供给严重滞后于城镇人口爆炸的速度,拉美式的各种"城市病"或"城市陷阱"就有可能在中国再现。

中国城市化进程中出现的问题应当在城市化进程中予以解决,而不是相反。中国城市化进程应保持与工业化水平和经济发展水平同步发展;面对"浅度城市化"导致的诸如住房和社保等各种日益尖锐的社会问题,中国城市化进程应该加速和"做实"。向"高收入"迈进的过程中,人均国民收入长期停留在中等水平,以致经济增长出现回落或陷入停滞,各种社会经济矛盾集中爆发。拉美国家普遍被看作是陷入"中等收入陷阱"的典型案例。通过以上论述不难发现,拉美之所以陷入"中等收入陷阱",与其城市化进程控制不当,大量出现各种"城市病"有密切的关

---

① 郑秉文:《"中等收入陷阱"与中国发展道路——基于国际经验教训的视角》,载《中国人口科学》2011年第2期。
② 姚洋:《包容性增长避免陷入中等收入陷阱》,载《人民论坛》2011年第4期。

系。中国实行改革开放以来，经济高速增长，2010年，中国人均GDP达4283美元，成功进入"上中等收入"国家行列，正在向"高收入"国家行列迈进。然而，中国要顺利进入"高收入"国家行列，就必须积极吸取拉美国家掉入"中等收入陷阱"的一些教训，尤其是在快速城市化进程中，有效防止有可能出现的各种"城市病"即"城市化陷阱"，既要防止"过度城市化"，更要纠正"浅度城市化"。"浅度城市化"将有可能导致出现三类社会问题：一是引发某种"城市病"，与拉美式"过度城市化"导致的社会问题十分相像。二是导致出现中国独有的各种社会问题。三是"浅度城市化"加上楼房化和水泥化，其结果有可能比拉美更为复杂和严重。在很多一、二线城市，一边是远比拉美国家甚至比欧美发达国家还要摩登和豪华的现代化市区，一边是外来务工人员的"蜗居区"，形成反差十分鲜明的"城市亚二元结构"，甚至无论在拉美，还是欧美，这个"城市亚二元结构"都是很少看到的。在城乡二元结构十分明显的条件下，"城市亚二元结构"将不可避免地导致出现一个"三元结构"。

（三）城市发展内部结构参差不齐

首先，是失地农民利益分配不公。由于城市化、工业化的快速发展以及城市建设用地需求的持续扩大。被动失地农民主要表现为两种：一种是由于城市的改造，城乡交界处农村的土地被征用，原有的农村集体变为社区，失地农民户籍转为市民。他们彻底脱离依靠土地生活的状态。另一种是离城市较远的农村，由于公共利益被征去一部分的土地。他们的身份依旧是农民，只不过土地收入依旧是他们收入的一部分。近年来，由于各省市城市化建设的速度加快，这两类人群快速增长。据中国社会科学院日前发布的《2011年中国城市发展报告》显示，当前，全国失地农民的总量已经达到4000万—5000万人左右，而且仍在以每年约300万人的速度递增。[1]

其次，是"城中村"改造进程中问题层出不穷。"城中村"，是指在城市高速发展的进程中，由于农村土地全部被征用，农村集体成员由农民身份转变为居民身份后，仍居住在由原村改造而演变成的居民区；或是指在农村村落城市化进程中，由于农村土地大部分被征用，失地农民保障措施滞后于时代发展步伐，游离于现代城市管理之外的失地农民仍在原村居

---

[1] 高惊生：《失地农民：一个日渐庞大的社会群体》，载《农业经济》2012年第2期。

住而形成的村落，亦称为"都市里的村庄"①。通常所说的"城中村"，仅指在经济快速发展、城市化不断推进的过程中，位于城区边缘农村被划入城市规划区内，在区域上已经成为城市的一部分，但是地权属、户籍、行政管理体制上仍然保留着农村模式的村落。

四 中国"城市病"出现的原因分析

（一）高效率引动中心聚集是城市化的根本动力

国内外学者的一个基本共识是，城市人口增长过快和城市规模过大导致了"城市病"，然而他们却普遍忽视了一个更为本源性的问题：为何城市人口增长过快？一方面是农村的那一端生产效率低，农村发展的相对缓慢，另一方面是城市的另一端生产效率高，城市发展的长期繁荣，这就是城乡二元结构，也正是这样的因素，推动着农村人口源源不断地涌进城市，也即是，城市较高的回报拉动着农村人口进入城市，这就是城乡失衡的集中体现。理论研究表明，城乡失衡的二元结构是导致城市人口增长过快的主要原因。有专家认为，农村收入机会的减少对城市人口增长有强烈的影响，著名的推拉理论则对此进行了深入解析。推拉理论起源于19世纪，英国学者雷文斯坦在《人口迁移之规律》一文中提出人口迁移的7条规律，被认为是人口转移推拉理论的渊源。正式提出推拉理论的是赫伯尔，1938年他在《乡村城市迁移的原因》中提出，迁移是由一系列力量引起的，这些力量是指促使一个人离开一个地方的推力和吸引他到另一个地方的拉力。至于推力和拉力的具体内涵，我们可以从传统的人口迁移模型得到启示。刘易斯提出城乡二元结构理论，即贫困落后的农村是一元，先进发达的城市是另一元，这两种社会形态形成鲜明的对照。刘易斯模型表明，城市和农村工资水平的差异是农村人口向城市迁移的基本动力，也就是说，农村较低的收入水平是推力，城市较高的收入水平是拉力，但刘易斯模型无法解释一个普遍现象。大量事实证明，在许多不发达国家中，虽然存在城市中的失业和就业不足加剧现象，仍有大量的农村劳动力不断流入城市。因此，托达罗对刘易斯模型进行了修正，他用城乡收入预期差异替代了城乡收入差异。这就是说，尽管城市中存在大量失业，但只要进入城市的预期收益大于农村收益，农民仍然会选择进入城市。可见，无论

---

① 罗红安：《浅谈城中村的特征及其改造措施》，载《广东建材》2010年第3期。

是刘易斯模型还是托达罗模型，都是基于这样一个共识：城市的发达和农村的落后是农村人口大量涌向城市的基本背景，而涌向城市的人口一旦超过城市现实承载力，就会引发"城市病"，因此城乡发展失衡是催生"城市病"的重要因素。[1]

城乡差距变动的倒 U 型曲线规律。美国经济学家库兹涅茨根据一些国家的统计数据发现，在城市化进程中城乡差距变动存在一个倒 U 型曲线分布现象，即随着城市化的发展，城乡之间的差距逐渐拉大，到一定阶段后又逐渐缩小，最终趋于均衡。库兹涅茨的理论说明：推拉理论的作用会一直影响着人口的移动，直至农村和城市的生产率相同或报酬相等。

（二）政府的公共管理职能的"越位、缺位"严重

作为近年来出现的一个独特的社会群体，农民工呈现出以下特征：一是数量大且增速很快。这一群体目前有 9900 万人，而且每年还以 500 万人的速度在增加。[2] 二是身份特殊且地位尴尬。他们离开土地甚至居住地而在城镇从事着非农产业，不同于传统的真正的农民群体，两者之间的隔阂日益加深。他们又因为户籍的原因而与传统的城镇劳动者有别，且被包括社会保障制度等在内的面向城镇居民的相关制度所排斥，使得他们难以真正融入城镇社会和工业劳动者群体。三是流动性强且未来发展的不确定性明显。

1. 政府"缺位"于农民工的社会保障

首先，农民工社会保险参保率低、覆盖面小、退保率高。从农民工参加社会保险项目的情况来看，虽然农民工参加保险的人数有所提高，但是参保率仍然偏低。截至 2010 年年底，在全国 24223 万人的农民工中，参加养老保险的人数为 3284 万人，参保率接近 14%。部分地区如广东、深圳参保率也仅达到 20% 左右。有的地区将农民工纳入城镇职工养老保险体系，但在缴费比例上有所差别。如浙江省实行"低门槛进入、低标准享受"的办法。参保企业和个人的缴费比例分别降至 12% 和 4%。而在乡镇企业中务工的外地农民工则基本没有参加任何保险。[3]

农民工进城务工，由于户籍制度和知识水平的限制，大部分从事脏

---

[1] 刘永亮、王孟欣：《城市失衡催生"城市病"》，载《城市管理》2009 年第 2 期。
[2] 马留霞：《农民工社会保障问题忧思与求解》，载《中国乡镇企业会计》2012 年第 4 期。
[3] 黄建萍：《我国农民工社会保障问题探析》，载《福建农业科技》2012 年第 2 期。

乱、危险的工作,对他们而言工伤保险、医疗保险是最迫切需要的,但是由于种种原因,参保率依旧很低。参加工伤保险的农民工达到6300万人,参保率仅为26%。据国务研究室的调研报告结果显示:农民工参加医疗保险的平均参保率仅为10%。据调查显示,有36.4%的人甚至多次生病,但生病后有59.3%的人没钱看病,而是仗着年轻硬挺;另有40.7%的不得不花钱看病,但医疗支出大部分自费,用人单位支付的不足1/12。

失业保险和生育保险缺失虽然对农民合同制工人参加失业保险的情况未进行单独统计,但从农民工总量来看,可以说绝大多数未参保。当前的主要问题,一是用人单位为降低用工成本不愿意为农民工参保缴费,农民工本人不敢主张权利;二是农民工流动性强,如果在一个单位工作不满1年,按政策不能享受相关待遇,影响了参保积极性;三是农民工流动方向不确定性强,在一些地区数量较大,时间上往往也很集中,如果转移失业保险关系,经办工作难度很大。此外,农民工基本未参加生育保险。[①]

相较于较低的参保率来说,农民工退保率却依然居高不下。近年来全国每年退保和转移的农民工仍高达80万人。当然,随着《城镇企业职工基本养老保险关系转移接续暂行办法》2010年1月1日的正式实施,其中规定农民工的基本养老保险关系可在跨省就业时随同转移,农民工养老保障退保较多的情况开始逐渐减少。退保率高的问题依然没有根本解决的原因与进城农民工的职业流动性较强和工作稳定性较差密切相关。此外,尽管我国在社会保障覆盖方面做了很大的努力,但它与我国人口基数相比其覆盖面仍然较小,而且,绝大部分从事临时性工作的农民工,如家政服务员、个体商贩,更是没有被纳入社会保障项目。

纵观世界各国社会保障制度建立和发展的历史,无一不是立法在先。作为社会保障制度核心的《社会保险法》于2010年10月28日通过,在今年7月1日才施行,也就是说,目前我国尚没有一部全国性的综合性的社会保障法,更不用说专门针对农民工的全国性的综合性的法律、法规了。我国现有的针对农民工的社会保障中关于社会救济、社会福利等几乎都处于立法空白的状态,其立法所覆盖的项目也仅限于劳动和社会保险方面,造成社会保障制度的运行缺少足够的法律支撑。而现有颁布的各种与社会保障相关的法律、条例、决定和通知等,关于农民工社会保障问题的

---

① 张东明:《我国农民工的社会保障问题研究》,载《河北农业科学》2010年第5期。

明确规定还极其少,目前关于农民工的社会保障立法主要还是依靠地方政府规章和规范性文件。同时,社会保障法作为一个独立的法律应有自己完整的体系,理应由国家最高立法机关——全国人民代表大会来制定,作为其中的重要组成部分之一,农民工社会保障立法也不例外。但现实情况表明,全国人大立法极少,立法层次低。而且,近些年来我国各级政府及有关部门颁布的涉及农民工社会保障方面的法规虽多,但大多以"条例"、"决定"等形式出现,缺乏法律的权威性和稳定性。

其次,我国对农民工的社会救助制度不健全。农民工进城后,处于城市的最底层,是个很容易受伤的群体,背井离乡及过着窘迫的生活。目前,我国城镇社会救助制度和农村社会救助制度都已经成立,由于农民工常年游离于城市和农村之间,农村户籍限制了其不能平等地享受城镇居民的社会救助,又因为其常年在外漂泊基本情况无法核实,不能享受农村社会救助。并且,农民工被纳入城镇职工失业保险的比例非常小,而且也没有获得相应的最低生活保障制度的支持,在他们失业时,主要生活来源为自己的储蓄或家庭供给,有的甚至没有任何生活来源。更重要的是,即使解决了失业保险的问题,如果没有最低生活保障制度的支持,失业保险保障期满,或者由于不完全就业而导致的低收入状态,同样会使农民工的生活陷入困境。

再次,我国社会福利制度的城乡差异明显。我国几乎所有的社会福利项目都是基于城乡二元的户籍制度建立和运行的,农民工由于没有城镇户籍而无法获得城镇的社会福利。比如农民工不能平等地享有就业机会,农民工子女不能完全同等享受城镇的义务教育福利,农民工无法享受城镇的廉租住房福利等。涌入城市的农民工,在就业方面受到种种歧视:其一,没有公平的就业机会,没有平等地就业培训机会,有学历和文化程度的限制;其二,即使就业,也多为劳动时间长,劳动强度大;其三,不能做到同工同酬。因为大量的农民工往往以临时工的身份与用人单位签订劳动合同,不仅待遇低,工资少,而且到期不能续签合同,在保险待遇上也与正式工存在很大的差别。

我国宪法赋予每个公民有平等地享有受教育的权利,我国实行九年义务教育。那么,农民工的孩子,当然应该和城市居民子女同样地有受教育、上学堂的权利。但几乎各个城市地区教育行政管理部门都对农民工子女入学作了限制性、不合理的规定,据国家统计局最新发布的《城市农民工生活质量状况调查报告》,目前农民工在城市打工大多居住在简陋的宿舍里,有29.19%的农民工居住在集体宿舍里,有20.14%的人居住在缺乏厨卫设施的房间里,7.85%的人居住在工作地点,6.45%的人居住在临时搭建的工棚里,还有12.54%的农民工在城里没有住所,只能往返于城郊之间,或回农家居住。居住面积小、环境差、配套设施不齐全、生活质量低下,是目前我国农民工居住的基本状况。[①]

最后,有关机会平等的教育资源在城市与农村分布不均。随着我国现代化和城市化进程的加快,越来越多的农民工成为城市建设和发展中一支不可或缺的力量。随着进城务工的农民工人数的加剧,公立学校接纳有限,农民工子弟学校缺乏有效管理,农民工子女教育出现诸多问题,特别是在学校收费和管理、心理和安全方面存在种种问题,进而滋生一系列社会问题,令人担忧。农民工子女教育问题也日益凸显是现阶段社会瞩目的热点问题之一,也是我国义务教育新的难点和薄弱环节。尽管政府也出台了一系列文件,但是对于解决农民工子女的教育问题收效不明显甚至使问题日趋突出。

我国的流动人口大约1.2亿人,农民工随迁子女接近2000万人。根据中国九城市流动儿童状况调查结果显示,流动儿童中没有上学的人数占6.85%,失学的人数占2.45%。可见,我国有接近100万名农民工子女不能及时入学,而在教育阶段农民工子女失学人数接近60万人。根据调查,部分城市存在一批并未获得办学资格的民办农民工子女学校,与公办学校相比,未获批准的民办农民工子女学校存在着办学条件差、师资力量薄弱、教学设施不健全等问题。

学前教育和高中教育都属于非义务教育,国家缺乏针对农民工子女接受非义务教育的政策支持和经费投入,又因为高昂的借读费和户籍政策的限制使得农民工子女普遍缺乏公平的学前教育和高中教育机会。

2. 政府"越位"与城中村改造的利益分割

"城中村"的出租屋是在农民的宅基地上建立起来的,本不能用来作商业出租,但农民建房用以出租由来已久,各级政府只能接受这个既成事实。在城市高速发展的过程中,原住民们走上了一条依赖房屋和土地出租的致富之路,村民通过建私房收租金和集体分红,过着衣食无忧的富足日

---

① 肖庆华:《农民工子女教育研究的立场》,载《教育与发展》2011年第3期。

子，形成一个名副其实的"食利阶层"。第二、三产业的发展和廉价出租屋带来大量外来流动人口，使得村庄内人口构成复杂，相应产生诸多社会问题。城中村改造过程中政府、开发商和村民的利益目标不同，因而存在诸多问题。①

政府的目标在于通过城中村改造实现改村为城同时提高财政收入；开发商作为投资者要实现目标利润最大化，尽量多地将政府或者村民的利益转化为自身的利益；村民作为被改造对象的目的在于摘掉农民的帽子从而彻底融入城市生活中去。三方利益存在矛盾，在短时期内相互之间构成了联合博弈。基于利益的相互角逐中各自都会尽量以自身利益最大化为目标而较少顾及其他利益主体，力量较为强大的一方在利益角逐中受到的损失就会更少，三方的力量按照"政府—开发商—村民"的顺序逐渐降低。各主体利益间矛盾平衡的结果往往是村民的利益受损。

城中村改造的重要障碍因素之一就是村民与政府在补偿标准层面不能达成一致。农民希望通过一次性补偿得到更多的收益，补偿中应该包括村民失地后面临的各种风险补偿，村民将未来的生活状况全部押宝在了一次性补偿上，但政府层面为了压缩拆迁成本会尽量降低补偿标准，在政府与村民之间的博弈过程中就出现了拆迁过程中的很多钉子户。其实村民希望能够得到的补偿不仅是目前能够预测到的和能够看见的补偿，更重要的在于不能预测的潜在问题风险的补偿。包括土地上的固定建筑拆迁补偿、村民由于拆迁而蒙受的收益损失的补偿、村民的心理障碍补偿、村民由于拆迁而造成的未来生活质量下降的补偿、村民面临再就业而必须的就业培训的补偿、村民养育后代而由于拆迁必须支付更高的补偿等。②

由于户籍管理的二元结构，使得城中村居民虽然产业已经非农化，但还是保留着村级建制以及农村户口。这就从根本上制约了村民向市民的转化。城中村居民由于素质较低和从事产业的低档次，其身份不能在很短时间内得到转变。城中村改造的相关问题就是村民市民化，农业户籍转变为非农户籍是城中村城市化最为直接的表现，但这只是外在形式的变化，村

---

① 潘聪林、韦亚平《"城中村"研究评述及规划政策建议》，载《城市规划学刊》2009年第2期。

② 韩潮峰：《我国"城中村"问题的研究》，载《经济师》2004年第1期。

民的身份变化及谋生竞争力的变化才是内在质的变化。所以在一定程度上讲农民被征地后征地补偿至少要实现以下功能才能使失地农民快速实现市民化：为市民化的农民提供具有稳定收入的非农就业岗位；让失地农民能够得到最低生活保障；在失去的土地在未来具有增值收益时失地农民可以在与土地相关的总收益中得到相应的分成；在征地补偿中应该给农民提供养老保险和医疗保险。

（三）乡村劳动力转移存在的制度性障碍

目前，我国社会主义市场经济体系还没有完全建立起来，市场在资源配置中还不能充分发挥作用。在存在着市场扭曲的情况下，劳动力在城乡间的合理配置、各种要素在城乡间的自由流动依然会受到很大的限制。尤其是城市国有企业建立现代企业制度，真正实现自主经营、自负盈亏的道路还很长。企业不独立，市场就难以充分发挥作用，城乡劳动力自由流动就会受限制，再加上户籍制度也不可能在短期内完全放开，农民进城的障碍依然存在。同时，地方政府的城市偏向政策不利于乡村劳动力进城。由于城市下岗职工的存在，很多城市还出台了旨在保护本市工人的政策。[1]

（四）中国城市对人口吸纳力有限

一方面，短缺经济时代已成为过去，经济将逐步由外延扩张向内涵转变。靠铺新摊子、上新项目的高投入来带动城市发展的可能性越来越小，城市面临工业结构调整，产业优化升级的压力更加严重，在产业高级化过程中对传统工业劳动力的吸纳力越来越小；而新兴产业往往是高科技产业，对乡村劳动力的需求又是有限的。另一方面，我国城市人口基数已经十分可观，城市对其以外的劳动力需求并不是十分强烈，这种状况的改变还需要一个很长的过程。即使未来我国城市经济发展良好，对劳动力的吸纳力不断增加，但我国乡村人口数量庞大，短期内城市根本无法承担大规模的人口转移负担。

（五）小城镇发展约束了乡村城市化的潜力

小城镇是乡村城市化的载体，但是在发展中暴露出了不足：第一，规模小，发展所需投资大。普通小城镇的规模虽小，但在规划建设上各种公共设施也必须配套，投资大、见效慢，规模很难上去。第二，由政府推动

---

[1] 简新华、黄锟：《城市化过程中的农民工问题研究》，人民出版社2008年版，第20—29页。

的小城镇建设特色不明显，千篇一律，并且存在着盲目投资的现象。第三，小城镇除规模外，基础设施建设和普通乡村差别不明显，因而对农民的吸引力不足。总之我国城市化道路是一个长期的过程。

五 破解"过度城市化"的公共管理创新研究

（一）国内外城市化发展模式的借鉴

西方发达国家工业化首先发轫于城市。一开始城市和乡村就以一种不同的、甚至是对立的形式出现，城市是工业的集聚地，而乡村则成为传统的古老的第一产业的代名词。在城市化的发展历程中，明显地表现为城市对乡村的强烈影响和控制，城市化过程就是城市主动扩张，乡村被动接受的过程。在整个城市化过程中大规模的乡村人口流向城市，资本、资源、人力等各种生产要素以及基础设施的建设完全以城市为中心和重点来配置。彼得·霍尔的城市演变模型对城市化发展阶段的论述就是以城市、都市为着眼点，把城市作为一个主动的集聚、扩散源，而乡村只是一个被动的、在城市化过程中几乎不起任何主动作用的附属品来看待就是一个例证。"西方工业化的发展是以农村的萧条和崩溃为代价的，这是西方工业化道路的一大特点。"乡村区域的发展主要是通过城市的技术扩散、城市工业的影响实现的，乡村发展主要是由外生变量引起的。我国是一个发展中的大国，历史文化悠久、民族多样、国土广大、区域差异明显，城乡二元结构显著。受这些特点的影响，我国城市化模式将是多种多样的。

第一，在大城市或特大城市周围，以城市为主导、以城市地域扩展与人口集聚为特征的扩展型城市化模式，类似于西方发达国家传统的城市化模式。上海、京津、东北三省的城市发展把这种模式体现得最明显。

第二，在我国农村地域，主要是以乡镇企业为主体的经济与劳动力转化和建立农村城镇而呈现的集聚型城市化为主导模式。这种城市化模式完全不同于西方发达国家，也不同于被麦吉所称作的国家，它是以农民为主体，以农村经济发展为基础发生的"农民造城"运动，更显示出其独特性。这种模式表现最突出的是那些乡村集体或个体经济发达的地区，像江苏、浙江、山东等省市。[①]

第三，外资也在城市化过程中越来越显示出其作用来，出现所谓的外

---

① 田明、何流：《中国城市的发展趋势及未来模式》，载《现代城市研究》2000年第2期。

向型城市化。目前这种模式表现最明显的区域是东南沿海的广东、海南、福建等省市。随着全球化的日益加深，我国加入 WTO 以来，在实现全面开放的情况下，外部力量作用下的外向型城市化会进一步加强，会逐步与其他模式交织在一起发挥作用。

第四，西部大开发战略的实施，国内建立市场经济体制的改革，东部与中西部之间生产要素流动的加快，在西部将会出现以国家投资、东部投资带动西部发展的城市化模式。

（二）大中小城市和小城镇协调发展的城镇化道路

历经新中国成立后的"反城市化"政策、1978 年的"控制大城市规模，多搞小城镇"、1989 年的"严格控制大城市规模、合理发展中等城市和小城市"，十六大确立了"坚持大中小城市和小城镇协调发展，走中国特色的城镇化道路"的战略方针。从本质上讲，这一城市化的方针政策强调的是，城市发展应该摆脱大与小的争论，逐步消除政府的过度干预，结合不同地区实际情况以市场机制来调节城市的规模和布局及区域的城市化进程。具体到西部地区，应注重大、中城市发展，逐步优化城市规模结构，促使大中小城市和小城镇协调发展。之所以这样是因为，一方面，西部地区原有的大、中城市多为省、市、区、地、州的政府所在地，具有较好的基础，有限资金投入的回报率相对较高，有利于发挥其对地区经济的辐射带动作用；另一方面，西部地区可依托铁路、机场、高速公路、内河航运枢纽等大型交通设施，集中投资，尽快形成发展轴，并使这些轴上的大、中城市的"增长极"效用得到充分发挥，推动西部地区的城市化进程及区域经济发展。此外，发展大、中城市有助于改善西部地区不合理的城市体系结构，增加中间层次的城市数量，优化城市规模结构。当然此过程必须以切实可行的城市规划为基础，加大对大、中城市建设的投资力度，改善城市发展环境，积极引导各类企业和投资，提高城市综合实力。

（三）通过户籍、就业等制度创新，加快农村人口的市民化

我国二元户籍制度是目前的主要制度障碍。应积极稳妥推进户籍管理制度改革，落实放宽中小城市和小城镇落户条件的政策，统筹推进工业化和农业现代化，引导非农产业和农村人口有序向中小城市和建制镇转移，逐步满足符合条件的农村人口落户需求，逐步实现城乡基本公共服务均等化，迈出消除城乡差别的关键一步。因此，要想让农民工充分享受各项社

保，必须深化户籍制度改革，从根本上打破城乡分割的二元结构。[①]

农村人口进入城市大致涉及三个方面的问题，简单地说，即所谓的离开、进入和留下。其中的"离开"指的是农民是否愿意以及能否离开土地。近年来，由于粮食供应的放开，以及农民担心进城后更严格的计划生育政策限制等原因，使得农村户口转为城市户口的热情较前些年大为下降，而农民能否离得开土地又涉及一些敏感的话题，如：农民离开土地后的农地处置问题；土地转让后在农地使用权市场上形成的土地收益如何合理分配给有关当事人的问题等。这一方面关系到对现行土地制度的改革与创新，土地流转市场的建立和完善；另一方面关系到农民离开土地的机会成本的大小。从而影响其利益比较，进而影响到其进城决策。一般来说，经济越不发达，农民对这些问题就越关心，他们离开土地的可能性就越小。所谓"进入"问题指的是农民进城门槛的高低，它与传统的户籍制度紧密相关。这可通过进一步改革城乡分割的户籍制度和有关管理措施来解决，而农民能否"留在城市"又涉及区域产业政策、就业政策、其他相关发展政策及其作用效果等问题。虽然西部地区近年来在有关制度尤其是户籍制度的改革方面取得了较大的进展，但是仍然表现出明显的制度供给滞后及由此而来的制度性约束。今后，应进一步借鉴东部地区的成功经验，继续加大传统户籍制度及相关管理制度的改革力度，逐步取消移向城市的农村人口在居住、就业、社会保障、子女入学等方面的制度性限制，逐步消除城乡二元分割的体制性歧视，从多方面为城乡居民营造公平的制度环境，以推动农村人口的市场化转移。如城镇住房制度的改革，应结合"离土离乡"农民的实际需要，大力建设经济适用房，提供廉租住房让他们买得起、住得起；加快建立城乡统一、开放、竞争、有序的劳动力市场，实行公平竞争的就业政策；加快建立以养老、失业和医疗为主体，国家、企业、个人三方共同承担，社会统筹与个人账户相结合，覆盖城乡的统一的社会保障体系。

（四）建立城市建设投融资及运营，缓解资金对城市化的瓶颈制约

长期以来，国家和地方政府一直是城市建设的组织主体和投资主体。但在社会主义市场经济体制下，政府要充分调动各方面积极性，尽可能发挥市场主体的作用，尽快建立政府投资和市场机制相结合的城市建设机

[①] 马吉波：《失地农民社会保障问题探究》，载《东方企业文化》2012年第2期。

制，从直接投资为主转变为以多元化市场主体投资为主。有条件的城市要成立城市建设投资实体或股份制形式的建设投资主体，负责资金的筹集、使用和管理，走规模化投入和经营的路子；积极鼓励个体经济、私营经济和外商等社会投资参与城市基础设施的建设和经营。其次，要充分发挥市场筹资功能，拓宽城市建设投融资渠道。一是改革价格机制和收费制度，不仅要对与城市基础设施建设相关的公共产品，如供水、供热、燃气、排污等的价格进行改革，使其渐趋合理，而且要不断完善和规范收费制度，为企业自我积累、自我发展创造条件，逐步实现规模化投入；二是规范城市土地批租，实行对土地的资本化管理，提高城市筹措资金的能力，加强资金管理，确保专款专用，加快城市基础设施建设；三是借助西部大开发的相关政策一方面积极争取国家支持，另一方面依据 WTO 的有关规则，制定社会投资进入城市基础设施建设领域的范围、方式、利益分配及优惠政策等等，吸引各方投资。同时，积极开展"建设—经营—转让"（BOT）和"转让—经营—转让"（TOT）等方式的融资途径。[1]

从以城市数量、规模和空间布局结构为标准划分的城镇化类型的选择方面来看，由于中国人口众多、地域广阔，不能只搞集中型的大城市化，不可能让大部分人都集中到大城市；由于小城镇缺乏规模效益和集聚效益，也不能只实行分散型的小城镇化。因此，中国特色的城镇化在城镇化类型上，只能选择集中型与分散型相结合、据点式与网络式相结合、大中小城市与小城镇协调发展的多元化的城镇化。

结　论

城市化过程中的问题是在我国发展中出现的，也应在发展中解决。"过度城市化"以及"城市浅表化"都是一种非良性的城市发展状态。在历史原因以及政策机制的作用下，我国城市化呈现规模大、程度低的状态，只有较高城市化之形，不具有现代城市化之实。如何使得我国浅表层的城市化具有内涵，是新时期我们所要解决的问题。城市化与工业化以及中国的现代化密切相关，解决城市化过程中出现的问题，保障农民工的利

---

[1] 简新华、黄锟：《城市化过程中的农民工问题研究》，人民出版社 2008 年版，第 20—29 页。

益使其"市民化",关乎整个经济社会的良性发展。城市化作为引动经济增长的新动力这一事实,从客观上要求我国城市化要高速发展,"作实"城市化成为我国现阶段发展的紧迫任务。

在城市化的发展进程中,应该坚持以人为中心推动城市化,整合社会资源,创新城市化管理和城市治理模式,积极借鉴外国的经验,顺应城市化的潮流,正视城市化中的问题,以城市化带动工业化,以工业化促进现代化,避免"过度城市化"对我国发展的限制,实现我国经济社会的平稳发展。

第八章　用公共管理制度创新抚平社会动荡

我国已经进入中等收入国家行列，相对于经济的高速发展，体制建设滞后，社会发展中重视效率，公平性不足，收入分配差距扩大，社会阶层固化和利益者主体日趋多元化，利益的冲突带来社会动荡不安，虽然经济发展水平逐年提高，但社会发展过程中群体性事件频发、社会治安问题严重、弱势群体矛盾冲突加剧、社会危机无法得到有效治理。这些问题如果得不到有效的治理，将会带来社会的动荡不安，反过来阻碍经济的发展，陷入"中等收入陷阱"的泥潭中无法自拔。由于公共管理本身就包含公共性要求，为避免陷入"中等收入陷阱"，公共管理制度创新具有社会公正和促进社会整合的价值取向，通过建立多元化的管理主体、利益诉求机制和完善社会保障制度，用公共管理制度创新来抚平社会动荡。

一　国内外社会动荡的发展规模和表现形式

（一）国内外社会动荡的发展演变及模式

1. 社会动荡的概念界定

社会动荡是社会活动的一种表现形式，与近年来国家倡导的社会和谐相反，共同构成了社会的两面。"和谐"一词意指融洽、调和。中国古代就有"和而不同"的说法，和谐是指对自然和人类社会变化、发展规律的认识，是人们所追求的美好事物和处事的价值观、方法论。现阶段我们要建设的和谐社会应该是民主法治、公平正义、诚信友爱、充满活力、安定有序、人与自然和谐相处的社会，具体来说，包括以下五个方面的内容：一是个人自身的和谐，二是人与人之间的和谐，三是社会各系统、各阶层之间的和谐，四是个人、社会与自然之间的和谐，五是整个国家与外部世界的和谐。① 与和谐社会相近，英国社会政策的鼻祖，现代社会政策理论的创始人理查德·蒂特马斯（Richard Titmuss）早在他 1950 年的作品《社会政策的问题》一书中就阐述了美好社会的定义，即是以个促进利他主义发展、再分配的社会政策，来促进社会整合。

根据《辞典》的定义，动荡是一个动词，基本释义有两个：一是指波浪起伏；二是形容局势不稳定、情况不平静。动荡一词在中国古代早已出现，一般又作"动汤"。《史记·乐书论》有记："故音乐者，所以动汤血脉，通流精神而和正心也。"唐代诗人白居易在《草词毕遇芍药初开偶成十六韵》一诗中也提到："动荡情无限，低斜力不支。"《朱子语类》卷十六说："如水相似，那时节已是淘去了浊，十分清了，又怕於清里面有波浪动荡处。"明代高启的《游灵岩记》一文中说："虚明动汤，用号奇观。"可见，"动荡"一词既可以指一种动作，与"动摇"相近，也可以用来描述一种状态，与"平静、安宁、稳定"相反。

社会动荡是一个相对抽象的概念，对此目前还没有一个权威定义，相关学者在论述中也没有对此形成一个统一的定义，英文翻译中将社会动荡译为 Social Instability，还是着重从社会不稳定方面进行解释。有学者认为，社会动荡有广义和狭义之分。广义的社会动荡，泛指社会不稳定、不安全，既包括"中度"的社会不稳定、不安全现象，也包括"重度"的社会不稳定、不安全的现象。狭义的社会动荡则专指"重度"的社会不稳定、不安全的现象。人们平时所说的社会动荡更多的是狭义的社会动荡。张士俊认为，社会动荡是指一国或一个地区的人类生活秩序，由于种种矛盾（比如，社会的某些集团、群体或阶层处于尖锐对峙状态）脱离了正常的生活轨道，致使人们的学习、工作、娱乐、休息等活动受到严重干扰，甚至被迫中断的现象。② 清华大学教授孙立平认为，社会动荡是指严重的社会冲突，并会威胁政权和制度的基本框架。

本章中社会动荡，首先采取广义的界定，泛指社会中的种种不稳定、不安全的现象，既是一种正在进行的动作，也是一种状态；其次，本章中的社会动荡在部分情况下是指人均 GDP 到 3000 美元附近，由于快速发展

---

① 中共中央十六届六中全会：《中共中央关于构建社会主义和谐社会若干重大问题的决定》，2006 年 10 月。

② 王士俊：《社会动荡的一般模式及对策》，载《燕山大学学报》（哲学社会科学版）2011 年第 2 期。

中积聚的矛盾集中爆发,自身体制与机制的更新进入临界,经济发展自身矛盾难以克服,发展战略失误或受外部冲击等带来的社会不稳定、不安全。

2. 国内外社会动荡的历史演变及模式

一是,世界社会动荡的演变及模式。

社会动荡作为社会存在形式的一个方面,在世界范围内都是普遍存在的。总的来说,从范围上看,社会动荡有全局和局部之分;从层次构成上看,社会动荡一般远比政治动荡、经济动荡、思想动荡要复杂,通常不是单一层面的社会冲突,而是多层面动荡的综合;从表现形态上看,它可以是大规模的灾乱、战乱、叛乱、起义,也可以是示威、游行、政变、党争、经济危机等,典型的比如席卷西亚、北非的"阿拉伯之春"运动,还有"占领华尔街"运动等,其主要原因就是国家过度追求GDP过程中,社会不公引起民众的普遍抗议,尤其是社会弱势群体,他们普遍感觉未享受到经济增长好处,且觉得被社会边缘化,从而对社会产生失望甚至绝望情绪。就全世界而言,大致分为两种全局性的社会动荡。一种是专制政体国家僵化顽固,死不推进真正的政治改革,或改革步伐明显滞后,虽表面"稳定",但权利被剥夺的民众不满之"地火"在不断积聚,张力达到一定程度后突然失控,导致整个社会失序动荡,如时下的突尼斯、埃及及中东其他国家等;另一种是专制政体欲向民主政体过渡时,民主制度不够成熟时发生的动荡,如科特迪瓦、吉尔吉斯斯坦、乌克兰、泰国等。[1]

二是,中国社会动荡的演变及模式。

追求安定的生活是人类的本能,这一点在中国人身上体现得尤为明显,纵观中国几千年的发展历程,历史上的统治者曾定过654个年号,其中"太平兴国"、"安定"、"兴和"、"和平"、"建安"一类的就占60%以上。农民起义者曾定过55个年号,有12个是呼唤"太平"、"广安"的,从"西安""长安"等沿用至今的城市名字也能看出这一点。整个中国的发展历史,就是一部"稳定—动荡—稳定"无限循环的历史,从公元前771年春秋时期开始,至1949年新中国建立,在这长达2720年的历史中,社会动荡的时间就有1120年,约占41.47%;新中国成立后至今,其中有十年是灾难深重的"文化大革命"大动乱。从中国历史上改朝换

---

[1] 林明理:《社会动荡的"罪魁祸首"》,新加坡《联合早报》2011年2月2日。

代时期的混乱时期到新中国成立前后的具体状况，可以得出中国社会动荡的特点：其一，在经济层面，经济发展陷入停滞状态，甚至出现倒退的情形，经济领域混乱，经济秩序丧失。其二，在民生层面，社会动荡会使许多经济行当停产或减产，民生日常用品极度匮乏，公共服务物品短缺，通货膨胀现象迅速扩张，失业现象严重，这一切会直接大幅度大面积地降低人民的生活水准，民众生活陷于苦难之中。其三，在社会整合层面，社会出现全面混乱、完全失序的局面，具体表现在：社会共识丧失，社会控制失效，社会规则体系阙失殆尽，制度失灵，整个社会失控，自发社会风气，中央政府政令不畅甚至失效，政府黑社会化，黑社会公开化，社会各个群体之间呈现一种恶性互动的状况，大规模的社会暴乱持续不断。另外，社会动荡甚至还会使公众的人身安全得不到最起码的保障。如今，中国成为全球第二大经济体，虽然 GDP 依然呈增长趋势，但速度越来越慢，耗费的成本也越来越高。不仅如此，GDP 的高速发展所带来的环境恶化、公平正义缺失等问题，日益显示出它与促进人类幸福相违背的一面，小范围的社会动荡不可避免。

3. 社会动荡的特点

社会动荡是由人类社会的政治冲突、经济冲突、思想文化冲突以及上述三项内容之间的相互冲突构成的。[1] 现阶段，由于经济发展很快，社会制度严重滞后，社会动荡呈现出了一些新的特点。

从原因上看，社会动荡主要由经济冲突造成。社会治安案件的发生频率是关系到一个地区社会稳定并保障社会各项指标发展的主要因素。社会治安问题发生的前提是"社会失范"。社会失范是相对于社会规范而言的，也就是对社会规范的否定或者背离。社会失范是一种规范缺乏、含混或社会规范变化多端以致不能为社会成员提供指导的社会现象。在经济社会里，社会失范主要表现为不正当的竞争行为。经济主体从个人所处的利益关系出发，在市场经济的活动中，违反、背离社会主义市场经济公平竞争、自愿诚信的基本道德原则。而上述这些交易失范行为不仅破坏了市场的基本道德原则和价值规律，也损害了市场活动的参与者（消费者和其他经营者）的合法利益，使受害者将其不满情绪转化为对党、政府和社

---

[1] 王士俊：《社会动荡的一般模式及对策》，载《燕山大学学报》（哲学社会科学版）2011年第2期。

会的不满。在政治生活领域里,社会失范主要表现在两方面:一方面是权力的私有化,另一方面是权力的资本化。少数党政官员、职权拥有者,在合理合法外衣的掩护下,通过各种手段动用公共权力谋求个人私利,使公权力发生异化和畸变。思想、文化生活领域里的社会失范,指的是价值观的颠倒和错位。

社会认同和社会向心力急剧流失。一方面,经济高速发展,政治生活中的腐败、寻租行为多发,使社会中"一切向钱看"的苗头见长,另一方面,收入分配不均,社会公平正义流失,使"仇官"、"仇富"的心态普遍,这种社会心态的动荡,就明显具有很弱的社会认同感和社会向心力。作为一个具有深厚积淀的传统国家,几千年来,我国的传统深刻地影响着人们的价值观,并且形成强烈的社会凝聚力和向心力,由于经济社会生活发生改变,当前的社会不稳定因素中,使人们传统的价值观发生改变,导致价值观颠倒和错位。

颠覆性和激烈对抗性。社会动荡具有颠覆性。经济高速发展的同时,由于制度的滞后和不完善,现有的基本制度和基本政策无法满足民众的基本利益诉求,政府与民众之间的对抗性矛盾无法消解,因而民众要求颠覆现有的基本制度,改变现有的基本政策。正如有学者所指出的那样:"社会动荡是指严重的社会冲突会威胁政权和制度的基本框架。"在"中等收入陷阱"阶段,如果任由社会动荡发展,将会产生不可估计的后果。由于原有的基本制度直接而且是严重地妨碍或损害着民众的基本利益,由于对立双方的价值观相距甚远,由于民众与政府之间的矛盾是对抗性的,无法达成哪怕是低限度的妥协,已经没有调解的余地,所以,民众在社会动荡中所采取的抗争方式往往是比较激烈的。社会动荡有时甚至会伴随着最为激烈的抗争形式亦即流血的武力抗争方式。我国的犯罪率居高不下,社会治安问题频发,群体性事件众多已经从一个侧面隐约证实了这一问题。

(二)中国社会动荡的表现

中国目前已经进入中等收入国家行列,相对于经济的高速发展,体制建设滞后,社会发展中重视效率,公平性不足,社会结构的各个部分、社会生活各领域、社会体系各层次的变动出现了各种不协调现象,而这种不协调的现象也就是社会动荡的征兆,与陷入"中等收入陷阱"的拉美国家相比,我国经济发展和社会发展的过程中,出现了某些"拉美化"现象,如贫富差距加大、社会保障覆盖面过低、就业形势恶化、社会事业发展缓慢、政府债务和财政风险加大等。① 这些现象暂时被经济高速增长所掩盖,一旦这些问题带来的社会矛盾激发,后果不堪设想,社会当前的很多问题从一个侧面在某种程度上体现了社会的动荡不安。

1. 经济利益的冲突带来社会动荡

一是,征地拆迁带来的利益冲突。

在所有的群体性事件中,农民问题占30%—40%,而在农民问题中土地问题又是主要问题,其中,涉及征地和拆迁的约占60%—69%,② 国家信访局数据表明:2003—2006年接待的上访人数中,有近40%涉及拆迁,而这一期间建设部统计的这一比例高达70%—80%,其中群访和集访事件严重影响了社会稳定和谐。③ 首先,对于中国人来说,土地和房屋都是"根"的象征,对人的生存状况有很大的影响。因此,一旦遇到征地拆迁,很多家庭的生活将会受到很大影响,他们需要得到合理的补偿,一旦未能如愿,他们的生活水平会大幅度下降,心理也会对社会对政府产生很大的不满和不公平感,同时大部分被征地和拆迁的民众缺乏法制维权意识,在维权方式上采用极端不当的方式,对社会稳定造成威胁。另一方面,政府在推进拆迁征地过程中也存在着很多不当的做法,有的地方政府为了自身的利益,在拆迁过程中不顾及居民的感受,存在着很多强拆、强征、暴力拆迁等行为,不尊重民众的意愿和尊严,并且不按照法律规定进行征地拆迁和补偿,在这一过程中也没一个完备的机制对政府和民众的行为进行约束,在发生了征地拆迁的社会矛盾后,往往不能引起相关政府的注意与重视,处理这类问题时做法失当,导致矛盾升级,引起更大规模的社会不稳定。其次,征地拆迁导致的失地农民或贫困群体的长远生计缺乏保障。在城市中,征地拆迁的对象往往都是城市中的老户人家、贫困人口,他们在经历了拆迁之后,生活水平大幅度的下降,甚至失去了住处,以前的生存方式也受到了很大的影响,以后的生活成了问题。失地农民的可持续生存问题尤其严重。近几十年来,我国不断地进行征地,按照2006—2010年全国年均净减少耕地面积620万亩和全国农业人口耕地

---

① 唐铁汉:《中国公共管理的重大理论和实践创新》,北京大学出版社2007年版,第257页。

② 于建嵘:《从维稳的角度看社会转型期的拆迁矛盾》,载《中国党政干部》2011年第1期。

③ 李晓:《政府应对城市拆迁冲突问题研究》,载《广州大学学报》2011年第5期。

1.89亩计划来看,"十一五"规划期间新增失地农民总数约1640万人。按照《全国土地利用总体规划纲要》,2000—2030年的30年间占用耕地将超过5450万亩,这意味着失地农民的规模还将继续扩大,农民失去了土地意味着失去了家庭财产、生产资料和生活保障三重功能,但是目前的征地大多数采用的是一次性货币安置的政策,对农民以后的生活难以照顾到,从长远来看,一方面,失地农民自身的理财能力和货币本身的贬值很容易使农民坐吃山空,长远生计缺乏保障,对个人或者社会都可能产生不良的影响。另一方面,被征地拆迁的民众数量日益增多,如果他们的问题得不到妥善处理,长此以往,政府的公信力就会大打折扣,政府的形象和诚信会受到威胁,不利于今后的管理。

二是,失业问题严重。

目前,中国的失业问题呈现出失业率随着中国经济的高速发展而不断上升,经济增长所创造的就业机会远赶不上新增的失业人数,呈现出失业人群的年轻化,失业与空岗并存的特点。[①] 虽然长期内,我国劳动力总数大幅下降,劳动力市场会出现供不应求的现象。但是,短期内劳动力供给大于需求,再加上结构性问题,中国的失业率依然会保持在较高的水平。受到美国次贷危机和欧盟债务危机的影响,我国的经济增长水平也会放缓,失业率不会有大幅下降。大量失业人口无法实现再就业,收入水平得不到保障。一旦失业率不断上升,失业人口会聚集以非法手段来表达自己的利益诉求,并影响社会的正常秩序。

2. 社会问题频发带来社会动荡

一是,社会治安问题突出是当前社会动荡的主要表现。

社会治安案件的发生频率是关系到一个地区社会稳定并保障社会各项指标发展的主要因素。社会治安问题发生的前提是社会失范。"社会失范"是相对于社会规范而言的,也就是对社会规范的否定或者是背离。社会失范是一种规范缺乏、含混或社会规范变化多端以致不能为社会成员提供指导的社会现象。在经济社会里,社会失范主要表现是不正当的竞争行为。经济主体从个人所处的利益关系出发,在市场经济的活动中,违反、背离社会主义市场经济公平竞争、自愿诚信的基本道德原则。而上述这些交易失范行为既破坏了市场价值规律和基本道德原则,又损害了消费

---

① 王蕾:《现阶段中国失业现状、原因及对策分析》,载《人力资源管理》2010年第4期。

者和其他经营者的合法利益，使受害者产生不满情绪转向对党、政府和社会的不满。在政治生活领域里，社会失范主要表现为"权力的私有化"和"权力的资本化"。少数党政官员、职权拥有者，在合理合法的外衣掩护下，通过各种手段动用公共权力谋求个人私利，使公权力发生了异化和畸变。思想、文化生活领域里的社会失范，指的是价值观颠倒和错位。刑事犯罪案件和群体性事件频发成为社会治安事件的突出表现形式。

现阶段，我国的社会治安问题频发，社会治安管理现状堪忧，新中国成立初期为我国第一次犯罪高峰期。当时恰好是新旧社会更替时期，许多旧社会残留分子对新政权仇视并进行颠覆和破坏，因而当时我国的社会治安问题主要以普通刑事犯与反革命犯罪为特点。1950年犯罪达到高峰，立案58.3万起。三年自然灾害困难时期是我国第二次犯罪高峰期。1962年为高峰，当年立案42.1万起，这次犯罪高峰是天灾人祸引起的。1966—1976年"文化大革命"十年是我国第三次犯罪高峰期。1973年达到高峰，当年立案53.5万起。改革开放初期是我国第四次犯罪高峰期。1985年是高峰，当年立案89万起。20世纪90年代中期是我国第五次犯罪高峰期。1984年社会治安形势好转不久就出现了明显的反弹。进入90年代后逐年上涨，90年代中期发案率为80年代前半期的8倍。通过这一组数据可以看出，现阶段的社会治安问题确实是比较严重的。当前，仅从数量上看，全国刑事治安案件就处于增大、波动、上升的趋势，其增长的幅度以及犯罪的绝对值已处在新中国成立以来的最高水平。同时，经济虽然高速发展，但社会各方面的制度建设没有跟上，导致社会矛盾突出，社会治安问题表现出了新的趋势，特别是现行犯罪向有组织犯罪，带有黑社会性质的犯罪团伙犯罪，流氓恶势力犯罪，毒品犯罪和爆炸、杀人、抢劫、绑架等严重暴力犯罪以及盗窃等严重影响群众安全的多发性犯罪等类型扩张。

群体性事件的频繁发生扰乱社会治安，引起社会动荡。肖文涛教授认为，群体性事件是指在特定情境下，有一定数量的人组成的特定群体或偶合群体，为了维护自身权益，或表达某种诉求，或发泄不满情绪，采取超越国家法律法规并对政府管理和社会秩序造成影响的集群行为。当前，我国正处于关键的社会转型时期，社会中的利益主体日益呈现出多元化的特征。利益冲突和博弈也在社会中出现常态化。而群体性事件就是这种利益冲突和博弈的突出外化。群体性事件成为我国近年来社会治安问题的突出表现形式。据统计，2005年我国的群体性事件为8.7万起，2006年超过9万起，2009年是2006年的一倍。特别是在近年来，贵州瓮安事件、云南孟连事件、甘肃陇南事件、湖北石首事件以及川渝教师罢课事件等数起超过万人参加的大规模的群体性事件，以及近期的反日游行示威活动，给社会治安造成了十分恶劣的影响。大部分群体性事件都是由于弱势群体缺乏行之有效的体制内的利益表达途径，尤其是组织化的利益表达途径。而正是这种利益表达途径的缺失，造成了弱势群体对社会不满的不断积聚。群体性事件在一定范围内能暂时打破社会活动的组织性和社会关系的协调性，使社会生活处于波动之中，在一定程度上破坏了社会稳定。同时，群体性事件具有一定的煽动性、蔓延性和演化性，一旦处理不当，容易引发一系列的连锁反应。

二是，弱势群体利益矛盾冲突加剧与社会动荡。

弱势群体应该是指在社会改革中其经济收入、社会地位、权利维护、竞争能力等方面均处于劣势的人群共同体。① 学界一般把弱势群体分为两类：生理性弱势群体和社会性弱势群体。社会性弱势群体是指那些由于社会的原因造成的在竞争中处于劣势、生活困难、容易受到伤害的人群，主要包括贫困农民、进城农民工、城镇下岗失业者等。当前，本书中所提到的弱势群体特指社会性弱势群体，即贫困的农民、进城的农民工和城市中以下岗失业者为主体的贫困阶层，在我国已经成为全球第二大经济体的今天，他们的贫困和弱势地位与经济的迅速发展形成鲜明的对比，各种矛盾冲突加剧，给社会带来动荡不安。

当前，弱势群体的矛盾冲突引发了一系列的社会问题，给社会稳定和谐带来了不利影响，为社会动荡埋下了伏笔。这些弱势群体的矛盾冲突带来的社会动荡主要体现在以下几方面。

首先，弱势群体的存在使得社会公正原则受到严重的侵蚀。在经济社会发展中，社会发展的成果应该由全体社会成员集体共享，即使有一部分成员没有公正享受发展成果，但是社会改革是利益的调整和重新分配，应让利益受损者能够及时得到补偿。改革蛋糕越做越大，就更要注意如何分好蛋糕，让社会成员共享改革发展成果，才能使社会稳定有序地发展，否则就是"有增长而无发展"。在经济发展和社会转型的背景下，现阶段我

---

① 王思斌：《社会转型中的弱势群体》，载《中国党政干部论坛》2002年第3期。

国弱势群体问题的存在是无法否认的，制度的制定和具体执行过程中违背社会公正原则，破坏社会公正的基础，造成了社会弱势群体的产生。但是，如果放任大量社会弱势群体存在，让他们承担改革的负效应而不做任何补偿，将会使社会成员对社会基本价值理念产生消极的认识，认为转型后的社会是不公正、不公平的社会，从而否定社会经济和政治制度，这将是非常危险的信号。

其次，弱势群体是影响社会稳定的重要因素。我国自古就有"不患寡而患不均"的思想，现在从一个平均主义盛行的国家转变迈入中等收入国家的过程中，贫富差距迅速拉大，弱势群体生活的贫困，经济社会地位的下降，使其失去对社会的基本认同，甚至疏离、怀疑社会政策，与主流社会日渐疏远到被边缘化，甚至完全隔离，思想上容易产生对立、敌视、怨恨等否定情绪，从而可能成为威胁社会稳定、影响社会发展的一个巨大的社会隐患。贫困不一定影响社会稳定，但当贫困与社会不公结合在一起，表现为不同阶层的巨大贫富差距的时候，社会的动荡就会一触即发。

最后，弱势群体的存在和数量增长与构建和谐社会的目标相抵触。构建和谐社会有利于中国顺利跨过"中等收入陷阱"。社会性弱势群体是社会中处于经济、法律和文化方面不利地位的那部分社会成员，与强势群体形成了反差和对立，而"强"与"弱"的悬殊及对比本身就是一种不和谐，这种不和谐也会极大影响社会性弱势群体的心理变化。为消除弱势群体对社会的敌视，各级政府部门和社会强者均有责任，设身处地为那些社会弱者，特别是那些与社会不公有关的、有强烈相对剥夺感的弱势群体想一想，只有双赢，才能共同维护社会的稳定。

三是，社会危机无法得到有效治理。

社会危机是指社会系统中的某个构成部分突发剧烈失调和畸变，导致社会生活秩序偏离正常轨道，从而严重威胁国家和公众安全，整个社会处于高度危险的紧急状态的社会现象。[1] 社会危机的产生根源于公平问题和权力（利）意识的觉醒。中国社会正处于社会转型期，由于分配制度不合理，造成社会贫富分化严重。对于一个有"不患寡而患不均"传统思想的国家来说，分配不公，贫富差距过大必然会导致社会积怨不断加深，

---

[1] 王忠武、吴焕文：《试析社会危机的类型与成因》，载《河南社会科学》2003年第5期。

最终会以极端的方式来宣泄自己的不满。另一方面，根据需求层次理论，当人们较低层次的需求得到满足之后就会追求较高层次的需求；当人们的生存需要得到解决之后，人们就会将自己的目光转向社会需要；当人们的生存权得到解决之后，人们就开始关注自己的发展权，平等、自由的意识开始在人们的头脑中成长，在这种状态下，人们逐渐开始关注自己作为国家主人的权利和作为公民的权利。不过，中国经济改革的速度快于其他方面改革的速度，没有给人们诉求一个畅通的渠道。

现阶段，我国的社会危机问题频发，这些社会危机如果得不到有效的治理，将引发大规模的社会动荡。社会危机主要表现在以下几个方面。

第一，农民问题。在中国农民这一社会群体中，农民的贫困问题、农民的社会保障问题、农民工问题、失地农民问题和农村富裕劳动力的转移问题最为突出。[①] 农民工为中国的经济发展提供了大量的劳动力，对城市建设也有不小的贡献。但是农民工并没有因为进入城市而改变自己的社会地位，在身份上依然是农民，城市的社会保障、住房、子女受教育的权利与他们无缘，他们成了在农村和城市的夹缝中生存的人员。另外，城市化进程中对土地需求大量增加，农村耕地被大量征占，因此形成了大批的失地农民。失地农民的权益无法得到保障，成为社会治安的一大隐患。这些问题都是中国经济发展、城市化过程中的突出问题，这些危机得不到解决，社会稳定就得不到保障。

第二，生态环境及疫情蔓延问题。作为社会危机的一个诱发因素，生态环境、大规模的疫情爆发都必须受到相当的重视。在现今中国民众普遍危机意识缺乏的情况下，一旦环境污染严重影响到人们的正常生活，疫情的大面积爆发，都会给人们造成极大的恐慌。抢购、挤兑、哄抬物价等情况都有可能出现，势必会影响到人们的正常生活。

第三，重大安全事故。近年来，由于制度不健全、腐败寻租行为的存在，重大安全事故时有发生，如重大的安全生产事故、重大交通事故、重大食品安全问题等。这些事故发生突然，伤亡人数众多。突发性的安全事故不仅使人民群众生命财产蒙受惨重损失，而且也影响了党和政府的威信和人们的社会安全感。食品药品安全、信息安全、环境安全问题也是如

---

① 马振超：《我国转型期可能面临的社会危机问题分析——由巴黎骚乱引发的思考》，载《北京科技大学学报》（社会科学版）2006 年第 2 期。

此。加之现代媒体的发达,事件会被迅速传播出去,使政府很快处于舆论的风口浪尖和全社会的关注之下。一旦发生重大安全事故就需要政府做出及时有效的反应和行动,否则就会点燃民众因重大伤亡而产生的悲愤之情。

第四,腐败问题。目前,腐败问题不断恶化,在关系社会发展和社会公正的经济、司法等领域中,腐败问题更是层出不穷并且越来越触目惊心,成为党和政府密切关注的问题之一。腐败问题是中国社会中最具破坏性的社会问题,直接关系到执政党的生死存亡。腐败行为的普及、蔓延导致的后果,从经济社会的层面来说是经济秩序混乱、贫富差距扩大、人心丧失、社会冲突层出不穷,从执政党的层面来说是党群关系紧张、党和政府的形象受损、执政合法性的丧失。

第五,民族宗教问题。目前我国的民族问题主要表现为极端民族主义情绪高涨和民族冲突问题。民族问题与宗教问题往往交织在一起,这就增加了处理民族关系的复杂性和极端重要性。近年来,随着资源问题、东西部经济发展差距的拉大,加之西方分裂、敌对势力对周边地区和我国西部地区的渗透和影响,一些民族极端分子、分裂祖国分子恶意借此搞分裂宣传,煽动一些不明真相的群众搞分裂活动。这些活动主要以分裂祖国为目的,以暴力犯罪为形式,以煽动民族矛盾为方法,破坏民族地区安定团结,对该地区的社会稳定造成了极大负面影响。民族问题一旦被外国反华势力利用,就会成为给中国制造事端的有力武器。

二 社会动荡产生的原因

对于目前的中国来说,虽然 GDP 依然呈增长趋势,已经迈入中等收入国家的行列,但 GDP 增速越来越慢,耗费的成本也越来越高。不仅如此,GDP 的高速增长所带来的环境恶化、公平正义缺失等问题,日益显示出它与促进人类幸福相违背的一面。专家认为,"如果说上世纪 80 年代的特征是改革,90 年代的特征前期是改革,后期是开放,而最新的这 10 年,维稳则成了最基本的基调"。而一再强调"维稳",就是因为社会负面情绪正在不断积蓄、勃发,很有可能引起社会动荡。不难想象,如果宪法本身是公平公正的,是得到全体国民特别是执政者忠诚遵守、努力维护的,如果这些国家的体制内应有的利益表诉与博弈渠道是畅通而具有普遍公信力的,那么这样的国家是不会发生大规模动荡的,即便遇到重大的矛盾、挫折或意外，自身也是可以修复的。正是垄断利益者因最终不甘心放弃自己的既得利益，总是企图靠破坏文明规则以维护自己私利，才导致公信破坏，社会动荡。因此，马英九在回顾当年的"二·二八"等一系列历史悲剧时，深刻地总结道："衡诸历史，任何政府与人民的冲突，如果以流血收场，政府身为握有公权力的一方，总要负起主要的责任。"也就是说，在遵守规则和维护体制公信的责任方面，政府应负最主要责任。

通常，利益冲突是根源，利益矛盾在发展到一定程度时就会带来利益冲突。从这个意义上来说，当前的社会冲突究其本质是利益的冲突，典型表现是具有利益丧失感的群体与政府、社会之间的对立。利益矛盾是指不同群体利益相互对立的一种状态。而利益对立是指群体的利益之间存在着一种相互损害或相互否定的趋势，即群体之间的利益关系处于零和博弈的状态。受计划经济时期对全能政府依赖的影响、受横向比较和向上看齐的趋向影响、受对未来不确定性的影响、受改革政策和改革进程的实际与政府的承诺之间差距的影响，再加上一些偶然的因素，所有在经济发展社会转型过程中利益受损或产生利益丧失感的人们，都会把矛头转向政府和社会，把自己看作是经济发展的受害者。对于各种原因所造成的利益矛盾和冲突，如果不能及时地、适当地加以解决，在一定条件下就会得到激化，演变成影响社会稳定的不和谐因素。具体来说，在当前中国经济社会发展的背景下，社会动荡的原因有以下几个方面。

（一）经济方面——社会动荡的根源

1. 社会财富分配不均

一是，国富民穷现象显著。

根据各省份公布的数据，除中国台湾和香港、澳门外，2011年，中国各地区生产总值超万亿的省份已达23个，人均GDP则从1978年的381元上升至2010年的29992元（折合4430美元）。然而，这些数据只能反映平均国民收入，老百姓真正的收入是多少呢？在2011年11月29日召开的中央扶贫开发工作会议上，中央决定将农民人均纯收入2300元作为新的国家扶贫标准，这一标准比2009年的1196元提高了92%，比2010年的1274元提高了80%，与联合国千年发展目标确定的贫困标准日均消费1美元接近。据测算，到2011年年底，新标准对应的扶贫对象规模约为1.28亿人，占农村户籍人口的比例约为13.4%，占中国总人口的近1/10。这些仅仅是农村处于贫困线以下的人口数据，农村没有被贫困线覆盖的贫困人口和城市的贫困人口数量可能更加庞大，国富民穷的现象在中国表现得尤为明显，这使得社会中"仇官""仇富"心态普遍，这种心态如受到某个事件的触动，就可能会引发社会冲突，从而造成社会动荡。

经济学家郎咸平教授表示，中国工人的平均工资一小时只有0.8美元，比非洲还低，位列全球最后一名，而中国工人一年的工作时间却是全世界最长的。欧美甚至巴西的居民消费占GDP的比重在60%—70%以上，而中国居民消费仅占GDP的29%，郎咸平教授将这归因于普通中国人太贫穷。另一方面，财政收入却年年大幅度增长，2011年上半年已超过5.6万亿元，比2010年同期增长31.2%，"国富民穷"显而易见。

二是，收入分配差距扩大。

改革开放以来，我国经济发展确实取得了显著的成绩，一部分人先富起来，但也有大量人口在贫困线上挣扎，贫富差距拉大。中国的经济较快增长，使人民生活水平得到了极大的提高。但是，落后的生产力又使中国各种社会关系、社会基本矛盾处于长期紧张状态，社会生产与社会需求之间的矛盾仍长期存在。这些因体制转轨而引发的各种社会矛盾和问题必然会影响到社会治安，使社会治安局面有可能出现某种动荡和波折。贫富差距扩大，人民的心理不平衡感加剧，影响社会治安的可能性大增；不同单位、行业、地区社会成员之间收入分配差距扩大，使社会成员心理不平衡感加剧，不仅直接影响社会治安，更为违法犯罪提供了一定的社会基础；市场竞争激烈，纠纷激化，影响社会治安的可能性大增。利益分配、冲突加剧，演化为治安事件的可能性大增，影响稳定、妨碍治安的境外因素大量存在。另外，我国市场经济发育还不完善，建立起来的规则与经济发展不相匹配，契合度低，出现不协调性，导致社会冲突、社会矛盾加剧。中国改革基金会国民经济研究所副所长王小鲁的独立研究说，中国10%最富人口每年收入接近20200美元，是10%最穷人口的25倍。"美林"公布的2011年《全球财富报告》显示，2010年中国拥有百万美元以上资产的富豪达53.5万人，位列全球第四。世界奢侈品协会的报告指出，2012年中国将取代日本成为全球第一大奢侈品消费国。中国有钱人狂购天价豪宅、钻石、名车、名表等奢侈品，而在通货膨胀的压力下，普通劳动者的收入应付生存所需的柴米油盐和居住、医疗及子女教育都捉襟见肘。

在初次分配中，国有垄断企业收入大大高于一般企业；同时在一般私人企业部门，资本与劳动的所得严重失衡；企业、职工与政府间的分配也存在失衡，居民整体收入增长落后于企业和政府收入的增长。由于市场失灵造成的收入分配失衡，由再分配来实现一定程度的公平，但我国的再分配存在明显的逆向调节机制，从社会保障方面来看，城乡社保制度的二元分割，以人群划分社会保障制度的碎片化现状，致使再分配也没有充分实现社会公平与公正。在三次分配方面，"郭美美"事件成为我国慈善事业的拐点，使本来还处于成长阶段的慈善事业降至冰点。

不合理的资源配置造成资源浪费，它既损害了社会总体利益，也在人与人之间形成不公平的资源分配关系，当这种不公平的关系在现实经济活动中被不断重复不断确认进而固定下来时，就形成社会整体的不公平，造成社会动荡不安，为社会带来很多矛盾冲突的诱因。对于弱势群体来说，情况更是如此，贫困性是弱势群体的本质特征，任何弱势群体，都内在地、必然地具有贫困性，[①] 当然也包括社会弱势群体。虽然我国近年来经济发展水平很高，公民的收入水平有很大的提高，但我国社会弱势群体中，有很多人还没有稳定的收入来源甚至根本就没有收入，使他们处于贫困状态，生活在最低生活保障线以下，生活水平低下，恩格尔系数高达80%—100%，很多情况下甚至入不敷出。他们的生活质量较低，购买廉价的生活必需品，文化和娱乐消费对他们来说是一种奢侈，更谈不上什么享受生活，社会进步对他们而言近在身边又远在天边。这些经济上的贫困性产生了一系列的连锁反应，使得弱势群体在其他方面处于劣势。

2. 利益主体多元化

从20世纪到21世纪，中国处于最深刻的社会转型时期，这种社会转型由两个深刻转变构成：一是体制的转轨，即从高度的计划经济体制向社会主义市场经济体制的转轨；二是结构的转型，即从农业的、乡村的、封闭的传统社会向工业的、城镇的、开放的现代社会转型。目前，中国处在社会大转型时期，各种经济、政治、社会的变化都引起了利益格局的大调整，使利益主体日趋多元化。各种利益主体在追求利益的过程中，由于存在着不同程度的利益分化，不同利益主体之间形成了极其复杂的利益关系，整个社会呈现一种复杂多元的利益结构。[②] 我国利益主体多元化的局

[①] 陈成文：《社会学视野中的社会弱者》，载《湖南师范大学社会科学学报》1999年第2期。

[②] 梁贵春：《转型期中国社会矛盾研究》，湖南师范大学硕士学术论文，2005年，第28—29页。

面，使传统社会组织与群体利益主体形成了独立利益意识，新的社会阶层也不断崛起，不同利益主体形成了不同的利益诉求、利益表达方式和群体间关系模式，在我国，各种利益主体在利益关系变化之际，由于利益差距和冲突也会产生相互之间的利益矛盾。这些利益矛盾很大程度上，就是以社会动荡的形式表现出来的。

转型期的中国面临着巨大的压力，也体现出转型社会的典型特征。所有这些转型都会带来深刻的社会、经济、政治、文化的变革。在这个过程中，利益分配与利益分化成为关键的社会特征。社会转型是一种社会结构性变迁，利益分化是社会转型的最主要特征，是社会结构性变迁过程中表现出来的一种重要的社会现实。社会各种利益主体的自主权不断扩大，不同社会阶层的利益意识被不断唤醒和强化，利益的分化和重组也就势在必行。

现实社会中这些具体的利益矛盾按照存在的领域与所属内容，可以分为经济矛盾、政治矛盾、思想文化矛盾等，这些领域的矛盾相互影响、相互交叉存在形成了极其错综复杂的矛盾体系。从总体上来看，社会矛盾不仅存在于某一领域，也同时与其他领域的矛盾交织在一起，彼此间相互转化。当前中国正进入加速的转型时期，经济的发展带动了社会结构、生活方式、行为方式和价值观念等各方面的变化。社会的多元异质性，使原先较为统一的社会价值、规范产生冲突，其完整性、统一性被破坏，社会结构的各个部分、社会生活各领域、社会体系各层次的变动出现了各种不协调现象，而这种不协调的现象也就是社会动荡的征兆。

（二）社会制度方面——矛盾冲突无法化解

1. 社会结构不合理

在我国经济社会发展过程中，经济高速发展，相关制度建设没有跟上，出现了社会结构不合理的现象，造成社会矛盾激化，诱发社会动荡。首先，城乡二元结构已明显与现代社会需要的社会结构不相适应。在工业化和现代化的过程中，整个社会要从一个以农村为主的社会转变为一个以城市为主的社会，农业人口大量流入城市寻求就业。进入中等收入国家意味着城市化进程加快，城市发展迅速，但是在我国，绝大多数农民工进入城市的时候，人力资本很低，又没有从事投资经营的资本，只能进入次级劳动力市场，从事那些城市人不愿从事的体力劳动工作，特别是那些城市人不愿意从事的劳动强度大、劳动环境差或具有某种危险性的工作。同时,公共服务体系中就业保障机制的不完善使他们在就业过程中遭遇歧视和不公正待遇,在劳动力市场中失业的风险极大,但农村土地的流失,使他们不能也不愿回农村,这类人群其实是被排斥在城市的主流劳动力市场之外的,这些流动人口经济收入低、生活不稳定,成为城市中不稳定事件的主要诱因。其次,严格的户籍管理制度,使得许多流动到城市的农民工在社会身份上无法成为城市的一员。户籍制度成为农民工无法融入城市的元凶,没有城市户籍,就不能享受城市的社会保障、住房政策,子女教育也成为问题。在这种情况下,他们还要为取得在城里居住和工作的资格支付多种费用,而遭受城市中"城里人"的白眼和排挤,受到公安、城管、工商等执法人员的粗暴对待,更是司空见惯的事情。由此可见,社会结构的不合理也是我国现阶段社会动荡的重要原因。

2. 社会阶层固化

社会流动作为发展的结果和决定性因素是一定时期社会系统和个人发生变化的综合表现。最能发挥社会指示器功能的流动类型是垂直流动。由于体制变革滞后,我国目前也存在社会流动性差、社会阶层固化的现象,这也成为社会动荡不安的一大因素。有研究显示,在社会流动性与一国经济增长之间,存在非常显著的正相关关系:受到"中等收入陷阱"困扰的拉美国家,如秘鲁、智利和巴西,其代际教育相关系数分别为 0.66、0.6 和 0.59;而大多数发达国家的代际教育相关系数都低于 0.5,美国为 0.46,欧洲一些国家在 0.3 左右。[①] 前期改革过程中的既得利益群体可能退化为下一步改革的阻碍者,改革会越来越难。在我国经济发展的过程中,完善的市场规则尚未完全建立,而政府并没有在各阶层的利益博弈中扮演公正的角色,使得收入、教育和社会地位在代际之间的传承性很高,社会流动性很差。城乡二元分割、公共服务均等化程度不高、就业壁垒频现,严重阻碍生产要素的配置效率。同时,权利在社会阶层中的配置也不平等。穷人和富人在商品和资源等方面的实际控制能力和权利差别严重以至于难以改变。"与富人的组织相比,穷人的组织很少能够获得政府资源

---

① 潘永东:《规避中等收入陷阱要防止社会利益结构固化》,载《金融时报》2011 年第 12 期。

或者对其产生影响。"① 一个由精英阶层垄断社会资源的社会，能够实现短期繁荣，但是不能实现长期繁荣，更无法实现"包容性发展"。目前社会上出现的很多不稳定事件都是因为通过教育、就业实现向上流动的动力越来越小，成本越来越高，渠道变窄；精英阶层垄断社会资源，社会弱势群体在政治、经济和文化领域逐渐被边缘化。"社会断裂"的结构特征是由清华大学的孙立平教授提出来的，他认为首先由于新技术革命的作用，一些传统的职业被淘汰，因而造成一大批35岁或40岁以上，教育素质水平低下，被甩到社会结构之外的失业人群；其次在城乡之间，在工业化和现代化的过程中，当整个社会要从一个以农村为主的社会转变为一个以城市为主的社会，如果不能顺利地实现这种转变，将不会继续保持一个以农村为主的社会，而会形成一个断裂的社会。② 在我国，由于户籍制度的作用，大量农民以农民工的方式流动到城市之后，没有城市户籍会使其陷入弱势困境，因为同"城市人"相比，他们失去或被剥夺了发展的能力或机会，"机会的贫困"是他们处于弱势地位的本质，其实质上就是"游戏规则"的不平等（准入限制）。从这个意义上说，弱势群体被有意无意地受到了不公正的对待，相对于其他正常群体而言，弱势群体在社会中的应有权利和占有份额未能得到公平的体现，其公正待遇也未能得到制度的有效保证。③

3. 社会体制不健全

在进入中等收入国家的大背景下，我国的经济高速发展，要求有健全完善的法律法规进行规范，政府的执政理念也应该从管制型政府向服务型政府转变。但目前，我国相关法律、法规、制度都处在建设和培育阶段，很多领域的制度仍然存在很大的问题。一方面表现为制度的缺失，如我国的公共服务方面几乎至今没有一部完善的民法典，没有社会保障法，经济社会生活的很多方面没有法律的约束，这些真空地带很容易暴露社会的软肋；另一方面表现为制度的滞后，如食品安全监管制度的多头管理，社会保障制度的双轨并行，使现有制度无法很好地处理生活中出现的各种问题，反而还会激化矛盾，一些法律法规已经不适应新形势的需要，用滞后

---

① ［印度］阿玛蒂亚·森：《贫困与饥荒——论权利与剥夺》，商务印书馆2009年版。
② 孙立平：《断裂：20世纪90年代以来的中国社会》，社会科学文献出版社2003年版，第70—72页。
③ 苑歌：《关注社会弱势群体》，载《人大复印资料社会学》2002年第6期。

的法律法规处理和解决发展中出现的新情况新问题，必然导致矛盾的产生和社会问题的突出。出现这种现象的原因是随着经济、社会的发展，各个领域都会出现新的情况和问题，而我们的制度建设并没有跟上经济发展的步伐，不仅没有为经济发展提供良好的法律环境，反而使社会暴露出更多的问题，激化矛盾，造成社会冲突，带来社会动荡不安。

一是，社会保障制度不健全，调节功能弱化。

社会保障制度或体系是以国家立法形式确定的，是国家和社会的一种责任和制度，同时也是公民获得生活保障的一种必要的基本权利。"当饥饿现象发生时，社会保障系统尤为重要。"[1]它在一定程度上是属于公正的调剂规则，是对可能成为弱势群体的人们进行预防，对已经成为弱势群体的人给予必要的保护和提供必要的帮助，以防止进一步的恶化和摆脱弱势状态。社会保障事业不仅是经济和社会发展的"加速器"，而且是社会管理的"稳定器"和"安全网"，但是，我国社会保障制度是建立在城乡二元经济结构的基础之上的。近年来，我国社会保障尽管在制度上实现了全覆盖，然而，我国的社会保障制度却呈现出碎片化，使社会保障的调节功能弱化，不仅没有充分发挥调节收入分配的功能，反而有逆向调节的趋势。拉美国家的社会保障体系的弊端从某种程度上说是使之陷入"中等收入陷阱"无法自拔的一个重要原因，拉美国家尽管普遍建立了社会保障体系，但覆盖范围参差不齐，社会保障体系具有严重的排斥性和不公平性，造成社会动荡不安。这在我国也有一定程度的体现，一方面，城市的社会保险制度只覆盖规模较大的企业职工，小型企业职工、灵活就业人员无法享受到社会保险待遇，事业单位社会保险改革步履维艰，公务员社会保险改革更是被避而不谈；另一方面，农民则基本上被排斥在社会保障体系之外，城市的失业、养老、医疗、生育保险都与进城务工的农民无缘，留守在农村的农民社会保障水平低，制度不健全，失地农民处境更糟，他们既没有土地作为保障，又无法进入城市的社会保障体系。中国农村的基本社会保障事业不仅发展水平低，而且波动性较大，与经济和社会发展很不适应。其中主要原因在于农村的基本社会保障建设缺乏稳定的制度安排，依然处于土地保障和农村家庭自我保障的低层次上。[2]

---

[1] [印度] 阿玛蒂亚·森：《贫困与饥荒——论权利与剥夺》，商务印书馆2009年版。
[2] 朱海波：《城乡基本社会保障一体化研究》，中共中央党校2007年版。

同时，我国社会保障存在的问题还体现在以下几方面：一是社会保障覆盖面过小。在城镇，多数城镇职工未能享有社会保险，社会保险双轨制并行，农民社会保障机制不健全。二是社会保障的历史遗留问题严重。由于经济体制转轨，出现体制断代、管理断代造成的部分国有、集体企业职工社会保险关系的断代，如退休时尚未建立社会保障制度，企业破产重组等造成的社会保障断代，形成社会保险的历史遗留问题。

二是，政府执政理念和方式缺位。

目前我国虽然正在建设服务型政府，但由于官僚体制的传统观念和"官"本位思想的根深蒂固，政府的执政理念仍然存在一定的偏差，使得官员在行使公权力时，严重侵害了一部分公民的私权利。从理论上来讲，这些人承受了更多社会改革的代价，但是他们的承受力却最低，他们的生活境遇越来越差，承受的风险却最大，因而社会矛盾最容易在这些人身上爆发，成了危及社会稳定的一大隐患。同时，政府的公共服务制度不健全，在公共服务供给长期落后于经济增长的背景下，经济发展将受到极大的阻碍，使经济风险与社会风险长期积累，一旦超过阈值，就会带来社会冲突。在经济高速发展的现在，这一问题在城市化进程中征地拆迁事件中表现得尤为明显，征地拆迁是由政府主导的，政府往往更加重视的是自身的利益，将自己作为掌握公权力的管理者，仍然是管制型政府的模式，这种模式会带来政府主导，擅权专权，缺乏监督，职能无限扩张等危害。这种管制型政府的弊端已经日益显现，各地出现的强制拆迁案件已经暴露出了这一问题。2010年9月24日下午，内蒙古呼和浩特市赛罕区原第三毛纺厂拆迁的刘老汉接到限拆通知，通知除了威胁说"拒不拆迁者，王某就是你们的榜样"外，还称"对抗政府指示、拒不搬迁钉子户，本公司将为每位住户口赠送一份礼品"，通告下方用透明胶带贴着一颗子弹。这种猖狂之态让人震惊，背后所引发的思考无不是政府对开发商的纵容和社会管理能力不足的体现。政府作为社会管理组织机构存在并获得发展，有其特有的执政理念与行为范式。政府的执政理念如果出现偏颇，将会导致政府的执政行为发生错位。如今的政府，更多的是在追求政绩，通过快速实现城市化、现代化，不断刺激房地产发展，对于征地拆迁过程中的冲突往往只求迅速了结，根本不关心民众的得失。这种理念下的政府一定会致使征地拆迁过程中出现各类社会问题，从而导致社会矛盾的产生。

利益诉求机制匮乏。在经济高速发展下，城市化进程加快，人口流动的速度和规模增加，使得社会中的利益主体更加多元化，多元化利益主体的心理预期提高，公共服务需求也更加丰富，公共官僚就应该在其中扮演重要的角色，构建完善的制度满足多元主体的利益需求，促进社会融合。目前，我国经济发展的背景下，多元化的利益主体已经凸显，如农民工群体、空巢老人等，但由于制度缺陷，他们的利益需求并没有得到很好的满足，也没有一种正常的利益诉求表达机制，使得他们很多人采取不理性的方式进行利益的表达，造成社会的不和谐。对于这些人来说，他们可能是城市中的弱势群体，缺乏知识教育，他们的法制意识更可能是谈薄的，当他们的利益受到侵害或者有想法想要表达时往往找不到合适的方式和途径去表达，同时，仍有不少人漠视法律，认为通过大吵大闹就能解决问题，当然，也有人有法制意识，但是在具体操作中，由于种种原因，没有找到适当的民意诉求渠道，群众的声音无法传达，因此，很有可能使他们本来对政府有信心的信念变得失望甚至绝望，从而产生强烈的不满和对抗情绪，导致社会动荡的爆发。

（三）文化心理方面——矛盾冲突激化的诱因

1. 弱势群体的共性

现阶段，我国弱势群体有着不同于以往的特点，这使得他们身上的矛盾容易被激发，在没有合理的诉求渠道的情况下，利益矛盾外发成为影响社会稳定的重要因素，同时，他们身上的特点还使得他们容易被煽动，造成大规模的社会连锁反应。

随着我国市场经济的不断发展、完善，经济体制改革的不断深入，我国社会性弱势群体出现一个很重要的特征，就是其同质性、群体性很强。他们的经历、特征都比较类似（如一个国有企业破产后的所有失业人员），也往往居住在一起，甚至还有与原来单位的联系，或者说是原来的同事关系的联系，这就使得他们具有很强的同质性和群体性。[①] 这些特征可能带来两方面的影响，一个方面，由于这样的一些特点，他们拥有相同的利益诉求，表达和追求自己利益的能力和意愿会更强。另一方面，他们追求自己利益的时候，也容易走极端，可能带来更多的社会动荡因素。

---

① 孙立平：《断裂：20世纪90年代以来的中国社会》，社会科学文献出版社2003年版，第69—70页。

社会性弱势群体由于在经济上处于贫困状态，使得他们在社会中的心理压力高于一般社会群体，缺乏职业安全感，收入较低且不稳定，对生活前途悲观，心理压力巨大。同时，因为在政治上的没有影响力，对于自己正当权益的保护和申诉常常感到无能为力。此外，随着经济社会发展收入差距不断拉大，他们对社会上一些先富起来的人的致富手段表示不满，会产生一种强烈的社会不公平感、社会排斥感，心里不满、苦闷、焦虑，情绪急躁，对社会失去信心。[1] 他们会把自己的抱怨全部对准政府，对主流价值观产生怀疑，对社会和制度产生怀疑，可能由此做出非理性举动。因此，无论是从经济承受力还是心理承受力上来说，社会性弱势群体都是社会的各个群体中较弱的群体，他们是社会结构的薄弱带，一旦社会各种矛盾激化，他们的经济压力和心理压力累积到一定程度就会影响到他们的生存，社会风险会最先从这一最脆弱的群体身上爆发，给社会稳定带来威胁。

2. 畸形的仇富心理

一方面，人的欲望是无穷的，另一方面，资源又是稀缺的。如何让有限的资源满足无限的欲望，其中个人尽可能多的占有资源是实现这一目标的前提条件。而资源稀缺的客观现实也就意味着，当别人占有较多资源时，自己更多占有资源的可能性就会减少，从而自己满足欲望的手段就会减少。这对个人而言就会产生一种痛苦感。仇富就是这种个人痛苦的一种外泄表现。仇富心理，就是当一些人打破中国人几千年的"等贵贱，均贫富"历史夙愿，张扬炫富于世时，人们对富贵阶层，特别是一夜暴富者就会表现出怀疑、迁怒、嫉妒、蔑视、不屑、愤懑、仇恨等复杂的心理状态。[2] 仇富心理现在成为中国社会一种普遍的社会现象，甚至演化成一种畸形的心理，对于那些凭自己的本事、能力合法致富的人和那些通过不公平、不正当的手段而发家致富的人，人们表现出的都是深恶痛绝，可以说，中国人仇富，已经变成一种盲目、畸形的心理。不分"富"的原因和手段，统统表现为"仇"，这种畸形的心理使社会中的凝聚力和向心力流失，社会公信力丧失，成为诱发社会动荡的心理因素。

---

[1] 钱再见：《中国社会弱势群体及其社会支持政策》，载《江海学刊》2002年第3期。
[2] http://baike.baidu.com/view/2059946.htm.

三　求解社会动荡的公共管理制度创新

（一）社会动荡下政府的外部治理——化解社会矛盾

1. 在重视经济目标的同时重视社会目标

长期以来，我国都是坚持以经济建设为中心的发展道路，中央对地方的考核也是以经济发展水平，即以效率为标准，忽视了公平。对比目前处于"中等收入陷阱"的国家和成功跨越"中等收入陷阱"国家在进入中等收入阶段后的不同做法，可以看到一个不同点，即目前没有跨越"中等收入陷阱"的国家在进入中等收入阶段后依旧着重经济的增长而忽视社会的发展，最终导致社会动荡，反过来严重影响经济的发展。所以我们要在进入中等收入时期更加注重社会的公平，在保持经济高速发展的同时，更加注重社会发展，使经济发展的成果为全社会的成员所共享。

2. 转变政府的行政理念

（1）服务理念。随着经济的发展和公民权利意识的觉醒，公民对政府提供公共服务的水平和质量有了更高的要求。作为对这一要求的回应，国家提出了建设服务型政府的设想。服务型政府是指一种在公民本位、社会本位、权利本位理念指导下，在整个社会秩序的框架下通过法定程序，按照公民意志组建起来，以全心全意为人民服务为宗旨，实现着服务职能并承担着服务责任的政府。[①] 服务型政府建设关键是要转变政府在旧的经济体制下形成的管制理念，变管制理念为服务理念。政府的服务理念能够尊重公民本位，不断创新服务方式，最终为公民（顾客）提供比较满意的公共产品。

（2）法治理念。政府的法治理念对于政府的具体要求就是要在行政管理的过程中严格依法行政。依法行政就是行政机关行使行政权力，管理公共事务必须有法律授权并依据法规规定。首先，依法行政通过规范政府的行政行为减少政府滥用职权的现象，消除政府权力对公民的侵害，从而增加公民对政府的信任，也就是增加政府的公信力。其次，如果政府的权力完全在法的规范之下，也会减少政府腐败行为的发生。再次，依法行政

---

① 刘熙瑞：《服务型政府经济全球化背景下中国政府改革的目标选择》，载《中国行政管理》2002年第7期。

能唤醒政府的责任意识，使政府在行使权力的同时必须履行自己的责任，并且为自己的行为承担相应的责任。

（3）参与意识。参与意识指的是政府在处理社会危机事件过程中，摆脱政府是危机管理的主体，公民是危机管理的对象，政府处于支配地位，公民处于被支配地位的理念，在处理社会危机事件中重视公民的有序参与。所谓公民有序参与，就是指广大公民以合法有效的形式，通过科学化、制度化的途径，有节制地自动参与政府危机管理活动的过程。① 处理危机事件中引入公民的参与，首先，可以极大地发挥公众的主动性和创造性，集中公众的智慧，减少政府在面对危机事件中的压力；其次，引进公民的参与能够让公民更清楚政府在危机事件管理中的作为，起到监督政府的作用；再次，通过公民参与扩大了公众的知情权，可以增加公众对政府的理解和信任，也减少了危机事件的发生。总之，树立公民参与的意识一方面可以提高政府处理社会危机的能力，另一方面也减少了社会危机形成的可能性。

（二）求解社会动荡的公共政策选择

"社会政策"必须被放到广阔的政治及地理架构之内分析。② 一国的社会政策应该是自发的社会体系内自行调节机制的组成部分，当然，它有价值关切的政治取向，但是，一国的政策都应是包罗万象的，都是为了促成某种变化，像理查德·蒂特马斯所言，"政策"这个概念是表示关于手段和目标的行动，因而含有变革的意思：改变各种处境、制度、行为和习惯。因此，在我国已经进入中等收入国家的背景下，为避免"中等收入陷阱"带来的社会动荡，我们的公共政策应是极力改变现有的不稳定状态，维护社会生活中的正常自发秩序，并使之成为人们的一种习惯，进而促进经济社会的发展。麦克贝斯认为，社会政策关切社会里共同生活的人之间的关系网络之正确秩序，或关切各种管理个体和群体活动的原则，而这些活动对他人的生活和利益则构成影响。③ 总的来说，公共政策是公共

---

① 唐俭：《政府危机管理中的公民有序参与研究》，载《湖南行政学院学报》（双月刊）2008年第2期。

② ［英］理查德·蒂特马斯：《社会政策十讲》，江绍康译，吉林出版集团有限责任公司2011年版，第7页。

③ MacBeath, G. (1957) "Can *Social Policies be Rationally Tested?*" Hobhouse Memorial Trust lecture, Oxford University Press, p. 1.

权力机关经由政治过程所选择和制定的为解决公共问题、达成公共目标、实现公共利益的方案，其作用是规范和指导有关机构、团体或个人的行动，其表达形式包括法律法规、行政规定或命令、国家领导人口头或书面的指示、政府规划等。

1. 经济持续健康发展是求解社会动荡的首要公共政策选择

完善收入再分配政策——均衡利益分配。从总体上来说，我国收入差距的扩大是分配格局中的最基本特点，社会收入分配不公问题正在加剧，收入分配不公使社会上"仇富"心态普遍存在，容易引发社会冲突。有经济学家曾提出，通过实行收入再分配和社会福利措施来使收入分配趋于均等的政策。[①] 该政策的基本机制是运用财政手段在国民收入初次分配的基础上进行收入的二次分配。收入再分配政策，可以把物质和物质资源的拥有权，从富人转移到穷人，从一个收入组别和社会阶级转移到另一个收入组别和社会阶级，防范财富向少数社会成员的过分集中及部分社会成员利益损失过度。国家要将生产力的发展与公民的利益的实现统一起来，任何提高效率的措施都要有利于社会中的最少受惠者，任何经济发展的措施都要着眼于实现整个社会群体利益的均衡。

再分配政策具体是通过财政收入政策和财政支出政策来实现的。财政收入政策主要表现在实行有利于低收入阶层的税收政策，包括对高收入阶层增税，对低收入阶层减税等。财政支出政策主要表现在向低收入阶层提供各种社会福利和社会保险以及带有福利性质的公共服务和补助等，从而提高国民收入中低收入阶层收入所占比重的作用，进而有助于促进收入分配的公平化。在财政支出政策方面，我国用于经济建设服务的费用远远高于用于社会服务的费用，我国要调整公共支出的范围，把生产投资型财政转变为公共服务型财政，将财政支出的重点转向公共安全、公共卫生、公共教育、社会保障、公共基础设施等方面，此外，在调整再分配政策的同时，应将政策的瞄准机制投向弱势群体，扶助弱势群体仅限于低保制度的差额救济补助是不够的，还应该在入托、入学、就医、房租、水气电供应等方面，给弱势群体以必要的相关优惠政策和特殊照顾。只有这样，才能纠正经济高速发展带来的收入分配不公，才能维护社会和谐安定，保持经济社会较快发展。

---

① 张敏杰：《中国弱势群体研究》，长春出版社2003年版，第284页。

2. 完善社会制度，抚平社会动荡

中国的公共管理制度创新是"中国共产党及其领导下的政府（广义上的政府或称权力组织，下同）、非政府公共组织和人民群众，为了更好地实现、维护和发展广大人民群众的利益，对失效的、不完善的、缺失的公共管理制度进行的废止、完善或构建的创造性活动"[①]。从公共管理制度创新的过程来看，中国公共管理制度创新正是以上多元主体之间互动与合作的产物，是各主体"合力"作用的结果。在多元管理主体下，社会中不同利益主体的公共服务需求可以得到满足，从而促进社会的融合。

建立统筹城乡的社会保障政策——实现社会保障的国民待遇。目前我国城乡一体化的社会保障体系已具备了基本的雏形，新型农村养老保险、新型农村合作医疗保险制度的建立，已将广大农民纳入到社会保障体系中来，并于2011年实现了社会保障制度的全覆盖。但是在统筹城乡社会保障的实际工作中还存在着待遇参差不齐、农村保障水平低下、统筹层次低、转移接续困难等一系列问题，农民、进城务工人员、流动人员的社会保障权利得不到保障，只有建立统筹城乡的社会保障政策，才能使农村和城市人口享受到均等的国民待遇，促进社会稳定。

首先，从目前各地统筹城乡社会保障发展的状况来看，针对城乡社会保障一体化，各地方形成了多种不同的社会保障发展模式，这不能适应统筹城乡社会保障事业发展的需要。因此，中央政府要指导和协调各地区统筹城乡社会保障发展，制定总体规划和政策充分发挥中央政府的主导作用，加快推动社会保障体系建设由地方上的城乡统筹过渡到全国的城乡统筹。

其次，打破城乡分割、地区分割和人群分割的二元经济社会结构的束缚，使人人都能享有同等的社会保障。目前，我国机关事业单位职工、城镇企业职工、农民工、农民的社会保障，不仅项目不相同，而且待遇水平相差大。这既不利于人力资源优化配置，更不利于在全国范围内实现社会公平。从发达国家的经验来看，统一的社会保障制度有利于社会的稳定，而"碎片化"的社会保障制度则易产生不合理的待遇差别，引发不公平，

[①] 何水、贺永方：《非政府公共组织：中国公共管理制度创新的新兴主体》，载《管理现代化》2006年第1期。

导致社会动荡不安。①

再次，统筹城乡社会保障发展，不仅涉及理念问题、制度问题、技术问题，更涉及中央、地方以及企业和个人等各方面的利益关系问题，需要政府强有力地协调和处理好各方面利益关系的需要。无论由县级统筹还是由省级统筹，受地方利益制约，不可能有效地解决社会保障在不同省区之间转移接续难的问题。只有中央政府作为全民利益的代表，才能有效地打破地区分割，协调好各方面的利益关系，有效解决社会保障在全国范围内转移接续难的问题。

另外，统筹城乡社会保障，应采取积极的财政政策，为社会保障统筹建设提供财力支撑。在我国城乡之间、地区之间的发展严重失衡，差距不断扩大的形势下，加大中央财政的投入和转移支付力度。对广大农村和中西部欠发达地区给予必要的政策倾斜，对于加快建立覆盖全国城乡居民的社会保障体系是至关重要的。

最后，我国应尽快建立健全社会保障方面的法律法规体系，将城乡一体化的社会保障制度纳入法律体系，通过立法维护公民应有的社会保障权益。我国社会保障立法工作滞后，社会保障工作缺少法律依据。因此，迫切需要政府从我国经济社会发展水平出发，尽快出台有关社会保障的法律法规，制定综合性的社会保障基本法律和主要保障项目的单项立法，为统筹城乡社会保障发展提供法制支撑。此外，还要深化户籍制度及一系列相关制度改革，为推进统筹城乡社会保障发展扫清制度障碍。

完善公共服务，将促进就业工作放在政府工作的重要位置——维护弱势群体利益。世界上很多国家进入中等收入国家行列后，都呈现出了发展停滞和中断状态，陷入"中等收入陷阱"，一个重要原因就是忽视了公共服务，而日本、德国、法国等国家，由于全面完善了公共服务制度，成功地越过了这一阶段，进入了高收入国家的行列，这些国家越过"中等收入陷阱"的经验值得我们借鉴。可以肯定地说，目前，世界上没有一个国家可以不通过完善公共服务制度而成为发达国家。② 而在人均 GDP 处于 1000—8000 美元的社会经济增长阶段，是以公共服务为基础和平台、经

---

① 井文豪：《发挥中央政府主导作用推进统筹城乡社会保障发展》，载《农业经济》2011年第 12 期。

② 唐铁汉：《中国公共管理的重大理论和实践创新》，北京大学出版社 2007 年版，第 136 页。

济与社会协调发展的阶段，也是经济发展与经济增长最快的阶段，要注意全面、系统地完善公共服务。我国现阶段的很多社会不稳定因素是由失业引起的，中国的经济发展很大程度上受益于"人口红利"期，而中国的人口红利大部分依赖流动的农村剩余劳动力。未来20年，中国16岁以上人口将以年均550万人的规模增长，到2020年劳动年龄人口总规模将达到9.4亿人，在劳动年龄人口增长的同时，农村还有数以千万计的富余劳动力需要转移，还有大量的下岗失业人口需要再就业。另一方面，我国经济的高速发展，需要大量的劳动力，结构性失业在我国日益凸显，这些劳动力的就业问题得不到解决，就会为社会稳定埋下伏笔。

我国的失业保险政策实施以来，在促进就业方面取得了很大的成绩，截至2009年年末，全国使用失业保险基金支持企业减负稳岗资金累计达200亿元，稳岗补贴80亿元，惠及企业2.5万家，稳定职工740万人，降低费率减收和缓缴费用近120亿元，涉及职工6500万人。全国参加职业保险人数12715.5万人，比上年增加315.6万人，增幅为2.5%。基金收入580.4亿元，比上年减少4.7亿元，减幅为0.8%。基金支出366.8亿元，比上年增加113.3亿元，增幅为44.7%，保障失业人员基本生活支出158.2亿元，农民合同制工人一次性生活补助支出6.9亿元，职业培训补贴、职业介绍补贴和其他支出188.2亿元，滚存结余1523.6亿元。[①] 但是，失业保险基金巨额沉淀，失业人员大量存在，失业保险的作用没有得到充分发挥。

因此，政府应当从国情和改革的目标出发，实行"积极的劳动力市场政策"，把失业救济与职业介绍、专业训练、生产自救等就业服务紧密地结合起来，使解困和再就业工作制度化，建立预防失业、促进再就业和支持新增就业的"三维"结构，实现失业保险从"生活保障型"向"就业保障型"的转变。具体来说，政府应该一方面严格控制失业率，保障失业者的基本生活，保持社会稳定；另一方面针对失业者的实际情况，应加强就业信息交流，通过宣传教育转变就业者的择业观念，通过培训提高劳动力素质，拓宽就业渠道，并对大龄下岗职工进入市场找工作制定可行的保护性政策。在促进就业的具体政策层面上，政府还需发展公共性的服务事业，包括提供就业培训、改善公共服务设施等。同时，政府还要完善

---

① 根据相关统计年鉴整理。

社会保障体系，通过失业保险这个安全网，保证一时找不到工作的人员的基本生活，并通过政府培训的支持提高他们的再就业能力。

建立危机管理机制——化解社会危机。在中等收入阶段，经济增长使各类要素成本迅速上升，我国的比较优势不断减少，各地城镇化超常发展引起各类社会问题；经济增长伴随着社会阶层间及人与自然间的矛盾不断加深和积累，可能反过来阻碍经济增长。[①] 这些问题带来社会危机频发，影响社会稳定，要治理社会危机，使之不造成大规模的社会动荡，应该建立危机管理机制。

预警机制。危机管理预警机制包括三个方面：一是对导致危机的因素和危机征兆进行持续监测。二是设计危机预警分析指标，建立数字化模型，增强危机应变能力。三是制定危机防范的预案和应对措施，当危机可能出现时，按预案全力防范。[②] 建立危机预警机制就是要防患于未然，将危机事件扼杀在萌芽中，尽量减少危机事件发生给社会带来的重大损失。

社会危机处理机制。危机事件的紧迫性要求政府面对社会危机时应该做出快速准确的反应，采取有效的行动来处理危机，使社会尽快恢复到正常秩序和正常状态。政府对危机事件的处理能力直接影响危机事件给社会带来的破坏程度，所以，危机处理机制在政府的危机管理中有着举足轻重的地位。首先要在政府中形成处理危机事件的组织，其次要保证这个组织有处理危机事件的专业人员，再次要保证这个组织能在危机事件发生后快速决策，并确保此组织有调动一定范围内的资源、保证决策结果被迅速实施的权力。另外，需要注意的是，这一组织需要一定的社会资源来处理社会危机事件，但并不意味着在处理危机事件中可以不惜一切代价，不能让处理危机事件所付出的代价大于危机事件本身给社会带来的危害。

3. 建立完善社会沟通协调机制，疏导不良心理

一是，建立沟通协调机制。

在一个社会中，穷人的权利无法实现，合理的诉求无法表达必然会为社会埋下很多不稳定的因素，被誉为"穷人的经济学家"的阿玛蒂亚·森为保障穷人权利的实现，提出了"把个人自由看作一种社会承诺"和

---

① 胡鞍钢：《中国如何跨越中等收入陷阱》，载《当代经济》2010年第2期。
② 岳杰勇：《中国社会危机管理的发展趋势与机制完善研究》，载《河南师范大学学报》（哲学社会科学版）2006年第5期。

"以自由看待发展"的思想。其实质就是在既定的资源禀赋组合和合法权利体系中自由地获得和富人一样的生活质量。社会冲突论者达伦多夫也提出在这个为资源和权利而相互竞争的冲突社会,最重要的就是要保障社会弱势群体的生存机会,保障公民权的实现。因此,公共管理制度创新应实现一种合理的利益诉求和表达机制,使社会公众特别是弱势群体的合理诉求有一个理性的表达渠道。

畅通社会成员利益诉求渠道,是促进社会和谐的"安全阀"和消减社会不满情绪的"泄洪器"。随着经济社会高速发展和国家法治建设的推进,群众民主法治意识和利益诉求意识不断增强。人们对涉及自身利益和公共利益的社会问题,表达自己的利益诉求,陈述自己的种种不满,反映自己的意见和建议,这些是社会转型中的正常现象,也是社会进步的体现,在我国进入中等收入国家行列后,社会矛盾冲突加剧,人民对利益诉求机制的需求更加迫切。因此,在公共管理制度创新中,应建立完善的民主程序来畅通和拓宽群众利益诉求和表达渠道,把群众利益诉求与表达纳入制度化、规范化、法制化轨道,使广大群众特别是农民群众、弱势群体能够理性有序地表达民生方面的利益诉求。让不同利益主体都有合法高效有序地表达自己诉求的平等机会,同时还要通过制度建设,让政府了解不同社会群体的愿望。通过利益诉求机制这个"泄洪器",社会中的不稳定因素就能得到很好的化解,从而确保社会安定和谐。

内部沟通协调机制。目前我国形成的是在国务院统一领导下,分类别分部门对各类突发事件进行应急管理模式。这种状况在某种程度上可能会带来相关机构的被动应对,导致各部门之间缺乏有效的沟通和联动。[1] 沟通协调机制就是在社会危机发生前和应对危机的过程中,要保证各有关部门联系的畅通,以确保各种相关信息的随时掌握和应对措施的准确到位。

外部沟通协调机制。准确及时的信息沟通不仅是政府的责任,也是稳定社会舆论的基础。及时的信息披露不仅能保证公众的知情权,还能减少危机事件发生时给群众造成的恐慌情绪,同时也会成为动员公众参与社会危机事件解决的动力。在政府进行信息披露时,媒体是一种不可忽视的有利工具。所以,在处理危机时,要巧妙地控制媒体,减少媒体的消极影响。政府要有针对性地通过和媒体对话宣传和诱导,发挥媒体

---

[1] 李昕:《略论公共危机预警系统的构建》,载《宁夏社会科学》2011年第6期。

的传播聚合功能，注意防范谣言和小道消息的蔓延，控制其传播的范围和渠道，消除其破坏作用，向社会阐明政府的立场和所作的努力。[①]

二是，建立多种群众利益表达渠道——纠正社会畸形心理，化解社会矛盾。

中国处于中等收入阶段这个关键时期，一个有效的政府才是带领走出"中等收入陷阱"的关键。新加坡、韩国、日本的经验都表明了这一点。而拉美许多国家政府"不作为"，面对社会矛盾多发，政府却仍然重视不够，不提高社会管理能力，没有转变正确的服务理念，从而陷入"中等收入陷阱"中。因此，"没有一个有效的政府，不论是经济的还是社会的可持续发展都是不可能实现的"[②]。提高政府的社会管理能力对于解决转型期社会矛盾非常关键，主要是提高突发风险的处理能力，通过建立风险预警机制，提高政府对突发事件的处理能力。同时，要转变政府的服务理念，以前是管制型政府，现在要"以人为本"建立服务型政府。

政府应当从各个渠道去普及法律知识，重视对群众的法律教育，发挥电视、网络、报纸等各种媒介的宣传作用。同时，应当建立多种群众诉求表达机制，第一，拓宽基层信访渠道，让群众沟通与表达有处可去，在这一过程中，不仅要关注群众表达的意见，更要对这些意见进行研究处理，否则即便是民众上访表达，也没有得到实质性的反应的话，民众的怨言会更多，对政府的信任会更少。第二，增加社会表达渠道，如今科技发达，微博、领导信箱等方式都能促进民声的表达，政府要积极利用这些渠道去了解基层群众的声音，随时做出回应。另外，各路媒体上的谈话节目以及专家答疑节目也是群众表达观点的重要方式。政府应当主动去通过这些媒介让群众了解、理解政府，同时反过来政府也要了解、理解民众。正确引导群众的声音，从而减少会引起社会动荡不安的煽动性言论的散播。

同时，应建立多种社会矛盾纠纷解决机制，在这一方面，我们应充分发挥政府、社会多方的力量，还应向发达国家借鉴学习先进经验，完善非

---

① 李昕：《略论公共危机预警系统的构建》，载《宁夏社会科学》2011年第6期。
② 任仲平：《历史期待下一个"中国故事"——写在"十二五"规划开局之际》，载《人民日报》2011年1月5日。

诉讼纠纷解决机制、临时性纠纷解决机制。此外，还应大力发挥中国特色，健全人民调解机制，在基层和社区都建立人民调解机构，推广"警民联调"模式，在基层化解社会矛盾。

四 社会动荡未来发展态势和对公共管理的启示

陷入"中等收入陷阱"在社会方面即表现为社会动荡不安冲突加剧，而公共管理自身包含的公平性要求决定了公共管理制度创新中的社会公正和社会整合的价值取向。在这种价值取向下，公共管理制度创新无疑是避免陷入"中等收入陷阱"，抚平社会动荡的一剂良方，纵观成功跨越"中等收入陷阱"的亚洲"四小龙"等国家，无疑不是通过公共管理制度的创新来助推社会经济的发展，而拉美国家正是因为社会制度滞后才陷入其中无法自拔。基于公共管理的价值取向和本质要求，梳理我国当前社会动荡的事实和诱因，对以后我国的公共管理制度提出了新的要求。

（一）社会动荡未来发展态势

"中等收入陷阱"的产生源于经济体从中等收入阶段迈向高收入阶段过程中出现的很多问题，如收入分配差距拉大、城市化及资本开放等问题都可能成为陷入"中等收入陷阱"的诱因。[①] 经济体陷入"中等收入陷阱"，经济和社会的发展就会出现新的特征，表现为经济增长回落或停滞，贫富分化加剧，失业率居高不下，腐败现象严重，过度城市化造成畸形发展，社会公共服务短缺，就业困难，社会动荡，金融体系脆弱，社会矛盾凸显等。

虽然我国目前出现了一些造成社会不稳定的因素和事件，但笔者认为，中国不会出现大规模的社会动荡，作为一个新的政权组织形式，一代代领导人在马列主义的指导下，总结经验开拓创新，带领中国走过了1997 年的金融危机。2009 年金融海啸，用事实说明了中国社会总体上来说是世界上最稳定、最活泼的政体，这一点恰恰证明了中国社会主义体制的优越性。尽管目前社会矛盾较多，甚至有激化的迹象，但中国发生大规模社会动荡的可能性并不大。于峥嵘认为，中国现在的确发生了一些社会冲突事件，但总体而言中国政治的统一性和社会管制的有效性没有改变，

---

① 仪明金、郭得力、王铁山：《跨越中等收入陷阱的国际经验及启示》，载《经济纵横》2011 年第 3 期。

中国社会的这种稳定是一种刚性的稳定。

第一,中国当前的社会不稳定因素大部分是由利益引起的,而利益的诉求没有合理有效的表达渠道。贫困人口、农民、进城务工人员等这些人群引发的群体性事件只是因为利益分配不均,换句话说,只是个人权利没有实现,而并没有向公权力提出质疑。这些群体处于社会弱势地位,在经济高速发展的过程中,他们为经济发展做出了贡献,却承受着改革的代价,成为更弱的群体。政府应站在正确的位置,代表民众利益,政府应当保护他们,加强对他们的照顾,否则,强者越强,弱者越弱,社会不公加大,导致社会不平衡加重,会影响社会稳定。当前,我国政府正在转变执政理念,健全公共服务体系,改革收入分配制度。

第二,虽然近年来,国内群体性事件频发,给社会生活的正常秩序带来很大的负面影响,但是,中国社会冲突事件中80%以上是维权,它有一个非常明确的利益诉求,针对的是公权机关和侵权者,不一定有暴力;泄愤事件没有明确的利益诉求,针对的也是公权机关和侵权者,有暴力;骚乱事件诉求庞杂,针对的是公权机关和侵权者,有暴力;宗教冲突有明确的政治诉求,针对的是公权机关,不一定有暴力。

相对于其他国家的游行示威和暴力反抗等问题,在新中国成立以来没有发生过。中国有维权、有动乱,但是没有街头政治。中国当前进入中等收入国家,人民生活水平普遍提高,社会的矛盾冲突只是要解决一些实际的利益问题。

第三,社会动荡不仅仅受经济、政治、文化的影响,还有一个潜在的对社会动荡会产生影响的次级因素,即历史传统。历史传统在社会动荡问题上,是一个极具渗透力的因素。只有与该历史传统近似吻合的事件,才会对社会状态的改变产生颠覆性的影响。比如,中国古代历史发展的进程中,很少有异端思想者掀起的社会动荡。中国社会成员的反抗多为生计所迫,采取农民起义的方式。2000多年的这种历史传统,至今对中国社会还起着十分重要的影响。因此,在中国近代,共产党搞民主革命,采取农民起义的方式,收效甚著,搞议会式斗争很难奏效。某个社会的动荡与否,不完全取决于该社会的政治性质、制度优劣,它还取决于社会结构的类型、社会三大系统相互耦合的程度、社会成员生活水平与国民最低适应点间的距离,以及历史传统的特色。中国社会几千年来渴望和平安定的历史传统决定了中国不会发生大规模的社会动荡。

(二) 公共管理制度创新——避免"中等收入陷阱"是应对社会动荡的关键

进入中等收入国家行列，我国经济领域的改革已突破自身的框架，要求社会其他方面的制度创新与秩序建设。我国传统计划经济体制下的政府管理模式在环境的持续变迁之下已越来越难以完成推动并引导社会发展的任务。公共管理作为社会发展的杠杆与推动力量，是实现社会全面发展的重要手段。

从目前社会动荡的种种表现上来看，利益的冲突、公平与效率的矛盾是造成社会动荡的深层原因，经济的发展带来效率的提高，但效率的提高并不必然伴随公平的增加。只有在提高效率的过程中寻求动态改进，公平才可能较好地实现。

公共管理的公平目标指在特定历史时期，通过公共产品的提供，在社会成员之间实现公共利益的合理分配。公共管理的效率目标是指通过公共物品的提供，来促进社会的整体效率，即社会资源的有效使用与有效配置。

公共管理的公共性本身就包含着公平要求。以政府为首的公共部门没有理由不在公共管理中追求公平。在社会动荡的背景下尤其如此，有效的公共管理就在于通过公共物品的合理分配，在平衡社会各种利益冲突，促进社会整体协调发展中起到积极的作用，并且，这种平衡不是一劳永逸的，它始终要根据社会环境的变迁而不断调整，不断变革。

公共管理应是一个善治的过程。所谓善治，是指使公共利益最大化的社会管理过程，本质是政府与公民对公共生活的合作管理，它要求有关管理机构和管理者最大限度的协调各种公民之间以及公民与政府之间的冲突，从而使公共管理活动取得公民最大限度的认同。目前，我国进入中等收入国家行列，社会结构的重大变化，要求政府适应利益群体多元化的社会现实，加大对社会利益结构的协调力度，建立有利于社会稳定发展的利益结构和利益关系。

1. 公共管理职能重心转移

在以往的公共管理实践中，"全能型"政府职能模式被证明是不合时宜的。政府实现社会公平与效率不可能主要依靠政府直接插手来完成，而是通过政府公共物品的提供这一杠杆，更多是依赖社会来完成。在社会动荡的背景下，公共管理的职能重心应该转移。

公共管理职能应该包括，第一，纠正和补偿经济的外在性。外在性独立于市场机制之外，因而需要借助市场之外的力量予以纠正和补偿。政府的税收、补贴以及其他相关规定是减轻外在效应的首要措施。第二，组织和实现公共物品的供给。公共设施、国防、外交、文化教育、环境保护等公共事务是市场经济发展的前提条件，对社会的生存和持续发展十分重要。第三，收入及财产的再分配要防止两极分化。市场经济能够通过竞争提高效率，但市场存在着"马太效应"，会导致两极分化、地区发展不平衡等问题。为缓解因收入分配不均而引起的社会矛盾，政府应该通过制定社会保障政策等措施重新调整收入分配。

在社会主义国家，政府的职能一般体现在管理、满足社会共同需要、社会保险与保障等公共职能上。市场经济条件下，政府的社会职能和经济职能的强化是政府职能结构发展的一般规律。当前我国政府的社会职能主要表现在对市场经济效率的补充和矫正，对社会公平与社会协作的追求上。首先，调节收入分配，实现社会的相对均衡。市场经济竞争机制必然导致收入不平等和这种不平等的扩大，因而通过政府行为适当纠正市场失灵，调节收入分配，有助于缓解社会矛盾、保持稳定并保障经济的可持续发展。其次，建立社会保障体系。社会保障体系就是一种社会的风险规避机制，既保障公平的基本生存条件，又保障社会正常的生产生活秩序，现在多层次的社会保障体系和不断完善的公共服务供给机制也在不断满足多元化的公共服务需求。最后，发展教育事业。这不仅可以提高作为一种社会分层之间的流动渠道，教育还能确保社会中的起点公平。

2. 公共管理方式多样化

公共管理多样化的实质在于：复合配置公共管理机构权威制度、市场交换制度与社会自治组织制度的功能优势，从而形成一种实施公共管理的新制度安排。[①] 其核心强调公开、公平、效率、自主、协调等。面对社会中利益主体的多元化带来的公共服务需求多元化，如果公共官僚无法在其中扮演适合的角色，社会分化会更加明显，因此，正确的公共管理就显得至关重要。公共管理是一个有多元化目标的综合管理系统，在公共管理领

---

① 李茵莱：《论公共管理的公平、效率目标及公共管理的价值取向》，电子科技大学出版社2004年版，第26页。

域引入市场机制、社会组织机制等，将公共管理机构的权力与市场交换竞争、社会组织的功能优势有机组合，就可以很好地提高公共管理机构的管理能力，满足多元主体的利益需求，促进社会和谐与稳定。只要依照公共管理的目的和要求，并在层次上、范围上、力度上实施控制，市场竞争机制对社会的发展可能造成的损害就可以控制在最小程度。多样化的公共管理方式要求改变传统的行政权力关系模式，从行政权力控制和单向管理转变为利益、权力相互牵制的局面，从而有利于保障社会的效率与公平。

3. 公共管理责任伦理

我国是一个官僚体制色彩极其浓厚的国家，从几千年的封建体制到计划经济体制的历史痕迹看，权力行政伦理深刻影响着我国的行政管理体制，这样的管理控制方式又强化了等级制行政权力的权威性和官本位思想，这对当今我国的公共管理变革仍然构成了极大的阻碍。公共管理责任伦理的目标是实现公共性价值，这是社会整体的价值。在社会动荡的背景下公共管理的责任伦理更为重要。在经济的高速发展下，收入分配不均、社会阶层固化、利益诉求机制不完善，其原因一方面是效率的发展，另一方面确实未能实现社会公平，如果一个效率至上的社会带来了不公平，并且这种不公平已经达到了影响效率本身的程度，效率就应当适度让位于公平，以推动二者的动态、协调发展。公共管理作为实现公平与效率协调发展的最重要手段，在伦理建设中就更要强调公共责任意识。就公共管理体制而言，应实现权利义务分配的公平公正，就公共管理系统内部而言，则体现为公共部门及其人员的责任。

要树立负责任的公共管理伦理，需要公共管理组织体系的伦理整合。只有在一个具备伦理正当性的体系中，个人才更有可能坚持负责任的行为，并在上下级之间取得良性互动。首先，公共管理伦理的制度规范需要与道德规范相协调。市场经济社会需要强有力的法制建设，制度建设是根本性的。但制度建设仅仅是作为一种外部约束、一种硬约束，它在公共管理伦理规范的建设中需要与伦理道德等软约束配合才能更有效力。其次，将公共管理伦理的最低要求和公共管理伦理的理想追求相结合，最低要求就是公共管理行为的合法性要求，同时也就是公共管理伦理的制度化要求。其基本内容是广泛可行的最起码的公共管理伦理规范，是每一个公共管理者所必须履行的义务。只有这样，社会动荡中的不稳定因素才能通过公共管理减少到最少。

(三) 公共管理制度创新的价值取向

公共管理经历了传统的公共行政管理和新公共管理两个阶段，前者的价值取向以效率为其核心，而新公共管理则更注重追求公平、正义的价值观。当今公共管理制度创新就是应该遵循公平、正义的价值观，抚平社会动荡，实现社会公共利益。公共管理价值基础就是实现公共利益最大化，即通过公共部门与公众的合作来达到善治之目标。

1. 实现社会公正

公正，从质的意义上说，就是给予人所应得的、不给予人所不应得的行为和制度。从量的意义上说，就是给善的行为和制度以相等的奖赏、回报，给恶的行为和制度以相等的惩罚和报复。① 在经济方面，公正主要是指现有社会成员在参与经济竞争时有着同等的机会，在竞争过程中遵循同等的原则，在分配方面能获得与个人所付出的劳动相当的收入。在政治方面，公正主要是指同一社会中的个人之间和社会阶层之间在政治权利上的平等，以及该社会中所有的人在遵守法律和各项政治规则的义务方面的平等。罗尔斯在《正义论》中论述了公正的两个原则，第一个原则即平等自由原则，第二个原则是机会的公正平等和差别原则的结合。两个正义原则分别对应着社会结构的两大部分：第一个原则确定和保障公民的平等自由权利，第二个原则用于规定、建立社会和经济不平等。罗尔斯认为，正义是至高无上的，而首要的正义又是社会制度的正义。

我国对于公正问题的认识从改革开放初始到现在经济发展进入中等收入阶段，经历了效率与公平的对立、效率优先兼顾公平、更加注重公平三个阶段，近年来，进入中等收入国家后，社会不稳定因素中的很多问题都是制度体系不公正造成的，现有的制度安排没有为人们带来利益的合理分配，而利益实现机制是由制度安排的，因此社会公正必须要由制度供给，由制度公正来保障社会利益分配的公正。公正也就成为公共管理制度管理创新的首要价值取向。因为只有制度是公正的，利益划分方式和各阶层的人获得利益的机会才是公正的。目前引起社会动荡的事件从区域上看，大多发生在中西部等经济落后地区；从人群上看，大多发生在弱势群体中。但从另一方面看，除极少数由于其自身的能力和禀赋缺陷外，我国农村、

---

① 孙玲：《公正是公共管理制度创新的首要价值》，载《太原城市职业技术学院学报》2004 年第 1 期。

中西部和特定群体公民的弱势地位，更多的是由于不公正的制度安排。城乡二元经济结构中基本公共服务不健全，利益表达机制不畅通导致这些本身无法彰显正义的制度，进而导致社会中的矛盾越积越深，诱发不和谐事件，人们对制度乃至政府出现信任危机，带来社会动荡。因此，保障这些弱势群体基本的生存和发展条件，不仅是出于道义的选择，更是彰显社会政策公平正义的必须，促进社会和谐的良药。不是经济增长，而是社会公平才是评价社会制度的基本尺度。对于进入中等收入国家行列的中国来说，进行公共管理制度创新，就是要在国家和社会公正之间，公正、合理地配置权利和利益资源，"使拥有相似天赋和动机的公民大体上具有影响政府政策和获得政府职位的平等机会，而不管他们属于什么样的经济阶层和社会阶层"①，使公共管理制度一方面能使社会的普遍参与者受益，使他们依法享有均等的公共物品和公共服务的供给，另一方面，根据机会的公正平等和差别原则，要允许社会和经济不平等的存在。但是机会公正平等原则又要优先于差别原则，应该是人们的所得与应得、所付与应付相对应，而不是它们之间差距的进一步扩大，更不是让一部分人利用社会制度的某些不公正之处，运用自身的优势多取少付甚至不付出，而另一部分人在应得的机会和利益被挤占时却付出了高额代价。这样，由社会制度组成的基本结构才实现了程序正义的理念。同时，制度本身也发挥了教育公民的公共功能，这种功能使公民拥有一种自由和平等的自我观念；它鼓励人们要有乐观主义的态度，对未来充满信心，而且感觉到按照公共原则自己得到了公正的对待，而这些公共原则被视为是用来有效地调整经济不平等和社会不平等的，只有奉行这样的价值取向，公共管理制度实现真正意义上的公正，诱发社会动荡的各种因素才能被磨平。

2. 促进社会整合

公共利益是公共管理制度创新的基础，从公共管理的本质来看，公共利益是公共管理核心价值目标，公共利益就是公共管理制度的利益，公共利益无法实现，社会和谐无从谈起，因此，公共管理制度创新还应实现社会整合的功能。公共管理不应该仅仅从政府的角度出发，而应该将政策探讨的主体从单一的政府转变为政府与民众，政府与市场，政府与社会等环

---

① [美]约翰·罗尔斯：《作为公平的正义：正义新论》，姚大志译，上海三联书店2002年版，第75页。

环相扣的互动关系。公共管理的制度创新应促进社会整合,"整合与团结必然是所有社会制度的自然特征"①,对于公共管理制度而言,更应如此。具体而言,在广度上,公共管理制度应从市场、社会、公民与政府出发,将其视为一个网络,以系统多元地整合其联动关系,通过妥善处理各方面的利益关系,整合不同方面群众的利益从而保障最广大人民的根本利益,实现共同富裕。正是由于社会中人群的利益没有均衡,部分特殊人群的利益受到损失而没有得到相应的补偿,因此,社会分化越来越大,影响社会安定的因素层出不穷。这就要求建立和健全多方面的、多种形式的社会利益调控机制,缩小社会成员之间的贫富差距,努力防止两极分化。在深度上,公共管理制度创新应关心注意到制度实施的深层意义,实现社会网络中多元利益主体的多重目标、多元价值,建立完善的利益诉求机制和公共部门回应机制,从而促进社会整合,避免社会阶层固化带来的不稳定因素引起社会动荡。

我国已经进入中等收入国家行列,相对于经济的高速发展,体制建设滞后,社会发展中重视效率,公平性不足,利益的冲突带来社会动荡不安,收入分配扩大、社会阶层固化和利益主体日趋多元化。但是,中国未来不会出现大规模的动荡不安,同时,由于公共管理的公平性本身就包含公共性要求,公共管理制度创新具有社会公正和促进社会整合的价值取向,通过建立多元化的管理主体、建立利益诉求机制和完善社会保障制度,用公共管理制度创新来抚平社会动荡,一定能跨越"中等收入陷阱",实现经济社会新的发展。

---

① [英]理查德·蒂特马斯:《社会政策十讲》,江绍康译,吉林出版集团有限责任公司2011年版,第10页。

第九章 我国腐败现象的发展及其治理之道

我国当前社会负面因素不断积累，权力异化公权腐败盛行，是导致贫富分化的主要原因，而经济发展在步步逼近"中等收入陷阱"。长期看来，导致中国进入陷阱的根源主要来自政治、经济、人文三个方面。其中政治方面的原因，主要是腐败问题。当前中国政治体制改革明显落后于经济发展需要，并出现了腐败滋生、行政管理混乱以及行业行政垄断等诸多问题。如不能有效制约权力，则很可能形成金钱与权力互相勾结，共同瓜分社会剩余价值，最终导致社会混乱、两极分化严重及在维持稳定方面的巨大消耗，从而制约经济发展水平的有效提高。[①] 中国实现可持续发展的最大威胁来自资本和权力的结合，即腐败问题。由于政治改革相对滞后，国家官员或机构利用政府强大的能力与垄断性利益集团相结合，结成权钱交易互利关系，从中获取巨额利益。腐败不仅使社会公共积累资金流失，侵害国家和人民的经济利益，还影响国家经济改革政策贯彻实施，恶化经济环境，影响经济和社会事业的协调、快速和健康发展。

以上分析可以看出，腐败制约了我国经济发展方式的转变。我国腐败现象之所以泛滥，归根结底是因为政府控制过多的资源，为腐败提供生存土壤，导致寻租现象。因此，遏制腐败现象对于重塑政府公信力，提高党的执政能力，为市场经济转变营造一个公平竞争的环境，对我国成功突破"中等收入陷阱"具有重要意义。

---

① 宋圭武：《谨防"中等收入陷阱"》，载《中国发展观察》2010年第9期。

一 腐败的内涵及其发展规律

(一) 腐败

从历史上来看,腐败是个古老的概念。在中国,所谓腐败,是指物质腐烂。《汉书·食货志》上说:"太仓之粟,阵阵相因,充溢积于外,至腐败不可食。"后引申为一切事物由生机、健康的状态向腐朽、没落的状态转变的过程。在西方社会,对于腐败理论的探讨可追溯到西方政治学奠基人柏拉图、亚里士多德等人。他们将腐败视为政体的疾病。亚里士多德认为,每一种正当的政体都是由于掌握最高权力人的腐败而走向变态政体,即蜕变为相应的寡头政体、平民政体、僭主政体三类,他认为"三者都不照顾城邦全体公民的利益"[1]。在孟德斯鸠的眼中,腐败政体主要是指专制政体,即专制政体由君主或少数人按自己的意志进行统治并拥有无限且不受制约的权力。[2] 发展到现代,国际相关组织对腐败的定义是"公共部门中官员的行为,不论是从事政治事务的官员,还是从事行政管理的公务员,他们通过错误地使用公众委托给他们的权力,使他们自己或亲近于他们的人不正当地或非法地富裕起来"。在国内,对于腐败定义,学者们基于不同的标准、从不同角度对腐败的概念作了界定。较具有代表性的界定如下:所谓腐败,是指利用公共权力或职务,谋取职权以外利益,作出某些违反社会道德的行为;或腐败是为了谋取个人利益而滥用公共职权和资源。[3]

现代政治学意义上的腐败,是指行为上、思想上的堕落及机构、组织、措施等方面的黑暗和混乱。各国政治学家关于腐败的定义,大致有三种:一是以权力资本为衡量,政府官员把职权作为谋私的资本,其获利多少取决于市场,即政府能提供服务的多少和社会对该服务的需求;二是以公益为准,为特殊利益侵犯公共和公民的共同利益;三是以公职的履行情况为衡量标准,政府官员做超越职责以外的事情。上述定义虽不够完全,但综合起来其共同特征是:把权力作为谋私资本,做超越职责范围以外的

---

[1] [希] 亚里士多德:《政治学》,吴寿彭译,商务印书馆1965年版,第134、199页。

[2] [法] 孟德斯鸠:《论法的精神》(上册),张雁深译,商务印书馆1961年版,第115—119页。

[3] Stephen P. Heyneman. Education and corruption. *International Journal of Educational Development*, 2004, 24.

损害公共利益的事。

1. 腐败危害经济建设

腐败对于经济建设的危害最直接,可造成国有资产大量流失,削弱国家经济实力,影响改革开放和社会主义建设的发展。

第一,腐败造成贫富差距加剧。社会财富是全社会共同拥有财富,实现公平合理分配,关系到每个社会成员切身利益。但政府部门、官员利用权力挪用、贪污、截留退休抚恤金和救灾经费,使善款得不到善用,造成社会不公和贫富差距进一步加剧。第二,腐败导致政府经济管理效率下降,进一步迫使商人处处行贿、层层行贿。行贿的竞争导致政府行为效率进一步下降。最终危害经济发展,打击投资者信心,影响引进外资。第三,腐败影响可获得资源合理分配,产生政府服务的经济的扭曲和歧视性分配。腐败在资源配置上的结果是,用不正当手段,造成重复建设,生产能力过剩;大搞政绩工程,使有限的资源浪费。

2. 腐败败坏社会风气

腐败易造成人们对权力的非理性认识,导致人们认识错误和心态失衡。当权力有无、大小成为衡量一个人的价值标准时,传统政治文化中对个人利益的贪欲性和非法独占性就有了生存环境。人们会通过各种手段来达到目的,这种行为会进一步扭曲人们对权力的认识。

腐败分子把个人利益置于国家、社会利益之上,不惜损害公共利益或他人利益。与腐败行为相关联的极端利己思想会向社会扩散,形成"人人为己"的社会风气。这样,人们必然会对妨碍个人利益实现的规范表现出否定的态度,导致社会的行为失范、失序,整个社会丧失凝聚力,政府的威信因此受到影响,在民众中失去号召力。

3. 腐败危机政治稳定

腐败破坏行政权的合法性基础,引发政治不稳定因素。行政机关处于把社会与国家法律相联系的中介位置,这就要求行政权的行使、范围必须符合法律规定。当行政权对社会资源分配偏重个人时,必然会导致社会利益分配不公,由此引发贫富差距;政府应有的宏观调控能力、管理职能退化,权力面临挑战。因此,一旦对行政权的监控手段失效,其合法性也将会受质疑。

政治稳定是社会稳定、发展的重要保证之一。行政腐败使政府形象受损,降低政府威信,打击民众对政府信心,使民众对政府的政策制定与执行失去信心，导致政府危机，甚至引起社会动乱。

4. 腐败危害社会秩序

腐败破坏国家法制统一，冲击国家制度。国家权力是社会各阶级、集团在维护其自身利益的权力较量中产生的，是将社会内部矛盾和冲突控制在一定秩序范围内的社会力量。该力量通过国家机关行使。行政机关执行统治阶级意志，行使执行权，维护社会秩序。但当行政权变为追求个人或团体的非法物质利益的工具时，就会破坏国家机关之间的协调关系，破坏国家权力统一于统治阶级利益的一致性，破坏国家法制统一，危害社会秩序。[①]

综合国内外学者的观点，有两方面的共识：一是认为腐败是侵犯公共利益的行为；二是腐败是利用公共权力谋取私利行为。鉴于此，笔者本着如下几个原则来界定腐败：一是明确腐败行为方式；二是明确腐败行为的目的；三是有必要突出腐败行为主体；四是明确腐败行为的结果；五是切合中国语境；六是具有一定的理论抽象。照这些原则，可将"腐败"界定为公职人员违反或偏离职责，损害公共利益的行为，私用或滥用公众赋予的公共权力，侵害公共管理秩序，损害公共职务的廉洁。

（二）腐败表现形式

腐败是国家、社会的大敌，是"政治上和经济上在法律和制度之外的权力"。腐败首要原因是权力缺乏制约，导致权力商品化。权力进入市场并交换，进入流通。概括起来，腐败实质上就是以权谋私。

腐败现象是腐败实质的外在表现，以权谋私的核心是权钱交易，社会上的腐败现象尽管变化多样，错综复杂，但都是围绕权钱交易展开的。权钱交易进行方式，最终取决于社会的经济、政治、文化。

腐败行为大多数采取以政治行动换取经济财富形式。通过私人活动来积累财富的机会受到多方面限制，其腐败的重要形式是利用公职中饱私囊。综观各国腐败现象，可看到，发展中国家腐败的主要表现形式是以权谋钱；而发达国家腐败的主要表现形式是以钱谋权。我国作为发展中国家，长期计划经济体制和财产的国有化，生产力不发达，使私人积累财富的机会受到限制。腐败现象主要表现形式是以权力换取财富。改革开放

---

① 吴俊明：《行政腐败的特征、根源及其防治机制研究》，吉林大学2007年版，第15—16页。

后，市场经济引入竞争机制，使一些人积累财富的机会增多。通过权力—金钱—权力的相互作用，腐败现象表现较为复杂，因此，在我国，表现为以权力换取财富和以财富换取权力两种形式，只有正确认识，才能有针对性地开展反腐斗争。

腐败现象存在于政治、思想道德和经济等各个领域。在政治领域，表现出破坏社会肌体、政权机构的严重危害性和腐蚀性；在思想领域，表现为道德和作风、损人利己的腐朽思想；在经济领域，显露出侵犯公众利益、鱼肉百姓的实质，非法攫取社会财富。

根据国家科委中国科技促进发展研究中心"党风党纪"课题组和中国社会调查研究所抽样调查，腐败的表现可以概括为以下形式：在招干、招工、分配、升学、出国、提职等问题上为自己或亲友谋取私利；打击报复，诬告陷害，限制民主；搞浮夸，骗取荣誉，弄虚作假；用公务公款送礼，为自己谋取私利；以权经商，为亲友乱批外汇、货款；利用职权，非法占有建材、运输工具、土地等为自己营造房屋；铺张浪费；拉帮结派，选拔干部任人唯亲；利用职权，贪污、受贿、推诿、办事拖拉、扯皮；道德败坏，乱搞两性关系；嫖娼、赌博；破坏党内团结；婚丧嫁娶大操大办等。

对于腐败的表现形式，可以从以下几个方面进行划分：

1. 根据腐败者的行为和目的划分

从对象上说，腐败可以划分为拜物型、拜金型、享受型、徇私型、贪色型等，后两种发案率较高。

其中，拜物型，指腐败行为以取得实物为目的或者将国家、集体、个人财产据为己有；拜金型，指腐败行为在于扩大金钱收入；享受型，指腐败行为以追求个人的享受；徇私型，指腐败行为与裙带关系有密切联系；贪色型，指腐败行为以纯粹肉欲关系为前提，以满足个人欲望为目的等。[①]

从属性上说，除以裙带取向、个人取向、朋辈取向为主要取向外，团体取向数量逐步增大。

从领域上说，政府管理和经济管理领域发案率较高。

从手段上说，呈现高级化、隐蔽化。发展趋势为：从低层向高层发展；

---

① 王沪宁：《反腐败——中国的实践》，三环出版社 1990 年版，第 100—102 页。

从低量腐败向高量腐败发展；从单一向多样发展；从境内向境外发展。

从方式上说，勒索、贪污、以钱舞弊、以权谋私等是其主要方式。

2. 根据人们对腐败行为的价值评价来划分

权力腐败：表现为拥有一定权力者为满足某种私欲而故意滥用职权的行为。权力腐败者一般都是有权或有势者，具有功利性目的。这类腐败在私下交易，具有不可告人的目的。

吏治腐败：表现为下级以物、财、色贿赂上级，以吃、喝、玩、乐诱使上级腐败，由被动腐败变成主动腐败；履行政府管理职能的部门和单位借工作之便，向办事人员、单位索取财物的行为；对内强调按规矩、按制度办事，对外讲究灵活，给其所要，投其所好。这些行为虽不构成犯罪，但直接影响了党和政府的威信，破坏了办事规则和原则，严重影响和败坏了党风。[1]

决策腐败：表现为位高权重者决策后因敷衍塞责给党、国家和人民造成重大损失。由于它的后果并不具有谋私性或蓄意性，因而不将其视为犯罪。这类腐败从表面上看都是工作中出现的失误，但它却是一种间接谋私行为或具有谋取某种功利的强烈隐蔽性，表现为用人失察、决策失误，违背了"为人民服务、向人民负责"的宗旨和原则，为局部利益牺牲全局利益。

3. 根据腐败的历史形态不同来划分[2]

传统的腐败，指由传统的政治制度造成的，其方式和手段都较简单；整个腐败过程中间环节少、周期短；具有一定的"合法性"，是由传统的政治文化决定的，其行为不仅为政府所认可，也为一般民众所容忍。

现代的腐败主要指商品经济中权力与金钱相交换的产物。现代社会中，腐败是复杂且"高明"的，常以集体腐败形式出现，常常导致政治制度性质的改变。与传统腐败不同，现代腐败是为法律所不容许的，直接表现为违法犯罪行为。

4. 根据腐败主体的数量不同来划分

根据腐败主体的数量不同将腐败划分为个人腐败、制度腐败、整体腐败。

---

[1] 沉吟：《腐败三色论》，载《领导科学》1997年第12期。
[2] 李建华、周小毛：《腐败论》，中南工业大学出版社1997年版，第24页。

个人腐败是指被视为零星的、投机取巧式的、隐蔽的犯罪活动，这种活动偶然发生在政治或行政的环境中；制度腐败是指腐败是一种经常性或标准活动，这种腐败是公共权力担当者中普遍存在的现象；整体腐败是指整个政治制度中，公职和官方权威被公开用来为个人谋取私利服务的。①

根据腐败主体的数量将腐败分为个案性腐败与结构性腐败。

个案腐败是指在监督制裁腐败行为的法律制度较完善，道德舆论对腐败的谴责较强大的基础上，个别人以身试法的个别腐败行为；结构性腐败是指由具体法律、制度不健全所导致的"法外腐败制度"所产生的腐败，是领导干部默许的腐败。其含义有二，一是国家机关工作人员行使公共权力时，有很多情况是无法可依，无章可循，因而只得"自行一套"；二是有法不依，而"另行一套"②。

根据腐败行为主体的不同将腐败分为个体腐败与集体腐败。

集体腐败与个体腐败的共性表现为两者是以权谋私，其差异在于前者参与人不是单个，而是以单位集体名义出现，涉及全体成员，而以公权谋得私利也是为集体成员均得。③

5. 根据腐败性质的严重程度划分

触犯刑律构成犯罪。表现形式主要有：行贿、贪污、徇私舞弊、受贿、玩忽职守、挪用公款等。这类腐败现象数量虽少，但危害极大，性质严重，必须依法制裁。④

官僚主义。表现形式有：脱离群众，脱离实际，墨守成规，思想僵化，互相推诿，办事拖拉，不负责任，不讲效率，官气十足，不守信用，打击报复，动辄训人，欺上瞒下，压制民主等。这类腐败现象数量较多，属于道德建设和思想教育要解决的问题。

违反党纪、政纪和违反法律但不构成犯罪。表现形式主要有：买卖股票；在经济实体中兼职并领取报酬，公款报销应由个人支付的费用；在公务活动中接受礼金或有价证券，接受下属单位或其他企事业单位赠送的信用卡；党政机关领导干部经商办企业，利用职权为配偶、子女和其他亲属

---

① 陈兴良：《腐败的成因及其抗制》，载《法律科学》2005 年第 6 期。
② 傅明贤：《论我国领导干部反腐败的监督约束机制》，中国方正出版社 1997 年版，第 151 页。
③ 郭佳：《中国大趋势》，华龄出版社 2006 年版，第 137 页。
④ 张德利：《反腐败是长期而艰巨的任务》，载《参考研究》1997 年第 4 期。

经商办企业提供优惠条件；用公款获取各种俱乐部会员资格，参与高消费娱乐活动。

6. 根据世界各国腐败状况划分[①]

低度腐败：在国际上取得共识的是新加坡和香港。这些国家和地区由于有比较有效的体制，腐败现象相对较少。

中度腐败：主要为土耳其、印度、津巴布韦、坦桑尼亚等发展中国家和地区。在这些国家和地区中，高级领导人腐败的比率相对要低，但中下层公职人员中腐败的比例很高，腐败规模十分惊人。

高度腐败：主要集中在中东、东南亚、中美洲、撒哈拉以南的非洲国家等地区。这些国家和地区，腐败是一种习以为常、司空见惯的事，已为当权人物的一种生活方式。

7. 根据腐败发生层次划分

社会腐败：社会生活各个方面的蜕化堕落，是社会整体腐败的综合反映，突出地表现为消费行为的扭曲，人际关系恶化，社会治安混乱，各种社会丑恶现象、黑社会组织死灰复燃等。[②]

行业腐败：是以职业的特殊性非法谋取私利，即把职业化作一种资本利用行业优势和职业之便中饱私囊。

权力腐败：是指公职人员没有严格遵循公共利益至上的原则，致使私欲导致他们对公共权力的非公共运用。

我国自从有了国家以来就存在腐败，腐败问题在新形势下主要表现在四个方面：一是权钱交易、以权谋私的交易型腐败；二是跑官要官、买官卖官等吏治腐败；三是新领域的司法、学术腐败；四是利用职权强取豪夺、侵占群众利益的侵占型腐败等。

（三）新时期下我国腐败所表现出的新特点

人民论坛杂志 2010 年在人民网、人民论坛网上，针对 50 位相关专家做了一次关于"中等收入陷阱"的问卷调查。结果显示，最可能诱发中国陷入"中等收入陷阱"的因素中，"腐败多发"（占 52%）和"贫富分化、阶层固化"（占 44%）排在前两位。而对跨越陷阱的最大忧虑因素中，排在前几位的分别为："腐败导致政府公信力下降"（占 80%）、"社

[①] 李建华、周小毛：《腐败论》，中南工业大学出版社 1997 年版，第 24 页。
[②] 孙传宝：《当今中国廉政与腐败的较量》，中国工人出版社 1996 年版，第 6—2 页。

会保障和分配难题"（占 59%）、"政治体制改革落后于经济改革的老命题"（占 54%）。①

在我国经济逐步走向"中等收入陷阱"的过程中，由于政治改革滞后，国家官员或机构利用政府强大的能力与垄断利益集团相结合，结成权钱交易的互利关系，从中获利。腐败不仅使社会公共积累的资金流失，侵害国家和人民群众的经济利益，还影响国家改革政策的贯彻，恶化经济环境，影响社会事业和经济的协调、快速、健康发展，对生产力的发展和社会主义经济建设产生巨大破坏作用，同时，腐败影响竞争市场的公平与效率。以权力资本化、权钱交易为主要特征的腐败，是对社会主义原则的背叛，也是对社会主义市场经济体制的破坏。② 因此，"腐败多发"不仅是"中等收入陷阱"的主要表现之一，也是制约一国经济发展的主要因素。

在中国社会逐步进入到"中等收入陷阱"的过程中，腐败行为呈现出由明到暗的发展趋势，其主要表现形式有以下三种：

一是低调敛财、高调反腐的"双面腐败"。表面高调反腐、清正廉洁，背后低调敛财、见钱眼开，是当前腐败行为中最为"高智商"的贪腐方式。主要表现为树起"拒收礼金"的"牌坊"，以清廉形象示人；并出台各种反腐政策，大力查处、打击腐败，显示出对贪腐行为极端痛恨的清高姿态。但脱掉虚伪外衣，这类人实则是赤裸裸的贪官。他们工作非常注重原则，只是通过下属或者朋友牵线，利用手中权力为他人开方便之门，减少报批、报建款，中饱私囊。换种说法，这类官员贪的都是国家和百姓的钱，是各类商人在他们的权力运作之下省出来的财政资金。

二是不求廉政、但求勤政的"温和腐败"。"不收钱也办事，办了事再收钱"。这类人员通常会塑造出勤政爱民的形象，不管他人是否有求，都尽心竭力为他人"办实事、谋福利"。然后在办完事后"顺便"向得利人收"好处"。表面上看他们没有明显受贿动机，只是为了工作需要，为了履行职务，为了发展，进行正常的"礼尚往来"。其形式更隐蔽、更危险、更可怕。这种"温和腐败"积小成多、战线长，集腋成裘、范围广，很容易影响周边领导干部，成为一种普遍风气，从而扩大贪腐范围。

---

① 赵培红：《国内"中等收入陷阱"研究进展及展望》，载《当代经济管理》2012 年第 6 期。
② 彭吉龙：《腐败现象滋生蔓延问题的调查与治理对策》，中国方正出版社 2007 年版，第 92、109 页。

三是以权回报、以借为名的"隐性腐败"。权钱交易历来是受贿者与行贿者之间最"铁"的交易方式。但传统腐败大多是行贿者与受贿者之间进行一次性交易，即行贿者通过"糖衣炮弹"攻击，换取一次提拔或项目审批机会，交易完成后双方关系立即终止。一旦被查，很容易发现罪证。但是以"借"为名的"隐性腐败"则通常是一种长期交易关系，形式也更为隐秘。一般情况下行贿者需要受贿者提供长时间权力保护，以谋取最大限度利益；而掌权的人员则通过向对方借款、借房、借车等形式来获取利润。当然这种"借"是"有借无还"，或者是通过"权力回报"。只要"共同利益"不消失，这种合作关系就一直存在。这种关系在"官商"勾结方面表现尤为突出。

二 腐败多发的产生原因

（一）分析腐败产生原因的理论基础

针对历史上绵延不绝的腐败现象，学者们提出了多种理论加以解释。这些理论既有一般的概述，也有针对特殊情境作出的具体解释；既是相互补充，也有相互对立之处。针对当今世界腐败问题，概括主要有下面几种理论。

1. 道德堕落论

到20世纪60年代，对当代世界的腐败问题的解释主要来源道德论者。道德论者认为，腐败主要是由价值观念冲突和个人道德缺陷所致，腐败是个人道德堕落的结果。道德论者在描述公职人员腐败原因时把腐败看作个人偏离公共伦理的一般准则，诉诸于价值观念和道德规范。究其实质，道德论者只是在关注腐败现象并遣责腐败。但把腐败归结于道德习俗问题，易陷入"文化决定论"观点。据此，道德论者提出反腐败建议主要包括：一是净化社会风气，创造一种廉洁光荣、腐败可耻的文化氛围；二是公职人员提高自律能力、加强个人道德修养；三是要求构建并尽快确立新的伦理价值体系的主导地位。

2. 现代化的副产品化

现代论者的主张将腐败看作现代化副产品。与道德论者一味地遣责腐败不同，现代论者并没有把腐败看作十足邪恶，而是看到腐败在现代化进程中的某些有益的作用。

现代论者注意到腐败与社会发展的关系。首先把腐败带回合法性领域，进而认识到腐败在社会现代化过程中的有益作用。

现代论者在某种程度上提高探究腐败原因的理论水平。但他们的观点也有一些明显的不足之处。其一，这种理论易招致批评的观点是其关于腐败某些有益效应的主张；其二，即使处于现代化进程中的国家，也可以提出许多与其相左的观点；其三，将腐败看作现代化的因变量，将腐败与社会发展联系起来，导致无法为反腐败提供可操作建议。

3. 理性选择论

从经济学的角度研究腐败，被视为一种个人理性选择模式。这种理论下，腐败是基于个人理性计算和理性个人在一个竞争性的"市场"上寻求实现其利益最大化的理性选择结果。腐败之所以发生，主要有两个因素：一是存在"黑市"，使官僚投机行为获利是官僚政治的垄断状态；二是公共选择论的寻租理论用于解释发展中国家腐败的现象获得了成功，因为这些国家普遍存在政府干预经济生活的现实和市场发育不完善。"用寻租理论来解释腐败现象产生根源，是西方经济学的重要进展。现代经济学对寻租问题的分析，对我国现实生活有很强的解说能力。"[①]

经济学的理论认为，个人从事违法经济活动是经过仔细成本收益分析的结果。但寻租理论也受到批评。其一，其研究强调方法论上的个人主义，理论上存在简单化倾向；其二，在经验研究中，也可找到不符合寻租理论的案例，如我国在改革开放前，社会经济受行政权力严格控制，并没有发生严重的腐败现象；其三，经济学的人性假设基础是理性经济人，这种假设被认为是把人性过分简单化。

4. 资本主义弊端论

马克思主义者认为，腐败是资本主义弊端造成的。长期以来，该观点对腐败现象的产生从认识上概括起来主要有两点：一是社会主义时期的腐败现象是剥削阶级或思想的残余。其原因在于，认为社会主义诞生以前的国家制度全都是剥削阶级制度，这些制度中都存在腐败现象，认为腐败是剥削制度的产物，社会主义作为资本主义对立面，是对资本主义制度的全面否定，因而腐败是资本主义的弊病。二是腐败现象是剥削阶级的特有现象。

[①] 晓黎：《西方腐败根源论在我国的译介与反响》，载《理论与改革》，1999年第6期，第110—113页。

马克思主义者的理论主要是把外部资本主义影响与腐败联系在一起。这是一种外因论主张。这种把腐败归罪于旧政权的历史主义观点并不能解释当代发展国家腐败蔓延的现象,许多发展中国家在独立以后,腐败现象出现了增长。

长期以来,中国学术界和官方的腐败成因研究主要受到马克思主义理论的影响,这是垄断学术界和政界时间最长的理论。对腐败原因的认识已从过去归结于剥削阶级转向国家内部工作机制和管理体制,并提出通过制度创新和深化体制改革来防治腐败,这是认识腐败问题的一个根本性转变。

然而,目前无论是从实践上还是从理论上,对体制机制中的弊端还缺乏深刻的认识和深入的研究,还没有找到解决问题的有效办法。产生腐败的原因非常复杂,而且国情不同,造成的原因也千差万别。特别是腐败作为一种综合的社会现象,其产生的原因是极复杂的,它涉及伦理的、政治的、经济的、文化的、思想的等多方因素。

5. 基于公共政策选择理论对腐败问题的分析

公共选择理论的出发点是"经济人"假设,认为"人是一个自私的、理性的、追求效用最大化的人"。该理论主要研究政治人物、政府官员、选民的行为,假设都是出于私利而采取行动的个人,以此研究其在民主体制的社会体制下的互动关系。公共选择学派将这种在市场经济下私人选择活动中适用的理性原则,应用到政治领域的公共选择活动之中。按该理论分析,政治制度是作为政治市场而存在。在其中,人们建立交易关系,把各种各样的利益和权力作为筹码,以计算交易的成本。这为分析腐败现象提供了概念框架与理论假说,即寻租理论、委托—代理理论、官员理论。

(二)我国腐败产生的原因分析

我国腐败问题的产生是综合了社会、政治、文化、经济、心理和历史等多种因素,表现在权力监督体系的缺位、价值观的扭曲、法律法规的不健全等。我国腐败现象产生的原因有三类:一是一些干部价值观扭曲,"官本位"思想回潮;二是法制不健全,权力运行不规范;三是缺乏有效的监督和制衡,权力高度集中。我国政治上权力的高度集中、文化上官本位意识、监督缺位以及人事任用缺陷、经济体制的弊端等都是导致腐败的主要原因。①

深入分析腐败现象的发生、蔓延的规律，寻求治理的有效对策，关键是要准确认识腐败的根源。在计划经济体制和社会主义市场经济初级阶段，政府承担了大量的经济、社会管理职能，社会管理活动与微观经济和社会长期分离，存在着大量政府职能"缺位""错位""越位"的现象，这是我国目前腐败现象蔓延的现实根源。从源头上根本治理腐败的关键是切实实现政府职能的转变。

1. 相关人员思想道德意识的弱化——文化角度

公共选择理论认为政府的建立是为控制经济运行、保证社会的稳定和法律的实施、提供公共物品，同时政府官员和政治家也是理性的，追求个人效用最大化，其动机在于追求更多权力威望、报酬。无论是经济领域还是非经济领域，政治家们会按成本收益原则追求效用的最大化。人们从事某种活动，目的在于谋求私人收益。这一收益不仅包括当事人目前能获得的各种有形的和无形的经济利益的满足，还包括各种预期收益，如市场份额、利润、权势、晋级、工资。对市场主体而言，如果市场完备，没有外部性，将获得履行职责的收益，并承担相应成本。换言之，收益和成本等同于私人成本和私人收益。这种情况下，充分履行职责将完全符合当事人的利益。而对科层组织中的雇员来说，并不能获得履行职责的全部收益，也不承担渎职后的全部损失。反之，若腐败不受查处，还会得到额外收益。因此，科层组织中个人带来市场收益和损失都可以通过组织外化。作为理性决策者，代理人只能根据其私人成本与收益的计算来选择行为。因此，只要腐败能给他带来的私人收益大于私人成本，就会诱发腐败。

在实际工作中，一方面，受传统行政伦理思想及现实因素的影响，行政人员的意识缺失或者说官德失范。中国行政伦理思想包含众多封建陋习，在一定程度上纵容腐败，"潜规则"甚至就是官场腐败的保护网。②另一方面，人员道德伦理修养不足，极易受经济、权力等因素诱惑，当其公共道德意识或政治意识无法战胜个人私欲时，享乐主义、极端个人主义、拜金主义开始滋生，法治和道德责任感淡薄，最后走向腐败。总之，

---

① 李苏生：《试析腐败的产生原因及治腐对策》，载《理论探讨》2000年第6期。
② 胡桃子：《行政伦理建设——抑制行政腐败的有效途径》，载《法制与社会》2009年第10期。

一旦行政人员思想偏离社会有序的常轨，个人私欲发生膨胀，就会导致腐败。

2. 体制的缺陷——政治角度

制度的不完善间接产生腐败，腐败分子一旦找到制度"缺口"，就会为谋私利而不择手段地钻制度空子，以致腐败愈演愈烈。同时制度不完善使惩治腐败缺乏应有力度。制度改革要完善各项制度，必然触动腐败分子的根本利益，于是，他们会设置各种障碍，以减缓改革进程、减少改革力度。这一方面的研究倾向于我国现行政治制度不够科学和合理，导致权力的运行缺乏有效的监督，产生腐败问题。政府职能过于宽泛，公共权力干预到经济、文化、社会生活的各方面，然而对公共权力的制约机制却不完善，民主体制不健全，司法不独立，导致腐败行为的产生。体制的缺陷包括经济体制、行政体制和信息不对称等。

一是，经济体制方面。

随着我国由计划经济体制向市场经济体制转变，原有计划经济体制下的一整套制度和法规已经不适用，确立、完善新的适应市场经济发展的制度和法规还需要一段时间。因此在转型时期，行政程序不完善、法制不健全、不完善的新体制、监督乏力造成许多制度上的"真空"和管理上的"空档"，成为滋生腐败的温床。①

二是，行政体制方面。

主要是限制行政权力的使用和监督行政权力的机制不健全。我国行政体制权力高度集中，横向职能部门的界定不够明了，每一级的行政权限都没有严格界定，高度集中的权力就为滥用权力提供了可能。

此外，我国对行政权力的监督也十分乏力。首先，监督乏力。我国现行行政监督在内部。权力的层级性表明，只有无隶属关系的权力或同等权力才能真正互相独立、互相监督。其次，我国的行政监督制约机制不健全。现行的行政法律规范注重对行政相对人的行为加以控制和规范，对行政机关及其行政人员自身行为的监督较少涉及，这实际上是赋予了行政机关某种不受法律约束的特权。最后，我国的行政监督制约机制滞后。

三是，信息不对称。

在公共事务领域，若信息完全对称，那么，官员与民众之间形成的公

---

① 周奋进：《转型期的行政伦理》，中国审计出版社 2000 年版，第 123—127 页。

共权力委托代理运行机制不会失灵。因为，双方不论是在公共权力委托代理的隐含契约形成以前还是以后，民众对公共权力执行过程及其结果的监督成本为零并积极监督，官员也知道如果自己执行与实施公共权力不力，会失去代理人资格，因而双方都没有机会主义倾向。[1] 但在信息不对称的现实世界中，公共权力的委托代理双方都具有机会主义倾向，都是只具有有限计算能力和有限理性的。

因而，在公共权力的委托代理关系运行中，拥有较多的公共权力运作信息，就会在委托代理契约及其执行中拥有潜在优势。政府作为接受广大民众公共权力委托并代理运行的机构，其真正的职能需要通过其官员负责及有关具体部门执行来实现，公共权力被多层委托代理给具体的官员，由其负责公共权力的执行。由于官员成为公共权力的终极执行者，使政府与广大民众之间的公共权力初始委托代理关系复杂，即从官员到民众之间的公共权力委托代理关系链增大，在公共政策的实施、制定和作出决定等过程中，官员拥有众多的信息源，成为信息强势主体。在这种信息不对称下，信息强势方利用自己的信息优势，通过损害信息劣势方获益。这最终会导致官员与民众之间的公共权力委托代理关系失灵，出现腐败。

3. 从公共选择理论角度分析——经济的角度

一是寻租理论：公共权力出租导致制度腐败——经济视角。

虽然政府的存在是为了给广大民众提供公共利益，但却有许多利益团体出于私利而进行游说活动，推动政府实行一些只会带给他们利益、却牺牲广大民众的政策。在政治交易市场，公共职位、公共政策、公共权力等均可用来出租，寻租者需要竞价，提供租金价高者得。简单地说，寻租过程是权物、权钱交易的过程。拥有租金的官员进行寻租是腐败滋生的原因。

寻租是一种非生产性利润的再分配活动，腐败分子一旦利用管理制度上的漏洞，通过寻租取得某部门或某单位的权力，就会充分使用这种权力，获得更多的"效益"。

各种制度上的不完善，都会被腐败分子用来寻租，为自己和小团体谋取私利。始于资金支配权、行政审批权方面的权钱交易，干部任用等腐败，很可能逐渐发展为某个单位或系统内的普遍腐败。腐败并不是在各个

---

[1] 张欣：《新时期行政腐败诱因及对策分析》，载《理论与当代》2010年第2期。

权力点上孤立进行权钱交易，他们需要相互配合和协调，产生腐败的"利润"，才能完成整个过程。如不打通所有的关节，不仅不能制约腐败行为，而且还会带来更大风险。因此，腐败往往形成一张腐败网，并在系统内形成了风气，使得寻租者和出租者及其他利益相关者进行利益绑定，形成利益共同体。所有加入腐败网者因为共同利益而共同维护这个网。由于系统内涉及腐败的人数众多，一遇有查处和举报的风险，互相关照，相互保护，一荣俱荣，一损俱损。

社会结构变化中，腐败现象具有必然性。改善社会地位，通过非正常手段获取财富和其他社会资源，这不仅包括从中寻找发家致富机会的商人和百姓，也包括以权换钱的各级干部。

从经济角度分析，腐败来源于权力寻租。寻租是指由于供给弹性不足产生的稳定的超额利润。公共权力掌握在少数人手里，导致为自己谋取利润，利用权力干涉市场经济活动。

寻租性腐败产生的原因主要是经济利益驱动；政府对企业种种管制；监督体系不健全等。人、权力、利结合起来必然会产生腐败，权力本身具有一定的单方面强制性和任意性，往往会诱导掌握权力的个体产生滥用权力的欲望，扩张权力，从而导致腐败。

现代研究发现，政府的行政管制和政策干预，如生产许可证发放、进口配额、特定行业的特殊管制包括对从业人员数量的限制乃至价格管制等，都可造成人为稀缺，从而形成超额收入。因此，使用租金概念就进一步扩大到包括公权力对经济活动管制或干预所形成的超额收益。既然政府行政管制和政策干预能够创造租金，自然就会有人要从管制和干预获取租金。显然，权力寻租是一种腐败行为。

半市场半管制的状态，是贪腐分子最喜欢的状态，完全计划经济，无法变现完全的市场经济，无法寻租。而半管制半市场经济，则可以变现寻租。

市场经济与计划经济两个体制并行和交替，为腐败滋生提供制度上的空间。官僚制条件下的官员没有灵活性，是固定于某一个层级，缺乏相应的自主权，导致了官僚制条件下，在解决问题时官员显得束手束脚，缺乏效率。一方面因官僚制的规定而不能违反秩序的独自行动，迫使一些官员在一定的程度上违反组织规则，采取一种"变通"方式；另一方面作为"人民公仆"，他们有义务解决社会公众问题即权力寻租是过于强势的政府所出现的重要经济现象。

在中国，权力寻租，是通过两种方式实现的。国有垄断企业，其实就是最大的权力寻租，往往被大众忽略。由政府代管的全民财富，这些国营企业，乃是政府部门的嫡亲，都被集中在通信、石油、铁工等领域。通过控制企业巨头，政府里的既得利益阶层，将全民的变为少部分人支配的财富。

另外一种寻租，是被大众普遍理解的模式，一些企业和个人，通过交纳金获得公权力的许可。这种模式，一种表现为"内部争宠"，地方通过对掌握公共财富的部门或个人进贡，获得倾斜性的资源。一种表现为行贿受贿，凡是因为地产问题出状况的，就窝案。权力的嫡亲和表亲，牢牢把握社会财富，中国社会由此出现了比较严重的贫富分化。

二是，委托—代理理论：以集团利益替换公共利益的"伪代理"导致制度腐败。

在传统理论中，公众将公共权力委托给各级公职人员。然而公职人员因为其私利性，发生腐败行为，使其作为公共权力的代理人违背公共权力委托人的意愿，侵害委托人的利益。公共权力的委托人会对代理人的行为进行回应，包括惩罚、限制、监督。因此，腐败是至少三方的各个被动或主动涉及的当事人共同协作的结果。

公众（委托人）授予公职人员（代理人）公共权力的同时，公职人员必须接受公众（委托人）监督。但是由于之间的信息不对称，公职人员会倾向腐败，反而成为第三方寻租者的代理人，为满足寻租者需求而出台各种损害公共利益维护寻租者利益的政策和制度。即以小集团利益替换公共利益，使公职人员的代理内容发生变异，实质上的委托—代理关系失灵。以石化行业为例，石化行业的游说者可能会游说发改委提高油价，或者游说政府补助其进口的高价原油，无论采用哪种方式，结果都会导致降低生产效率。而这些效率低下的政策后果必须由所有民众一同承担。在另一方面，这些效率低下的政策所造福的只是一小群利益的团体，这些团体也会因此继续进行游说以维持自己的利益。绝大多数的民众则由于无知而忽略了这些政策的后果。

三是，成本—收益论：腐败付出成本越小，收益越大。

从经济学出发，分析腐败被查处的风险越小，腐败行为就越容易发生；腐败付出的成本越小，收益就越大。腐败的收益与成本，指出"有腐败可能性的人是否选择腐败取决于其腐败的成本和收益的对比,而腐败收益和腐败成本取决于反腐败制度建设的投入量即制度成本"[①]。

4. 官员理论：官员滥权导致制度腐败——思想的角度

官员理论中,认为官员仍然会选择利用掌握的公共权力谋求物质和精神上的利益,并不会因其身处公共职位而改变其追求私人利益最大化的本性。在政治交易市场上,主要产品有：社会名望、政绩、收入、个人升迁、子女亲友的福利、权力等。官员一方面获取私人利益,另一方面出让公共权力。通过政治市场上的利益与权利的交易实现对私人利益的追求。而在克利特加德的《控制腐败》一书中就指出腐败产生的条件,用公式表示为："腐败条件" = "垄断权" + "自由裁量权" - "责任"。官员如果滥用权力却不为此负责,官员就会以公共权力谋求私人利益,选择腐败。

由此可见,官员对公共权力的滥用而不为此负责才是腐败的源头。"权力导致腐败,绝对权力导致绝对腐败。" 当前的腐败主要是由于对官员的权利运用和监管不到位,公务员管理制度不够健全造成的。现有公务员管理制度事实上还是对上负责,这为下层官员滥用权力提供空间。权力集中于领导,个人说了算,尤其是一把手说了算的现象仍很普遍,但对一把手的监管尤其是对权力使用结果的监管却形同虚设。若不能有效的实现对公共权力的监管,则制度腐败现象必将愈演愈烈。

5. 为什么多发

腐败作为一种社会毒瘤,从经济学上讲,腐败是在资源稀缺的条件下,不法商人与政府官员以牟取腐败"租金"和非市场性暴利为目的活动；从政治学上讲,腐败是以权谋私、权力异化的行为,是把公权异化为私利的行为,我国权力资本化、政治体制改革滞后的腐败困境阻碍经济进一步发展是致使我国面临"中等收入陷阱"的关键原因。在我国由计划经济向市场经济转型中,政府职能转变严重滞后,政府对市场干预失当或过度的情况大量存在,产生众多寻租活动,这是当今腐败现象滋生的现实基础,也是腐败愈演愈烈的制度原因。不同的时期,腐败程度不一样。现代化进程最激烈阶段,社会的腐化程度也最为严重。我国腐败现象之所以

[①] 徐向东、石志坤：《腐败与反腐败的成本收益分析》,载《经济与社会发展》2003 年第 7 期。

如此泛滥，归根结底是政府控制了过多的资源，为腐败提供了生存的土壤，使腐败迅速发展。

在全方位对外开放条件下，西方敌对势力加紧对我国实行"西化"，资本主义的生活方式和腐朽思想也乘虚而入，我国公职人员思想意识与价值观随之发生变化，同我国历史上遗留下来的封建残余思想影响相结合，腐蚀干部、党员的思想，造成利益意识增强、党员干部理想信念动摇、唯利是图、意识淡薄，这就为走向腐败埋下了祸根。其次，由于我国政治体制改革的滞后性，使原有职能未能转移，新职能不断增加，职能范围扩大会削弱行政效力，权力运作得不到有效的监督是腐败滋生的重要条件和关键环节。在现代化进程中，自由放任的市场经济存在巨大弊端，因而需要国家在必要时对经济进行干预，但由于我国尚处转型期，经济空前活跃，相关机制尚不完善。在这种情形下行政权力广泛地介入经济生活，不可避免产生腐败。

可以总结出几条腐败多发的条件：一是在专项改革中，由于腐败防范措施不到位、改革措施不配套，腐败机会大量存在，这些专项改革所指涉的领域成为腐败犯罪易发多发领域。二是直接管理人、财、物或掌握人事权、审批权、司法权、采购权、执法权等自由裁量权或自由处置权的实权部门、岗位和人员往往是腐败犯罪易发多发的重点部位。三是那些地下产业或暴利行业往往是腐败犯罪易发多发领域。四是各级领导干部和党政领导机关由于掌握着决策专断权且难以监督而成为腐败易发多发人群和部门。五是掌握资源分配权的部门和国家资源分配加以倾斜扶持的重点项目、重点工作、重点工程往往是腐败犯罪多发易发的领域。六是不正之风严重的行业、享有垄断权的部门、管理松懈的单位往往是腐败犯罪易发多发的领域。

概括起来说就是，腐败易发多发条件＝垄断权＋暴利＋决策专断权＋自由裁量权＋改革不配套＋管理松懈－依法监管－监督制约－决策透明度－公平竞争－查处概率与处罚力度－责任感－公众参与。[①]

三 我国腐败治理对策的理念与实践

为了更好语境化分析中国的腐败与反腐问题，本书主要关注新中国

---

① 何增科：《根据腐败多发规律提高制度预防质量》，载《中国监察》2009年第18期。

建立以来党和政府的领导人有关反腐败论述，领导人的论述能够较全面地体现时代的反腐败实践。笔者将主要运用历史与逻辑相结合对我国不同时代的反腐败理论与实践作深入的分析，以期发现我国腐败治理的法治趋向。

（一）毛泽东针对腐败治理对策的理念与实践

1. 以整党治理腐败

就党的内部这个层面看，针对党内腐败的基本方式是整党。毛泽东在党内长期处于领袖地位，他对党内权力的控制与监督给予特别的重视，对于党内存在的腐败现象的对策构成了其反腐败思想的一个重要层面。

政治实践中，官僚主义是最容易出现的问题，被认为是腐败的主要表现。1953年毛泽东在一份党内指示中提到"命令主义和官僚主义，就其社会根源说，是反动统治阶级对待人民的反动作风的残余在我党和政府内的反映。不但在目前是一个大问题，在一个很长的时期内还将是一个大问题"，"请你们从处理人民来信入手，检查命令主义、违法乱纪分子和官僚主义情况，并同他们展开坚决斗争。凡典型的命令主义、违法乱纪的事例和官僚主义，应广为揭发"。"必须在一九五三年内，在执行中央关于反对违法乱纪、反对命令主义、反对官僚主义的指示中，着重克服领导机关中的分散主义和官僚主义，并将那些过去需要而现在不需要的办法和制度加以改变，解决这个问题。"[①]

对于浪费与贪污这些权力滥用、权力腐败现象，毛泽东克制这种现象的主要办法也是整党。他指出："反贪污反浪费一事，是全党的一件大事，我们已告诉你们严重注意此事。需要一次全党大清理，彻底揭露一切贪污事件，着重打击大贪污犯，对中小贪污犯采取教育改造的方针，停止很多党员被资产阶级所腐蚀的现象，才能实现防止腐蚀的方针。"

2. 以道德教育治理腐败

就领导者个人来看，毛泽东强调通过自律方式实现防止腐败的发生。具体来说，毛泽东以道德教育预防腐败的思想体现在以下方面：

首先，毛泽东要求官员防止糖衣炮弹，坚定意志，艰苦奋斗，防止权力的腐化。毛泽东曾告诫全党："因为胜利，党内的以功臣自居、骄傲自满的情绪，贪图享乐不愿再过艰苦生活的情绪，停顿起来不求进步的情

---

① 《毛泽东选集》（第5卷），人民出版社1977年版，第77、78页。

绪，可能生长……会有这样一些共产党人，他们不曾被拿枪的敌人征服，但是经不起糖衣裹着的炮弹的攻击。……这一点务必使同志们继续保持谨慎、谦虚、不躁、不骄的作风，使同志们保持艰苦奋斗的作风。我们能够去掉不良作风，保持优良作风。"①

其次，鼓励官员为人民的利益而行使权力。毛泽东希望引导官员为人民利益工作，正确行使自己手中权力。一个人只要达到了"为人民利益而死"的品质，就不会以权谋私，就不会滥用权力，与民抢利。毛泽东还通过宣扬毫不利己专门利人的精神，鼓励官员自觉献身人民利益，祛除自私自利之心。

3. 以民主监督治理腐败

毛泽东认为，只有民主，尤其是通过人民群众对共产党和政府的监督，通过民主党派对共产党的监督，才是防止权力腐化变质的根本路径。毛泽东民主反腐败思想主要表现在以下几个方面：

"民主"从表现形态上来看，可理解为"群众运动"。在20世纪50年代初期开展的"三反""五反"斗争中，毛泽东强调："在全国一切城市，首先在大城市和中等城市，依靠工人阶级，团结守法的资产阶级及其他市民，向违法的资产阶级开展坚决的彻底的反对行贿、以配合党政军民内部的反对贪污、反对官僚、反对浪费的斗争。""应把反浪费、反贪污、反官僚主义的斗争看作镇压反革命的斗争一样重要，一样发动广大群众包括民主党派去进行。"

毛泽东通过群众运动，达到遏制贪污腐败的权力异化。从宏观的角度来看，通过"民主这条路"，才能跳出"人亡政息"的"历史周期律"。也就是说，民主是制约权力、防止权力腐败、监督权力的新路。

可以看出毛泽东希望通过民主实现对权力的监督与制约。"民主合作"可以帮助共产党改正自己的毛病。毛泽东强调："我们的毛病还很多，我们一定要改正自己的毛病。要加强党内教育来清除这些毛病，还要经过和党外人士实行民主合作来清除这些毛病。这样内外夹攻，才能把我们的毛病治好，把国事办好。"从以上三个方面看，毛泽东的反腐败理论具有以下几个方面的特点。

首先，忽视法律在反腐败中的功能。虽然，毛泽东主导制定反腐败法

---

① 《毛泽东选集》（第4卷），人民出版社1977年版，第77、78页。

规,但我们很少看到正式法律对于反腐败的重要意义。对法律本身,毛泽东并不一味排斥,也对法律的意义肯定。在他的思想体系中通过法律制约权力的观念是极少的。

其次,在毛泽东的视野中,某些应当予以惩罚的腐败现象是因为它背离了革命的立场、党的立场。这意味着,反腐败的目标在于使权力的行使过程符合革命的立场、党的立场,此种现象将会使权力制约与权力腐败失去一个判断标准。毛泽东把权力运行中存在的各种问题都称为"毛病""缺点",认为这是内部问题,只要改正就行,不需要承担相应的法律责任。这样的反腐观,严重地削弱了反腐败的实际效果,为以后预防腐败工作留下许多历史遗留问题。

最后,毛泽东主张通过民主方式对付腐败分子。他强调的民主缺乏严格程序的法律调整和规制是"大民主"。尤其到了晚年,他对这种"大民主"更加重视,他说:"所谓大民主就是群众运动。"但是,民主是一种社会计算,并非法治的天然盟友,但是要在计算过程中保障个人权利并遵循既定的原则,不致出现多数人的群众专政、暴政。

(二)邓小平针对腐败治理对策的理念与实践

邓小平的反腐败思想是进一步研究中国反腐败的思想根源。邓小平在领导我国社会主义现代化建设过程中明确提出:"改革开放整个过程中都要反对腐败。"这是邓小平反腐败理论的核心。在他看来,如果听任腐败现象蔓延,那么,建设有中国特色社会主义事业就无从谈起。因此,要坚定不移地坚持"一手抓改革开放,一手抓惩治腐败"。把二者统一于建设有中国特色社会主义伟大实践中。

1. 通过"改革党和国家的领导制度"克服权力领域的诸多弊端

在《党和国家领导制度的改革》一文中,体现邓小平防腐思想。他认为,"从党和国家的干部制度、领导制度来说,主要弊端就是权力过分集中、官僚主义、干部领导职务终身制、家长制现象和形形色色的特权现象"。其中,官僚主义现象的主要表现是:"滥用权力,高高在上……贪赃枉法,徇私行贿。无论在我们内部事务中,或是在国际交往中,都达到令人无法容忍的地步。"

关于特权,是指"也还有一些干部,不把自己看作人民公仆,搞特殊化,特权,引起群众强烈不满,损害党的威信,如不坚决改正,势必使干部队伍发生腐化。反对的特权,就是经济上政治上在制度和法律之外的权利。民主法制传统很少，封建专制传统比较多。解放后，我们也没有系统地、自觉地建立保障人民民主权利的各项制度，法制不完备，也不受重视，特权现象有时受到批评、限制和打击，有时又重新滋长。克服特权，要解决思想问题，也要解决制度问题"。

通过以上几个方面的分析，邓小平提出了自己的结论："过去发生的各种错误，固然与某些领导人的作风、思想有关，但是工作制度、组织制度方面的问题更重要。这些方面的制度不好可使好人无法充分做好事，甚至会走向反面。"

2. 强调"共产党要接受监督"避免"犯错误"

在强调要接受监督前提下，邓小平还阐述了监督的三个方面：第一是群众监督；第二是党监督；第三是无党派民主人士和民主党派的监督。邓小平讲的监督，实际上可概括为两个方面：一方面，在党内部，党的组织对党员监督要更加严格。因为，很多党领导干部之所以出现腐败，是因为他们作为党员个人，较少受到党组织的严格监督，个人游离于党组织之外或凌驾于党组织之上。另一方面，在共产党外部，要扩大无党派人士、群众和民主党派对于党员个人、党组织的监督。只有通过党内外的有效监督，党组织和党员才能谨慎一些。

3. 强调依法严惩权力腐败与注重思想教育

1989年邓小平对权力腐败问题给予特别的思考和关注：一方面，从积极的角度上讲，要注意教育。另一方面，从消极的角度上讲，要依法严惩腐败。

通过以上几个方面的分析可以发现，邓小平关于治理腐败的基本思想，大致有以下几个方面的内涵：

首先，作为执政党的重要领袖，他的逻辑起点和根本归宿在于巩固和加强党的执政地位和领导地位，反腐败并不是其根本出发点。

其次，立制反腐、立法反腐，重视社会主义的法制与民主反腐败功能。邓小平强调了法制的重要性。他说："在整个改革开放过程中都要反腐。对共产党员和干部来说，廉政建设要作为大事来抓。要靠法制，搞法制靠得住。"

再次，反腐败的基本方式是整党，反腐败的重心在党内，要通过克服党内的不良倾向，矫正党内权力的诸多失范现象，整顿党的作风，以预防腐败的目标。

最后，邓小平的反腐败思想是历史与逻辑统一，这种统一是对反腐败问题的认识不断深化，不断变化发展的。邓小平针对不同时代的权力关系、政治经济状况，提出了符合时代需要的策略，具有"与时俱进"的精神。同时也反映邓小平实用主义风格，邓小平作为政治实践者，根据不断变化情势，提出具有实践性的对策，体现了鲜明的时代特色。

（三）20世纪90年代以来腐败治理对策的新动向

1992年10月，江泽民在中共十四大的政治报告中指出："坚持反腐败斗争，是密切党同人民群众联系的重大问题。充分认识这个斗争的艰巨性、紧迫性和长期性，改革开放整个过程都要反腐，把加强廉政和端正党风作为一件大事，下决心取信于民，抓出成效。勤政为民、廉洁奉公要从各级领导干部和领导机关做起。"

1993年8月中纪委二次全会正式提出了新形势下反腐败斗争的对策和思路，确定近期反腐败斗争的任务和反腐败斗争必须把握好的几项原则。此后的反腐败斗争，基本上是按照会议确立的思路、对策和原则进行的。1997年9月，江泽民在党的十五大政治报告中，从政治高度分析腐败现象的严重危害，进一步为反腐败斗争指明了方向，提出反腐败要标本兼治思路。江泽民指出，反腐败要坚持标本兼治，法制是保证，监督是关键，教育是基础。通过深化改革，不断铲除腐败现象滋生蔓延土壤。1998年1月，十五大召开的第二次全体会议，提出了反腐败既要坚决查处违纪违法行为，严厉惩处腐败分子，狠抓治标，同时又要从源头上预防和治理腐败，加大治本力度，并从法制、改革、教育等方面提出了具体对策。在反腐败斗争步步深入的形势下，江泽民要求在各级领导干部中进行"三讲"教育以及进行关于"三个代表"重要思想的理论学习，领导干部要讲政治、讲正气、讲学习。

进入20世纪90年代后，反腐败斗争从20世纪80年代的"两手抓"发展为90年代的"三管齐下"、标本兼治的战略。1997年召开的党的十五次全国代表大会在总结前几年反腐败工作基础上，明确提出反腐败应"坚持标本兼治，法制是保证，监督是关键，教育是基础。通过深化改革，不断铲除腐败现象滋生蔓延的土壤"。

从此，依靠制度建设治理腐败成为共产党反腐败新思路。制度反腐败的思想在反腐败实践中得到了进一步深化，强调把制度建设贯穿于反腐倡廉工作各个环节中。党的十六届三中全会在总结各地制度反腐的基础上，明确提出"建立健全与社会主义市场经济体制相适应的制度、监督、教育并重的预防和惩治腐败体系"。这一预防和惩治腐败体系设想是把反腐败寓于各项重要政策措施中；最大特点是预防与惩罚并举；其目的是能够积极地从源头上预防和解决腐败。

四 "中等收入陷阱"背景下解决腐败问题的途径

目前我国正处在社会转型时期，稀缺资源和社会财富掌握在少数人尤其是掌握权力的人手中。在反腐败方面存在较多问题，因此需要在借鉴国外先进实践的基础上，根据我国的具体国情，建立相应的措施和制度，抑制腐败发生，防止中国跌入"中等收入陷阱"，促进社会和经济的发展。腐败问题严重损害政府和党形象，要彻底遏制腐败就要从腐败的根本原因入手，从源头抓起。预防腐败具有根本性作用，是治本。我们要在多年来反腐败斗争成功经验的基础上，采取相关措施，从源头上真正解决和预防腐败。具体来说，应该从以下几个方面着手惩治和预防腐败：

（一）建立健全完善的法律监督机制和专门的反腐制度

目前我国还没有专门的反腐败制度、反腐败法，除了通过行政法和刑法加以规定外，主要以党的规章制度或政府行政命令来规定。因此我们需要制定一部综合的、立法严密的反腐法，详细说明受贿和收贿的罪行，只要触犯的就查办，给腐败分子和腐败行为极大的威慑力和震慑力。

我国要有效治理政治腐败，必须建设具有实权的独立的反腐败机构，我国对腐败行为的监督、处理和预防是由行政机关、司法机关、权力机关以及党内专门监督机构——纪律检查委员会来完成。这些组织、部门和机关，尽管在我国的反腐败斗争中取得了一定的工作业绩，查办了大量案件，但相对其他国家的反腐败机构，仍缺乏权威性、统一性和独立性。因此，应借鉴其他国家的经验，在进一步强化现有反腐败部门和机关职能同时，建立起独立行使职权的、由中央政府或地方政府领导的专门反腐败机构，并赋予它们权力。

随着信息化时代的到来和互联网的普及，越来越多的网民开始通过网络参政议政，网络逐渐成为人们参与政治的新途径，极大地推动了我国民主化进程的发展和政治文明建设。网络的影响不仅方便人们社会生活，更在政治生活方面改变了人们参与政治的方式以及人们对政治的态度。尤其在反腐败方面，通过网络对于腐败现象监督和曝光，对我国反腐倡廉作出了很大贡献。网络反腐扩大网民政治参与途径，使其充分利用信息化技术参政议政，增强网民的主人翁意识和权利意识，并利用网络对权力机关的行为进行多角度的监督。从网络反腐的实质看，网络反腐的实质是民主监督的一种形式，是一种政治参与行为。因此，要重视网络在反腐败过程中的作用，引导人们积极地和科学地参与网络反腐。

同时，要提供多样化服务，必须要进行行政管理的体制创新、制度创新。一是体制创新。要按照精简统一、高效、权责一致和效能的原则深化政府机构改革，建立大服务小政府，运作协调、行为规范、廉洁高效行政体制。进一步理顺中央和地方之间关系，做到消除地方保护和部门垄断、政令统一。同时，提高公务员素质，建立一支知识结构合理、水平高、服务态度良好、专业技术娴熟的专业行政管理队伍。二是重新界定政府职能，制定以服务为重心的行政管理制度，变革原有以管理为重心的行政制度。政府不要干预具体的社会事务和企业经营，加快政社分开，政企分开，充分发挥中介作用，把不应该行使的职能让渡出去，把政府不应管的事情交由社会、企业管理，政府才有充足的精力，把更多的资源投入到科技文化、教育、环保、社保等方面，注重教育人力资本投资，促进社会基础设施建设，推动科技创新为社会提供更好的公共服务。

（二）构建服务型政府，强化权力引导，弱化政府经济职能

我国正处于经济转轨、体制转换、社会转型的关键时期，这既是矛盾的凸显期，也是黄金发展期。当前我国社会事业发展相对滞后于经济，全面实现建设小康社会，及时完善政府的公共服务，建立服务型政府尤为迫切，是转变政府职能的核心问题。

首先，树立服务理念。所谓服务型政府就是为人民服务的政府，为公众服务的政府。中国政治制度决定行政组织工作的根本属性是服务。政府工作的根本宗旨就是受人民监督、为人民服务、对人民负责。明确服务的要求：一是提供高效的服务；二是，提供多样化的服务；三是提供公平的服务，公平是市场经济的基本要求，更是民主政治所追求的目标。

此外，对经济的过度干预和行政权力过度集中，为滋生金钱政治铺就温床。制约和规范权力是反腐的着眼点。政府部门权力集中、介入经济活

动的情况广泛存在。当政府参与经济活动,并且走向了政府"经济人",[①]增加了政府寻租机会,同时政府也在市场经济的环境中时,政府官员对于金钱的追逐也更加明显,获得巨大经济利益。有权力的地方就有金钱寻租的空间,金钱与权力的勾结导致腐败的发生。因此政府应从某些领域退出,让经济的发展充分发挥市场在资源配置中的作用,放权给市场,继续减少不必要的审批权力,减少中间利益。

(三)推进政务公开,确保权力透明

政务公开是指党政机关,及其他行使公共权力的部门的行政管理工作,除法律规定不宜公开或不能公开的事外,都应向社会公开。[②] 所以为了避免决策过程的"暗箱操作",建立"阳光政府",要有效保证政府信息公开,并在有效监督下开展工作。通过政务公开来确保公民获得与自己利益相关的政府信息并对政府的公共管理过程进行监督。因此,要建立有中国特色的政务公开制度,按照市场经济的规律和原则开展政务。

(1)公开内容。政务公开内容包括:具体的行政行为和行政过程的公开,抽象性公共事务的公开。政务公开制度要规定政府部门应当公开的职权依据、职权、财务状况、办事程序、人事任免及行政决策等方面内容。

(2)确定政务公开制度制定的目的、依据、适用范围、原则。我国宪法明确规定公民依法享有监督权、参与权、选举权等权利,获取政府信息是有效行使这些权利的前提。我国宪法的立法精神是制定政务公开制度的法理基础。制定政务公开制度应明确规定"政府信息以公开为原则",尽可能由法律加以明确不能公开事项的标准和程序,不宜授予行政主体过多的自由裁量权。

(3)公开方式。政务公开制度应当规定依法申请公开、主动公开、公民知情的渠道以及具体发布信息的方式。确定公布方式和渠道的原则是尽可能方便社会民众了解相关信息。政府机关应在相应的法定刊物、政府网站、国家机关报上登载相关规范文件,包括行政机关的职能、工作方法程序、组织以及行政机关制定修改的实体性政策、规则。

(4)对政务公开的救济与政务公开的监督。社会组织和公民有依法

---

① 黄瑞:《我国政府"经济人"的基本特征分析》,湖南社会科学《湘潮》在线论文. 20090907. [20120612] http://hnshx.com/Article_Show.asp?ArticleID=5269。

② 朱德米:《政务公开与公众参与:转型期中国政府与公民关系的重构》,载《上海行政学院学报》2007年第6期。

获取相关政府信息的权利。在权利受害时,当事人可依法提出申请,政府在法定期限内作出答复。当事人对政府决定不服可向政府相关机构提出复议,对复议结果不服可向法院提起行政诉讼。政务公开要得到很好的贯彻,必须有一定的司法、行政程序予以保障。政务公开的监督可通过政府复议程序、行政诉讼程序以及扩大人大监督等实现。政务公开制度应规定监督主体权力。

(5) 公开程序。政务公开制度必须明确规定政府信息公开程序,减少政府机构随意性。政务公开的程序应该分为两类:一是依据申请而公开的程序。如特定利害关系人如何获得具有一定保密性的信息所适用的程序。二是行政主体根据职权和规定主动给予公开。

(四) 推行法治化,建设法治与责任政府

以法治方式规制权力运行。法治的基本功能在于避免个人意志的主观色彩,克服了人治局限性、随意性和片面性,以国家强制力保证实施,把阶级意志上升为稳定的国家意志。法制度的生存方式是强制性、行为后果的可预测性和稳定性,它不会因领导人个人的好恶而出现异变,更不会因领导人的更换发生断层。据此我们提出制度建设与依法治国同步,从依法治国的基本特征出发,制度建设应当满足正义性、民主性、规范性、科学性、监控性、激励性、协调性。一方面法律的威慑力可以预防腐败,同时对于腐败的行为能够进行严格惩罚,有法可依。

1. 培育法治文化,确立法治政府观念

确立法治政府观念是颠覆传统政府治理的指导思想,没有法治就没有现代政府治理。现代政府要确立的法治政府理念是:"行政从属于法律,法律优越于行政,行政权受法律制约;依法行政是依法治官和依法治民的统一。"[①] 要在确立法治政府观念的同时培育与政府治理适应的法治文化,在法治文化上建立法制化政府。首先,明确社会管理"制定并执行法律法规"的核心思想。其次,培养法律至上的观念,把法治约束变成政府在行使职权时必须遵守的基本准则。最后,逐渐确立我国未来政府治理的主流指导思想——新法治主义。

2. 增强法律制度的执行力

过去腐败现象之所以屡禁不止,与法律法规制度不健全有很大关系,

---

① 蔡定剑:《中国治理变迁 30 年》,社会科学文献出版社 2008 年版,第 59 页。

但主要的原因还是执法不严、有法不依，对腐败行为惩处不严、打击不力。严格执法是构建法治秩序关键，提高法律法规的执行力比健全法律法规更重要。因此，要切实加强执法队伍建设，不断提高执法人员业务素质、职业道德水平，克服执法的片面性、随意性。要建立一套对滥用执法权力行为和徇私枉法的追究制度，保证法律面前人人平等，对执法犯法者从严惩处，真正做到执法必严、违法必究、有法必依，切实维护法律法规的权威性和严肃性。

3. 进一步完善反腐倡廉基本法律制度

抓紧制定《公务员道德法》、《公务员行为法》、《公务员奖惩法》或《反腐败法》、《公务员惩戒法》等反腐基本法律，尤其是继续出台《公务员惩戒法》，为公务员违纪违规的行为提供具有可操作的法律依据。《公务员惩戒条例》对公务员的法律界定，应以《公务员法》对公务员的界定为准。无论是在人大、政协或者审判检察机关服务，还是行政机关服务，只要违纪违规，就应用公务员惩戒条例予以处分。《反腐败法》的制定应以程序为主，表明国家反腐败的坚决强硬的态度，兼具实体内容，从法律上界定腐败行为的含义，确定反腐败机构的合法地位，明确国家反腐败的基本原则，规定预防腐败的措施及反腐败国际合作，予以法定职权等。

（五）完善公务员制度，建设高素质的行政管理干部队伍

建立权力运行规范的有限政府，确立透明、法治、高效、民主的价值导向，建立一支高素质公务员队伍，适应社会转型时期经济和社会发展要求。政府权力运行价值机制表现的政府权力运行人格化，通过政府公务员追求的价值和行为目标体现。因而，建立一支业务水平精湛、政治素质过硬、道德素质高尚的公务员队伍，才能真正使政府朝着民主、法治方向运行。

1. 重塑公务员的伦理价值观

以"责任心"为道德标准，发扬团体精神。由于机构精简、竞争激烈等因素，政府雇员感到压力巨大，道德标准失衡，伦理价值下滑。为重塑公务员的道德准则和规范，一方面要把"利润"、"效率"与"责任心"观念相提并论，在政府为企业和公民服务中，强化公务员责任心，设置岗位责任制。另一方面增强集体凝聚力，发扬团队精神。基于共同的行为准则，公务员会维护本团体声誉，并形成为实现团体目标而努力的自律。

2. 完善公务员财产申报制度

权钱交易是我国现阶段腐败主要形式，因而反腐必须抓住财产这一关键环节。建立公务员财产申报，有利于规范公务员的行为，强化对公务员的经常性监督，提高公务员财产收入透明度，预防腐败事件发生。

3. 进一步深化干部人事制度改革

干部人事的深化改革，最重要的是扩大落实群众在干部任用选拔中的参与权、知情权、监督权和选择权，进一步增强选拔任用透明度，建立其科学的、人民群众满意的、规范的干部选拔制度，铲除腐败现象滋养和用人不正之风的土壤，从根本上保证各级领导干部的勤政、优政和廉政。针对目前领导任用存在突出问题，深化改革重点在于几个方面：一是建立科学的干部政绩考核体系，进一步完善领导机制。完善对领导干部的期中考核。二是进一步加大选拔任用透明度，落实和扩大群众监督权、参与权、选择权和知情权，让群众知晓并监督，进一步细化有关具体程序，让群众对候选人的最后确定真正发挥监督作用。三是要科学界定用人选人的范围，创造一个平等、公开、竞争的选人用人环境，把最优秀的人才选拔集聚到党和国家各项事业中。

4. 对腐败行为进行严格的惩罚。

对腐败行为进行严格惩罚，让腐败人员得到深刻的教训。我国法律对于腐败行为适用的范围相对来说较窄，只是《刑法》规定对贪污、受贿犯罪该判处死刑、无期徒刑的，附加剥夺政治权利，且我国对限制担任原有职务的规定较其他国家示范区较狭窄，内容不够明确、具体。因此我国在对腐败行为的惩罚应加大力度，剥夺其担任原职或从事原职的权利。

五 展望：未来腐败治理的发展态势及对公共管理的启示

有效预防和坚决惩治腐败，是关系我国未来发展的重要问题。目前，随着经济的发展，我国已进入改革发展关键阶段，我国已步入"中等收入陷阱"，形势非常严峻，任务非常艰巨，党风廉政建设和反腐败斗争面临许多新情况、新问题。因此，对于未来腐败发展的治理，我们必须充分认识反腐斗争的艰巨性、复杂性、长期性，以预防腐败和完善惩治体系为重点，坚定不移地推进反腐建设。

未来腐败发展的治理态势，应紧紧围绕党和国家工作大局，与中国特色社会主义事业总体布局、科学发展观的要求、发展社会主义民主政治、完善社会主义市场经济体制和推进党建的伟大工程相适应,推动预防和惩治腐败体系逐步完善。把握新形势下反腐建设的规律和特点,改进和加强预防和惩治腐败工作,研究新情况、总结新经验,完善工作机制、创新工作思路,使反腐建设更适应世情、国情的发展。同时,更加注重预防,更加注重制度建设,更加注重治本,做到预防和惩治两手抓两手都要硬,形成有利于反腐建设的文化氛围、思想观念、法制保证、体制条件。把教育的说服力、改革的推动力、监督的制衡力、惩治的威慑力、制度的约束力结合起来,把预防和惩治腐败的任务与战略性目标结合,立足当前,着眼长远,增强预防和惩治腐败体系建设的前瞻性、科学性、系统性。紧紧抓住腐败现象多发易发的关键环节和重要领域,以规范和制约权力为核心,以领导干部为重点,紧密结合实际,加强政策指导,探索有效途径,不断取得新进展。

需要从监督、制度、教育等多方面努力。2008年6月,中国共产党颁布《建立健全惩治和预防腐败体系2008—2012年工作规划》,其工作目标是经过今后的工作,建成预防和惩治腐败基本框架,从源头上防治腐败的体制改革继续深化,反腐法规制度比较健全,权力运行监控机制基本形成。《规划》和《纲要》的提出反映当代执政党对腐败与反腐败问题有深刻的认识,反腐对策的设计将更加理性,表明设计者对不同时期反腐实践经验的总结和党情与国情的考量,相关重大反腐败对策设计都有其理论支撑和历史实践。因此,观照我国的腐败治理,把握腐败治理法治化趋向的逻辑主线,对我国如何开展腐败治理工作具有重要价值。

(一) 文化角度——强化官员的反腐意识

1. 推进反腐倡廉教育

一是加强领导干部党风廉政教育。

深入开展廉洁从政教育。大力推进中国特色社会主义理论体系学习、教育、引导各级领导深刻领会科学发展观的精神实质、根本要求和科学内涵,坚定中国特色社会主义共同理想和共产主义远大理想,牢固树立正确的地位观、权力观、利益观和社会主义荣辱观,树立马克思主义世界观、人生观、价值观;认真学习党章等法律法规,加强从政道德修养和党性修养,增强纪律意识和法制观念。定期安排反腐倡廉理论学习,定期举办领导干部廉洁从政教育专题培训班,把反腐教育列入干部教育培训规划,纳入行政学院、各级党校及干部培训机构教学。

加强党风和纪律教育。切实改进党政机关和领导干部作风，解决一些领导干部在学风、工作作风、领导作风、生活作风和思想作风方面存在的问题，密切联系群众，增强公仆意识，做到务实、清廉、为民。发扬艰苦奋斗，大兴求真务实，求实效、讲实话、办实事、察实情，改进文风和会风。切实改进国有企业领导人作风，纠正其在国内外公务活动中违规公款消费、重大问题个人说了算、对职工困难漠不关心以及奢侈浪费等群众反映的问题，形成廉洁从业、民主管理，切实改进领导作风。提高公务公开规范化、制度化水平，提高民主决策。改进街道社区、农村基层干部作风，认真解决少数基层站的干部刁难群众、工作效率低下和吃拿卡要等问题，做到勤政为民、廉洁奉公。

二是加强面向全社会的反腐倡廉宣传教育。

把反腐倡廉宣传教育融入在深入学习实践科学发展观活动之中，纳入总体部署。组织人事、纪检监察、文化教育、宣传思想、广播影视、新闻出版等部门要对反腐宣传教育作出工作安排。健全联席会制度，完善反腐宣传教育工作格局。

加大反腐宣传。深入宣传反腐方针政策、理论、工作成果和基本经验。依托政府网站、电台、电视台以及重点新闻网站持续办好反腐专题、专栏节目，做好反腐对外宣传工作，完善反腐新闻发布制度，加强反腐网络文化建设和管理，开展反腐热点问题和网上宣传引导，严格执行反腐新闻宣传纪律，积极营造良好的思想舆论氛围。

建设一批反腐倡廉教育基地，创新警示教育、示范教育、主题教育和岗位廉政教育形式，注重心理疏导和人文关怀，提高教育的有效性和针对性。

三是加强廉政文化建设。

按照推动社会主义文化大繁荣大发展要求，围绕建设社会主义核心价值体系，在社会主义精神文明建设中，结合职业道德、社会公德、家庭美德、法制教育和个人品德教育，开展丰富多彩的廉政文化活动。结合企业文化，深入开展廉洁从业、依法经营教育。结合农村传统文化活动，充分利用农村现代远程教育系统，加强农村廉政文化。在学校德育教育中丰富青少年思想道德实践活动，深入开展廉洁教育。引导社会组织及其从业人员增强公正廉洁、依法执业意识。在家庭和社区中倡导清廉家风。推动廉政文化传播手段与内容形式创新，增强影响力，扩大覆盖面，形成"以贪为耻、以廉为荣"的社会风尚。发扬革命传统，挖掘中华优秀文化的丰厚资源。

2. 纠正损害群众利益的不正之风

一是加大纠风工作力度。

强化对住房公积金、扶贫救灾专项资金和社保基金监管。加强对社会中介组织、行业协会的管理监督，规范收费和服务行为。认真治理公共服务行业侵害群众消费权益问题。规范涉及农民负担行政事业性收费，治理涉农乱收费。深化农村义务教育经费保障机制改革。加强医德医风建设，健全医疗卫生机构绩效评价制度，严格医疗器械和医药价格监管。整顿农资市场秩序，坚决纠正和查处截留克扣、挪用政府惠农支农补贴款等损害农民利益行为。做好清理规范评比达标表彰工作，纠正举办节庆活动过多过滥问题。查处侵害进城务工人员和农民利益问题。

二是健全防治不正之风的长效机制。

坚持"管行业必须管行风"，落实行风建设责任制。督促有关部门及时解决群众的合理诉求，进一步完善民主评议政风行风制度。

三是深入开展专项治理。

重点生态环境保护、解决物价、安全生产、征地拆迁、食品药品质量等群众反映强烈问题。健全食品药品安全监管制度，严肃处理重大质量安全。加强对环境污染措施落实情况的检查监督，对严重损害群众环境权益、不认真履行环保职责的地方和单位，追究有关人员特别是领导的责任。严肃查处征收征用土地和矿产资源开发中的违纪违法。开展对安全生产法规执行情况的监督，进一步加大责任事故调查处理力度，坚决查处事故背后的腐败问题和失职渎职行为。

（二）政治角度——完善体制建设

1. 健全反腐倡廉法规制度

一是完善违纪行为惩处制度。

健全对人大、机关、民主党派、政协机关人员的纪律处分规定，制定对国有企业人员和事业单位工作人员的纪律处分。制定在查处违纪案件中规范和加强组织处理的意见。

二是加强反腐倡廉国家立法工作。

建立健全防腐败法律，提高反腐法制化水平。适时将经过实践的反腐具体制度和有效做法上升为国家法律法规。在国家立法中，充分体现反腐基本要求。

三是完善党内民主和党内监督制度。

健全党内民主制度。制定党代会代表任期制的具体办法，选择一些县（市、区）试行党代会常任制。健全党内情况反映、重大决策征求意见、情况通报制度。改进候选人选举方式和提名制度，推广基层党组织领导班子成员由上级党组织推荐与党员和群众公开推荐相结合的办法，逐步扩大基层党组织领导直接选举范围。

健全党内监督制度。建立健全中央政治局向中央委员会全体会议、地方各级党委常委会向委员会全体会议定期报告工作并接受监督的制度。

健全党内民主集中制的具体制度。完善党的地方各级全委会、常委会工作机制，推行地方讨论决定重大问题和任用重要干部票决制。

2. 强化监督制约

一是，加强对领导机关、领导干部特别是各级领导班子主要负责人的监督。

加强对贯彻落实科学发展观情况监督。围绕转变经济发展方式、加强和改善宏观调控、提高发展质量和效益、增强自主创新能力、节约集约利用土地、加强节能减排和生态环境保护、建设社会主义新农村、保障和改善民生等重大政策和措施进行监督检查，纠正违背科学发展观要求的行为。

加强对遵守党的政治纪律情况的监督。加大执行政治纪律力度，维护中央权威和党的集中统一，维护法律法规，确保重大战略思想、重大工作部署、重大理论观点全面贯彻落实，确保党的路线方针政策贯彻执行。

加强对落实领导干部廉洁自律规定情况的监督。严格执行领导干部配偶、子女个人从业的有关规定。重点治理领导干部违反规定收送有价证券、收送现金、收受干股和支付凭证，违反规定利用职务上的便利获取内幕信息进行股票交易、插手市场交易活动，及在住房上以权谋私等问题。

加强对执行民主集中制情况的监督。认真开展对重要干部推荐任免、奖惩和涉及全局性问题等方面贯彻民主集中制的监督检查，保证党委全委会和常委会议事决策、规则程序的严格执行。

加强纪检监察机关派驻机构统一管理。制定纪检监察机关派驻机构工作，完善管理体制和工作机制。加强对驻在部门领导班子及其成员监督，落实党风廉政建设责任制和组织协调反腐工作。

加强巡视工作。加强对国有重要骨干企业、金融机构、国家重点工程项目和高校的巡视。继续开展对中央和国家机关的巡视试点。各省党委要认真开展对市的巡视，并延伸到县，逐步开展对所属直属机关、国有企业和高校的巡视。中央和国家机关可结合实际开展对派出机构、直属单位的巡视。

二是，加强对重要领域和关键环节权力行使的监督。

加强对干部人事权的监督。发挥干部监督工作联席会议作用。完善干部选拔任用前征求纪委意见制度，坚持和完善及时发现、严肃纠正、强化预防的干部监督工作。加强对干部选拔任用的监督，有效防范干部"带病提拔"和考察失真。严肃查处买官卖官、跑官要官等问题，坚决整治用人上的不正之风。

加强对行政执法权和行政审批权行使监督。推行行政审批电子监察系统。认真实施《中华人民共和国行政处罚法》、《中华人民共和国行政许可法》等法律。实行接办分离，保证行政权力公正、透明、依法运行。

加强对司法权行使的监督。重视人大对司法机关的监督。完善党委政法委和组织部、纪委等部门在对司法机关监督工作中的配合协作机制。强化检察、审判、公安机关在刑事诉讼中的互相制约、互相配合和分工负责。加强检察机关的法律监督强化。加强司法机关外部监督和内部监督，坚决防止和纠正司法不公、执法不严的问题，维护社会公平正义。

加强对国有资产的监管。充分发挥国有资产政府职能部门、外派监事会和监督管理机构的作用，加强对上市公司国有股权交易和重大投资决策、企业国有产权等事项的监管。加大对国（境）外国有资产监管力度。加强对企业破产、改制、重组和国有资本运营各个环节的监管。开展对国有企业重大项目安排、重大决策、重要人事任免及大额度资金运作事项等实行集体决策情况的监督检查。

加强对财政资金和金融的监管。开展对国库集中收付、部门预算、"收支两条线"规定、政府非税收入政府采购和执行情况的监督检查。建立健全金融监管协调机制。规范上市金融企业股权激励制度，强化对上市金融企业股权和国有金融企业产权交易的监督。健全金融企业内控机制，提升监事会和稽核、内审、监察、合规等监督机构的独立性和专业性，加强案件防控工作。

3. 发挥各监督主体的作用

改进民主生活会的方式方法，加强领导班子成员之间相互监督，积极开展批评与自我批评,增强政治生活的原则性。建立健全纪检机关与组织部门有关情况通报制度。坚持领导干部参加双重组织生活会,接受党员群众的监督。推进政务公开,落实党员在党内监督中的责任和权利,尊重党员主体地位,营造党内民主讨论环境。执行领导干部报告个人有关事项的规定,实施纪委委员、地方党委委员质询和内部询问办法。

支持和保证政府专门机关监督。推行政府绩效管理和行政问责制度,加强行政执法责任制落实情况的监督。充分发挥行政监察职能作用,积极开展效能监察、执法监察和廉政监察。加强行政服务中心的建设和管理。严肃查处违反政纪的案件。加强对重点专项资金和重大投资项目的审计。依法公告审计结果,促进审计结果落实。支持土地、公安、财政、环保、建设等职能部门依法开展监督。

支持和保证人大监督。通过听取和审议人民法院、人民检察院、人民政府的专项工作报告,审查和批准决算,组织执法检查,听取和审议国民经济和社会发展计划、预算的执行情况报告和审计工作报告,加强人大对审判机关、检察机关、行政机关的监督。

支持和保证政协民主监督。把政治协商纳入决策程序,完善民主监督。支持政协运用专题调研、会议、提案、委员视察反映社情民意等形式,对国家宪法和法律的实施、国家机关及其工作人员履行职责、重大方针政策的贯彻执行和廉政情况等进行监督。认真办理政协委员的提案和建议。各级政府要发挥政协、党委、民主党派、无党派人士的监督作用,认真听取批评和建议,自觉接受监督,定期通报情况。

支持和保证司法监督。支持人民法院依法审理、受理和执行行政诉讼案件。支持人民检察院依法查办民事审判活动、强化对刑事诉讼和行政诉讼的法律监督。

加强和改进舆论监督。各级领导干部要正确对待舆论监督,听取人民群众的意见和呼声,增强接受舆论监督的自觉性,推动和改进工作。重视和支持新闻媒体正确开展舆论监督。新闻媒体要坚持依法监督、建设性监督和科学监督,把握正确导向,注重社会效果,遵守职业道德。

支持和保证群众监督。推进厂务公开、公共企事业单位办事公开和村务公开。推进政府上网工程,健全政府信息发布制度,深化政务公开,推行专家咨询、社会听证等制度,增强决策透明度和公众参与度。发挥共青团、妇联、工会等人民团体的监督作用。依法保障人民群众的知情权、表达权、参与权、监督权。落实领导干部接待群众来访制度，畅通信访渠道，健全信访举报工作机制。

完善监督制约机制。坚持党内监督与党外监督相结合，增强监督合力和实效。建立健全执行权、监督权、决策权既相互协调又相互制约的运行机制，切实把防治腐败要求落实到权力结构和运行机制各环节，最大程度地减少权力"寻租"的机会。

发挥国家预防腐败机构的职能作用。总结预防腐败工作有效做法，提高防腐工作水平。建立预防腐败风险预警机制和腐败信息共享机制。加强对预防腐败工作的综合规划、政策制定和组织协调，对预防腐败的重要措施进行调查研究和论证。

4．深化体制机制制度改革

一是，推进干部人事和司法体制改革。

完善干部选拔任用制度。完善干部考核评价体系，发挥考核结果在干部任用和监督管理中的作用。规范干部任用提名制度。坚持公开、民主、择优、竞争，提高选人用人公信度，形成干部选拔任用机制完善竞争上岗、差额选举、公开选拔办法，着力解决民主测评、民主推荐及拉票贿选等问题。建立公务员退出机制。

优化司法职权配置。完善人民检察院对诉讼活动实行法律监督的措施、程序、范围。完善暂予监外执行、减刑、保外就医、服刑、假释地变更的条件和程序。健全司法人员违纪违法责任追究、执法过错和领导干部失职责任追究等制度。改革完善司法管理制度和司法财政保障机制。健全涉法涉诉信访工作机制。积极推进警务公开、审判公开和检务公开。规范司法人员自由裁量权行使，完善法律统一适用制度，保证公正、文明、严格执法。

二是，推进行政管理和社会体制改革。

深化社会体制改革，完善社会管理，扩大公共服务。推进教育、卫生改革和发展，健全社会保障体系，加强住房改革，努力使全体人民劳有所得、学有所教、病有所医、住有所居、老有所养。

加快推进政资分开、政企分开、政府与市场中介组织分开、政事分开。着力转变政府职能、优化结构、提高效能、理顺关系，建设责任政府、服务政府、廉洁政府和法治政府。

三是，推进财税、金融和投资体制改革。

完善国库集中收付运行机制，健全国库单一账户体系。深化预算管理制度改革，完善和规范财政转移支付制度，逐步向社会公开预算内容和转移支付情况，规范预算资金分配。切实将国有土地使用权出让收入纳入基金预算管理。建立健全政府非税收入管理体系，深化"收支两条线"管理制度改革。推进党政机关领导干部及国有企事业单位领导人员职务消费改革。进一步改革完善机关事业单位工资收入分配，继续清理规范津贴。完善行政事业单位国有资产监管制度，严格执行资产配置管理办法和配置标准。积极推进税制改革，强化税收调节，完善个人所得税制度。深入推行办税公开，健全税收管理员制度。规范各项税收优惠政策，严格控制税收减免。

健全政府投资项目决策机制，完善重大项目专家评议制度、责任追究制度、公示和论证制度。规范企业投资核准制、备案制。推行非经营性政府投资项目代建制。

完善防范和查处上市公司信息虚假披露和市场操纵等行为的制度。健全支付监管体系，完善账户管理系统，依法落实金融账户实名制。完善金融企业公司治理，建立健全现代金融企业制度。完善反洗钱合作机制，加强对大额资金和可疑交易资金的监测，逐步将特定非金融机构纳入统一的反洗钱监管体系。

四是，推进国有企业改革。

深化国有企业公司制股份制改革。加强大型国有企业董事会建设。推进国有企业监管体制改革。健全现代企业制度，完善公司法人治理结构。建立健全国有企业及国有资本占控股地位、主导地位的企业领导人员经济责任审计制度。健全国有资本经营预算、企业经营业绩考核和企业重大决策失误追究等制度。完善自然资源资产、国有金融资产和行政事业性资产监管制度，建立具有中国特色的国有企业监管体制。健全国有企业经营管理者薪酬制度和国有企业管理层投资持股制度，规范收入分配秩序。

五是，推进现代市场体系建设及相关改革。

完善工程建设项目招标投标制度。实施严格的资格预审、招标公告发布、投标、评标、定标以及评标专家管理制度和惩戒办法。健全工程建设项目招标投标行政监督机制。研究制定电子化招标投标办法。逐步构建统一的招标投标信息平台，实现信息资源公开、共享。

推进产权交易市场建设。完善上市公司国有股权和企业国有产权交易监管措施，重点推广使用信息监测系统，实现交易动态监管。加强产权交易行业自律建设。

实行企业国有产权进场交易，完善国有产权交易监管法规体系。推进征地制度改革，规范征地程序，完善征地补偿和安置办法。规范土地征收和使用权出让制度。深化土地有偿使用制度和采矿权、探矿权有偿使用制度改革。规范国有建设用地使用权出让程序，完善经营性用地招标拍卖、挂牌出让制度。

完善行业信用记录。健全社会信用体系。建立综合性数据库，整合有关部门和行业信用信息资源，逐步形成信用信息共享机制。健全失信惩戒制度和守信激励制度。

扩大政府采购范围和规模。深化政府采购制度改革。研究建立统一的电子化政府采购系统。严格实行"管采分离"，加强对政府采购各个环节的监管。（规范国有企业物资采购招标投标工作。）

5. 保持惩治腐败的强劲势头

一是，坚决查处违纪违法案件。

以查处发生在领导机关和领导干部中贪污贿赂、滥用职权、失职渎职、腐化堕落的案件为重点，严肃查处严重侵害群众利益、官商勾结和权钱交易的案件，利用干部人事权、行政审批权、行政执法权、司法权徇私舞弊、索贿受贿的案件。旗帜鲜明地反对腐败，对任何腐败分子依法严惩。严肃查处违反政治纪律的案件。严肃查处虚假招标、违法转包分包及规避招标案件，低价出让土地、非法批地、擅自变更规划获取利益或违规审批房地产开发项目的案件，金融领域违规授信、挪用保险资金、内幕交易、资产处置和违规发放核销贷款的案件。严肃查处贿赂案件，既要惩处行贿行为，又要惩处受贿行为。严肃查处为黄赌毒等社会丑恶现象和黑恶势力充当"保护伞"的案件。

二是，深入开展治理商业贿赂工作。

规范交易活动，坚决纠正不正当交易行为。继续推进自查自纠和专项治理。重点查处土地出让、工程建设、医药购销、产权交易、政府采购、经销和资源开发等领域以及证券期货、商业保险、银行信贷等方面的商业贿赂案件。建立健全防治商业贿赂长效机制的意见和制定市场诚信体系建设的意见。建立和完善商业贿赂犯罪档案查询系统。

三是，提高执纪执法水平。

坚持依纪依法办案。坚持公正执法、文明办案、严肃执纪，做到证据确凿、事实清楚、定性准确、程序合法、手续完备、处理恰当。司法机关依法履行批捕、审判、起诉职责，惩治各类商业贿赂犯罪和职务犯罪。严格履行办案程序，按照规定权限正确使用办案措施。健全举报人和证人保护制度。加强出入境管理和经济侦查等相关工作。加强对办案工作的监督管理。保障涉案人员的合法权益。对诬告陷害的，要严肃查处。为受到错告、诬告的同志澄清是非。

改进办案方式和手段。正确把握政策和策略，严格区分违纪与违法界限，综合运用法律、经济处罚和行政处罚、组织处理等手段，提高办案能力和水平，增加办案科技含量。

四是，健全查处案件的协调机制。

从我国实际出发，借鉴国外反腐做法，加强反腐败国际合作和交流，建立健全国际执法合作、司法协助和涉案人员外逃引渡、预警、遣返，以及涉案资产追回等工作机制。

加强审判、纪检、公安、检察、审计、监察等执纪执法机关的工作，完善跨区域协作办案及追逃、防逃机制，进一步形成惩治腐败的整体合力。加强对重大案件的协调、指导和督办。

五是，发挥查处案件的综合效应。

总结教训，引以为戒，利用典型案件开展警示教育。实现查处案件的社会效果、法纪效果、政治效果相统一。查找体制机制制度方面存在的薄弱环节，深入剖析案件中暴露的问题，建章立制。

（三）经济的角度——从公共选择理论角度分析

1. 加强对公共权力的监督

有效监督是遏制腐败产生、防止权力失控的重要手段。应做到事前、事中、事后监督有机结合。监督包括群众监督、行政监督、法律监督、新闻舆论监督等。具体体现在以下几个方面：第一，群众监督方面，设立专门举报电话，实行政务公开，接受群众投诉举报，向社会公开。保护群众的举报行为、降低举报成本并建立适当的奖励制度。第二，行政监督方面，在我国，行政监察机关和纪检委员会从属于本级党委和政府。这种体制存在着一定的弊端，因此，应完善公权监督体系，保证各级监审、纪委部门相对独立，享有充分的自主权，避免监督"缺位"。第三，法律监督方面，我国应借鉴发达国家的做法出台相关的反腐败法律，对腐败行为及其惩罚力度作出明确规定。第四，新闻舆论监督方面，充分尊重新闻媒体自由，尤其是发挥网络媒体的监督作用，同时增加新闻部门的资金投入，设立奖励制。

2. 完善公务员的考核任免管理体制

权力容易使人腐化，绝对的权力绝对会使人腐化。目前我国对行政权力的行使缺乏有效、完备的考核任免体系，致使一些政府官员滥用公权谋取私利。完善干部考核任免体制，一是着力加强基层公务员队伍建设。完善从乡镇基层选拔优秀公务员，探索公务员职务任免管理机制和转任考调机制，建立公务员轮岗交流长效机制。提升基层公务员的素质，研究制定基层综合管理类公务员职务管理意见。二是进一步完善公务员考试录用制度。组织开展面向社会定向考录、公开招录等工作。三是完善公务员平时考核和年度考核制度。深化任职培训、初任培训、在职培训、专门业务培训和公务员对口培训。

3. 扩大直接选举避免委托—代理失灵

孟德斯鸠在《论法的精神》中写道："要防止滥用权力，就必须以权力制约权力。"公共权力的委托—代理失灵，是产生腐败的政治性制度根源。逐步增加由委托人决定政治事务的直接民主因素是一种解决腐败问题的有效方法。作为权力行使后果承担者的委托人，应该合理地把某些权力委托给代理人行使。要明确一点，并不是所有的权力都委托，要保留对政府官员的最终决定权，当政府官员的行为损害了公共利益、偏离了公共目标时，公民有权通过合法形式重选代理人，遏制政府官员以权谋私。所以，要充分发挥直接民主制的作用。刺激选民参与选举的积极性并享受民主利益，促进政治民主化程度的提高。

学术索引

C

脆弱性　3，61—63，67—69，71—73，75，81，83

城市浅表化　5，198

创新　1—5，7—10，15，16，19，20，23，24，29—31，49，57，59—61，63，65，68，72—77，80—82，84，89，92，105，112，113，122，124，127，129—134，137—139，141—145，166，170，171，175，178，195—197，199，200，221，222，225，229，231，233，236—238，250，264，269，270，272

F

腐败　1，3，5—7，9，12，13，15，20，21，53，70，148，171，204，210，211，222，231，239—269，271，275，277—279

非正规就业　88，180

G

过度城市化　1，4，5，84，141，178—181，185—187，195，198，199，231

公共产权　164，165，167，168

公共管理　4，5，20，29，30，46，81，93，105，107，109，160，161，178，189，195，200，231，233—238，242，265，268

公共管理制度　1，3，5，6，15，29，49，60，61，81，200，221，225，229，231，233，236—238

公共选择　249—251，253，278

公共政策　4—6，31，49，72，84，99，115，130，167，171，176，223，224，250，253

J

基层民主制度　19

经济发展方式　1，4，7，15，22，23，77，96，131—135，138，142，145，147，150，165，168，239，272

经济结构　4，15，23，58，69，70，74，82，90，102，104，105，114，118，126，131，133，135，139，146，147，176，182，218，237

金融改革　63，65，70，72—75，77，78，81

金融体系　1，3，61—63，66—83，231

就业困难　1，4，84，86—88，90，92，93，95，97，99，100，105，107，231

M

矛盾冲突 5，200，208，214，215，220，229，232

民工荒 87，91，99

民主 1—6，9—15，17—23，26—30，39，170，187，200，202，229，232，243，245，250，252，259—261，263，264，266—268，270—275，279

P

贫富分化 1，4，5，24，151—154，162，167，176，209，231，239，246，255

R

人口红利 4，7，84，227

S

社会保障 5，11，29，31—33，40，44，47，60，85—88，91，94，101，103，114，117，121，122，134，148，149，156，158，160—162，167，170，172—174，182，189—191，197，204，210，214，216—219，224—226，228，234，247，275

社会保障制度 3，5，32，60，98，103，122，136，137，148，174，175，180，186，189，190，200，214，217—219，225，226，238

社会动荡 1—3，5，200—208，210—216，218，220—225，228，230—233，235—238

社会公共服务 1，3，11，31，32，34，39，40，49，54，57，59，231

社会整合 11，200，201，203，231，237，238

失业预警 100

X

寻租 7，8，44，65，82，148，204，210，239，249，250，253—256，265，275

Z

制度 1—4，6—16，18—25，27—29，32，33，36，37，40，41，43，45，47—50，53—60，63，67，68，70—74，77，78，81，82，93，103—105，107—109，116，117，121，122，124，126，129，130，135，137—142，145，147，152，153，156，159，163—165，167，168，170—176，181—183，185，189，191，194，196—198，201—204，207，209，210，214—221，223—227，229，231—238，242，244，245，249，250，252—256，258，260—279

中等收入陷阱 1—5，7，9，10，15，22—24，31，39，40，45，49，50，54，55，57，59—61，63，67，70—72，75，81，84，114，115，118，123，126，127，129—131，133，136，141，142，147，149，151，153，154，157，176，177，186，187，200，204，209，216，218，222，223，226，230，231，233，238，239，246，247，256，263，268，280

政治改革 7，202，239，247

后　　记

2012年12月12日，中国社会科学院发布的《产业竞争力蓝皮书》中指出，按照2011年世界银行的标准，中国已经成为中上等收入国家，正面临着经济增长放缓、人均收入难以提高的"中等收入陷阱"的考验。

早在2012年年初，大量的学者与社会各界都在讨论中国经济增长速度放慢的深层原因，关注"中等收入陷阱"问题。从那时起，我们便组成课题组，系统讨论"中等收入陷阱"的特征及在我国的表现，试图寻找其中的原因，并给出相应的解决之道。

经过几次集中讨论，我们最后形成了本书的写作框架与思路。全书各部分作者分工情况如下：第一章撰稿人雷晓康、白丰硕；第二章撰稿人雷晓康、聂廉洁；第三章撰稿人雷晓康、屈荣荣；第四章撰稿人雷晓康、张雯；第五章撰稿人雷晓康、刘冠男；第六章撰稿人高凌云、马妮娜；第七章撰稿人高凌云、王颖；第八章撰稿人高凌云、陈谦；第九章撰稿人高凌云、郎蕊。

最后在本书的写作过程中，参考了很多同行学者的观点，在此也一并致谢，当然文责自负。

雷晓康、高凌云
2013年7月
于陕西西安